中国特色社会主义政治经济学的生成逻辑与创新路径研究（17AKS008）

PHILOSOPHY

人民日报学术文库

中国特色社会主义
经济创新路向探索

主　编｜刘　儒

副主编｜赵铁军

人民日報出版社

北京

图书在版编目（CIP）数据

中国特色社会主义经济创新路向探索／刘儒主编
. —北京：人民日报出版社，2020.12
　ISBN 978-7-5115-6845-8

Ⅰ.①中… Ⅱ.①刘… Ⅲ.①中国特色社会主义—经
济建设—研究 Ⅳ.①F120.3

中国版本图书馆 CIP 数据核字（2020）第 261594 号

书　　　名：中国特色社会主义经济创新路向探索
　　　　　　 ZHONGGUO TESE SHEHUI ZHUYI JINGJI CHUANGXIN LUXIANG TANSUO
编　　　者：刘　儒

出 版 人：刘华新
责任编辑：周海燕　马苏娜
封面设计：中联华文

出版发行：人民日报出版社
社　　　址：北京金台西路 2 号
邮政编码：100733
发行热线：（010）65369509　65369512　65363531　65363528
邮购热线：（010）65369530　65363527
编辑热线：（010）65369518
网　　　址：www.peopledailypress.com
经　　　销：新华书店
印　　　刷：三河市华东印刷有限公司
法律顾问：北京科宇律师事务所　010-83622312

开　　　本：710mm×1000mm　1/16
字　　　数：278 千字
印　　　张：16.5
版次印次：2021 年 6 月第 1 版　　2021 年 6 月第 1 次印刷

书　　　号：ISBN 978-7-5115-6845-8
定　　　价：95.00 元

总　序

习近平总书记指出，"时代是思想之母，实践是理论之源"①。中国特色社会主义进入了新时代，要坚持和完善社会主义基本经济制度，推动经济高质量发展②，必须总结实践经验，推动理论创新，发展当代马克思主义政治经济学。③ 纵观新中国 70 余年波澜壮阔经济建设历程和政治经济学的重要创新阶段，可以发现我国发展的成功实践得益于马克思主义政治经济学的指导、引领，同时实践也对我国马克思主义政治经济学研究创新提出新的课题。

党的十八大以来，习近平总书记针对我国经济发展方向和面临的问题，就新发展理念、经济发展新常态、全面深化改革、"一带一路"建设、高质量发展等问题，所提出的一系列新观点、新论断和新举措，逐渐形成了新时代新的社会主要矛盾下党领导经济建设的思想体系。2017 年 12 月，中央经济工作会议将其确定为"习近平新时代中国特色社会主义经济思想"。习近平新时代中国特色社会主义经济思想是党的实践经验和集体智慧的理论结晶，体现了党领导经济建设指导思想的重大创新。它提炼了中国特色社会主义道路 40 余年的实践经验和理论创新成果，并上升到学科高度，开辟了 21 世纪马克思主义政治经济学的新境界，科学地论证了中国经验、中国方案、中国道路的经济学原理。④

以 2017 年 12 月中央经济工作会议的召开为分水岭，学术界对于习近平新

① 新华社：《高举中国特色社会主义伟大旗帜　为决胜全面小康社会实现中国梦而奋斗》，《人民日报》2017 年 7 月 28 日。
② 《中国共产党第十九届中央委员会第四次全体会议公报》，人民出版社，2019 年 11 月，第 11 页。
③ 新华社：《立足我国国情和发展实践　发展当代马克思主义政治经济学》，《人民日报》2015 年 11 月 25 日。
④ 夏伟东：《准确把握习近平新时代中国特色社会主义经济思想》，《新华日报》2018 年 8 月 28 日。

时代中国特色社会主义经济思想的研究呈现两个阶段。第一阶段的研究聚焦在对习近平总书记关于经济问题重要论述的理论提炼上，体现在四个方面：一是对于"问题意识"和处理市场与政府关系的关注和总结。顾海良（2014）首次对习近平总书记关于经济问题的重要论述进行理论提炼，指出其重要特色是从"问题意识"到"问题倒逼"，其理论亮点是如何处理好市场和政府的关系。① 二是对于经济战略论述的概括。程恩富（2013）把习近平总书记关于经济战略的重要论述概括为"中国梦、稳中求进、民生导向、公有制主体、双重调节、自主开放、城乡一体化、科技创新驱动、文化产业事业、总体局部结合"十大方面。② 张潇爽（2013）认为习近平总书记关于经济战略的重要论述包括"一个核心"即改革开放，"三个层次"即经济战略部署、经济方针政策、经济理念突破，"五个支点"即改革、转型、创新、民生、开放。③ 三是对于经济发展问题重要论述的概括。韩保江（2015）把习近平总书记关于经济发展的重要论述的内核逻辑分为三点：（1）发展是第一要务；（2）新时期、新常态是大背景；（3）新常态下拉动我国经济前进要依靠"多元动力"。④ 四是对于习近平总书记关于经济问题重要讲话的理论渊源的研究。胡鞍钢等（2016）从理论来源层面对习近平总书记关于经济工作的重要论述进行解读，指出其是马克思主义政治经济学的发展，其思想内容充分体现了唯物辩证法，是当代马克思主义政治经济学的重大创新。⑤

　　2017年12月中央经济工作会议之后是第二个阶段，经济学界对习近平新时代中国特色社会主义经济思想的研究集中在六个方面。一是对习近平新时代中国特色社会主义经济思想生成逻辑的研究。韩保江（2018）从实践基础和理论渊源方面分析了习近平新时代中国特色社会主义经济思想的形成过程。⑥ 崔友

---

① 顾海良：《中国特色社会主义经济学的新篇章》，《毛泽东邓小平理论研究》2014年第4期，第1-7页。
② 程恩富：《习近平的十大经济战略思想》，《人民论坛》2013年第34期，第16-19页。
③ 张潇爽：《习近平经济战略思想的主线与层次》，《人民论坛》2013年第34期，第26-28页。
④ 韩保江：《中国经济中高速增长的"多元动力"——论习近平经济发展思想的基本内核与逻辑框架》，《中共中央党校学报》2015年第6期，第5-12页。
⑤ 胡鞍钢、杨竺松：《习近平经济思想：当代马克思主义政治经济学的重大创新》，《人民论坛》2016年第1期，第7-24页。
⑥ 韩保江：《论习近平新时代中国特色社会主义经济思想》，《管理世界》2018年第1期，第25-36页。

平（2018）提出，马克思主义经济学、列宁《帝国主义论》及新经济主义政策、斯大林的《苏联社会主义经济问题》、中国传统社会主义政治经济学、中国特色社会主义政治经济学、习近平新时代中国特色社会主义思想，是习近平新时代中国特色社会主义经济思想的理论渊源。① 方玉梅（2018）从"逻辑起点—实践路径—价值立场"分析了习近平新时代中国特色社会主义经济思想的逻辑理路。② 王天义（2019）认为习近平新时代中国特色社会主义经济思想的理论方位由学理依循、理论定位和实践方向三个方面构成。③ 刘儒（2019）从中国特色社会主义政治经济学发展新阶段的视角分析了其生成逻辑与科学内涵。④ 对于习近平新时代中国特色社会主义经济思想生成逻辑的研究，虽然不同学者研究的视角不同，但是在习近平新时代中国特色社会主义经济思想与马克思主义政治经济学、我国传统政治经济学、中国特色社会主义政治经济学一脉相承，开拓了马克思主义政治经济学的新境界方面基本取得共识。

二是对于习近平新时代中国特色社会主义经济思想创新性的研究。郭冠清（2018）从五个方面论证了习近平新时代中国特色社会主义经济思想的创新性：发展理念创新；科学回答"为谁发展"时代之问的理论创新；"新常态"经济思想是对经济发展"历史"阶段的准确判断，科学理解与引领中国经济发展走向；"以供给侧结构性改革为经济发展的主线"的理论创新；"党、政府、市场"三位一体的理论框架，是对社会主义与市场经济结合的新突破。⑤ 庄尚文等（2019）系统梳理了习近平新时代中国特色社会主义经济思想的源流、内容及其理论贡献，并论述了习近平新时代中国特色社会主义经济思想的一致性、整体性与创新性。⑥ 学界普遍认为，习近平新时代中国特色社会主义经济思想

① 崔友平：《从马克思主义政治经济学到习近平新时代中国特色社会主义经济思想》，《东岳论丛》2018 年第 11 期，第 13-19 页。
② 方玉梅：《习近平新时代中国特色社会主义经济思想的逻辑理路》，《社会主义研究》2018 年第 6 期，第 1-6 页。
③ 王天义：《习近平新时代中国特色社会主义经济思想的理论方位》，《毛泽东邓小平理论研究》2019 年第 1 期，第 1-7 页。
④ 刘儒：《中国特色社会主义政治经济学发展新阶段》，《贵州社会科学》2019 年第 1 期，第 119-124 页。
⑤ 郭冠清：《论习近平新时代中国特色社会主义经济思想的理论创新》，《社会科学辑刊》2018 年第 5 期，第 44-54 页。
⑥ 庄尚文、朱晨之、许成安：《习近平新时代中国特色社会主义经济思想的一致性、整体性与创新性》，《首都经济贸易大学学报》2019 年第 2 期，第 2-9 页。

的创新性在于对新时代我国经济发展问题系统、科学的论述，并从化解市场与政府作用的悖论角度科学论证了党领导经济建设的科学理论。

三是对习近平新时代中国特色社会主义经济思想内涵的研究。程恩富（2018）从马克思主义中国化的角度论述了习近平新时代中国特色社会主义经济思想的内容是新发展理念的观点。① 李楠等（2018）提出，习近平新时代中国特色社会主义经济思想的主要内容是新发展理念，"七个坚持"为其基本内涵。② 王祖强（2018）认为，习近平新时代中国特色社会主义经济思想分为窄派、中派和宽派三种内涵（见下图）。③ 对于习近平新时代中国特色社会主义经济思想的内涵，广泛认同的是新理念基础上的"七个坚持"，这也和2017年中央经济工作会议提出的观点一致，且便于理解和执行，更能反映其作为经济建设指导思想的引领作用。

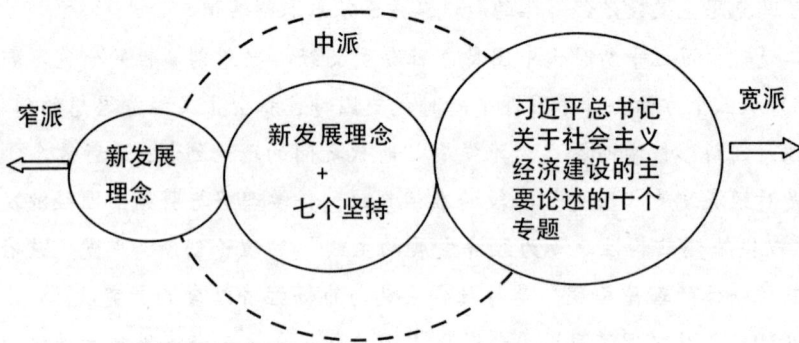

图　习近平新时代中国特色社会主义经济思想的内涵

四是对于当前习近平新时代中国特色社会主义经济思想研究中存在问题的分析。杨卫等（2018）指出当前研究存在的问题主要是习近平新时代中国特色社会主义经济思想中关于政治与经济的关系，关于继承与发展的关系，关于科技经济、生产力经济、自然规律与经济规律关系的研究不够，对这一思想的深

---

① 程恩富：《马克思主义及其中国化理论的巨大成就》，《东南学术》2018年第5期，第1-8页。
② 李楠、李源峰：《论习近平新时代中国特色社会主义经济思想的理论基础和科学内涵》，《思想理论教育》2018年第9期，第20-25页。
③ 王祖强：《习近平中国特色社会主义经济思想的科学内涵与体系框架》，《上海经济研究》2018年第6期，第5-15页。

刻领会与实践运用的研究欠缺等。因此，理论界需要在深度和广度上深化习近平新时代中国特色社会主义经济思想研究。①

五是对于习近平新时代中国特色社会主义经济思想时代价值的研究。逢锦聚（2018）认为习近平新时代中国特色社会主义经济思想创立了可以与西方现代主流经济学相媲美的中国特色社会主义经济学，是立足中国实践同时又反映现代经济规律的经济学。② 赵凌云等（2018）提出，"七个坚持"做出了理论创新，具有引领现代化建设和推动实现中国梦的时代价值和意义。同时还提出了其具有人民主体性、辩证统一性、时代进步性、求真务实性、战略前瞻性和全局引领性。③ 刘长庚等（2018）认为新发展理念是对中国特色社会主义政治经济学理论的发展；七个"坚持"推动新时代经邦济世达到了新高度。④ 周文等（2018）认为习近平新时代中国特色社会主义经济思想有六大显著特征：在改革引领上坚持党对经济工作的集中统一领导；在改革方向上坚持和完善社会主义基本经济制度；在改革立场上坚持以人民为中心；在改革深化上落实新发展理念；在改革主线上推进供给侧结构性改革；在改革核心上坚持市场与政府有机结合。⑤ 钱路波、张占斌（2018）认为习近平新时代中国特色社会主义经济思想拓展了马克思主义政治经济学在 21 世纪发展的新视野，开创了中国特色社会主义政治经济学的新境界，引领了中国特色社会主义经济发展的新实践，发展了马克思主义关于党建理论的新学说，丰富了马克思主义方法论的新内涵，贡献了具有全球性价值的中国新方案。⑥ 总体而言，习近平新时代中国特色社会主义经济思想时代价值的研究，在于创建了符合我国国情的、系统的 21 世纪马克思主义政治经济学。

---

① 杨卫、郑佳：《关于习近平新时代中国特色社会主义经济思想研究几个问题的思考》，《毛泽东邓小平理论研究》2018 年第 8 期，第 8-16 页。
② 逢锦聚：《习近平新时代中国特色社会主义经济思想的时代价值和理论贡献》，《社会科学辑刊》2018 年第 6 期，第 17-26 页。
③ 赵凌云、杨晶：《扣时代之弦，发强国之音——习近平新时代中国特色社会主义经济思想论析》，《湖北大学学报》2018 年第 3 期，第 1-7 页。
④ 刘长庚、张磊：《习近平新时代中国特色社会主义经济思想的理论贡献和实践价值》，《经济学家》2018 年第 7 期，第 5-10 页。
⑤ 周文、方茜：《习近平新时代中国特色社会主义经济思想的深刻内涵》，《中国高校社会科学》2018 年第 4 期，第 22-30 页。
⑥ 钱路波、张占斌：《习近平新时代中国特色社会主义经济思想的历史贡献》，《经济社会体制比较》2018 年第 6 期，第 1-7 页。

六是从政治经济学的角度分析习近平新时代中国特色社会主义经济思想对于创建中国特色社会主义政治经济学的作用。顾海良（2018）提出，党的十九大之后，以现代化经济体系建设为新课题，习近平新时代中国特色社会主义经济思想对"系统化的经济学说"做了新的探索。① 贾绘泽（2018）认为，习近平新时代中国特色社会主义经济思想把马克思主义政治经济学与新时代中国经济发展实际相结合，形成了新时代中国特色社会主义政治经济学。②

第一阶段的研究，从理论渊源和时代价值等方面总结归纳了习近平总书记对于经济发展问题的讲话，为创建中国探索社会主义政治经济学和习近平新时代中国特色社会主义经济思想的形成提供了理论铺垫。第二阶段的研究推动了中国特色社会主义政治经济学的快速发展，为21世纪中国特色社会主义政治经济学的完善做出了积极探索，指明了方向。

我们对党的十八大以来党领导经济建设的指导思想——习近平新时代中国特色社会主义经济思想做了比较全面的研究，写成本书，就教于学界，为笔者承担的国家社科重点项目"中国特色社会主义政治经济学的逻辑缘起与创新路径研究"积累了资料。西安交通大学马克思主义学院2018级博士生赵铁军、张艺伟、卫离东、魏嘉玉作为笔者的博士生和研究团队成员，参与了研究和专著撰写工作。其中第一、二、七章由赵铁军撰写，第三、四、五章分别由张艺伟、卫离东、魏嘉玉撰写。

刘儒

2019 年 12 月 8 日

---

① 顾海良：《习近平新时代中国特色社会主义经济思想与"系统化的经济学说"的开拓》，《马克思主义与现实》2018 年第 5 期，第 23-30 页。
② 贾绘泽：《习近平新时代中国特色社会主义经济思想的基本特征》，《中南财经政法大学学报》2018 年第 5 期，期 38-43 页。

目 录
CONTENTS

第一章

历史新方位：巨变与挑战

中国特色社会主义进入了新时代。这是党的十九大对于我国发展历史新方位的科学论断。这个新时代是承前启后、继往开来的时代。一方面，我国在经济建设、全面深化改革、民主法治建设、思想文化建设、人民生活水平、生态文明建设、强军兴军、港澳台工作、全方位外交布局和全面从严治党等方面取得了突出的成就。另一方面，又面临着经济发展、质量效益、生态环境保护、民生领域、社会文明、社会矛盾、意识形态、国家安全、党的建设等领域的新的挑战和困难。

第一节　经济发展进入新时代

2018 年中央经济工作会议指出：我国经济发展进入了新时代的基本特征就是由高速增长阶段转向高质量发展阶段。在当前经济发展的新常态下，推动经济高质量发展，是社会主要矛盾变化的必然要求，也是全面建成小康社会和全面建设社会主义现代化国家的战略性举措。

一、经济发展的新起点

经过 40 余年的改革开放，我国从一个落后的农业大国发展成为令世界瞩目的社会主义现代化强国。新时代中国特色社会主义经济建设是在一个新的起点继续前进，这个新起点主要表现在以下四方面。

第一，经济建设取得巨大成就，经济发展质量和效益不断提升。一是经济增速合理，综合国力和国际影响力不断增强。2013—2016 年，我国 GDP 以平均增速 7.2%平稳运行。相较于同期全球平均 2.6%和发展中经济体平均 4%的增速，这种中高速增长，全球瞩目。二是就业局面持续稳定向好。2012—2017 年，年城镇新增就业均超过 1200 万人，城镇调查失业率维持在 4% 左右，接近充分就业。得益于经济结构优化，2018 年服务业增加值占 GDP 比重的 59.7%，形成了服务业主导就业的特征。"互联网+"经济的蓬勃发展极大地拓宽了就业渠道。2016 年新经济对于新增就业的贡献率高达 70% 左右①。三是物价保持稳定。根据国家统计局的数据，2013—2017 年，CPI 年均上涨 1.8%，在经济增速年均 7.05%的情况下保持了低于 2%的通胀率。四是综合实力不断增强。2018 年，我国 GDP 已达 90.03 万亿元，占世界经济总量的 15%，比 6 年前高出 3 个百分点。一般公共预算收入超过 17 万亿元，相比 2016 年增长 7.4%。外汇储备稳居世界第一。连续 5 年粮食产量保持在 6 亿吨以上。新增光缆长度 705 万公里，新改建高速公路 6796 公里，已投产的新建高速铁路里程 2182 公里，成为拥有全球最大高速公路、高铁运营和移动宽带网的国家。五是国际影响力大幅提升。2013—2017 年，我国对全球经济增长的贡献率稳定在 30% 左右，为世界经济稳定复苏提供了强劲动力②。

第二，创新驱动发展战略深入实施，新旧动能转换加快。一是国家支持力度加大，科技创新获得重大突破。2017 年，全国试验发展（R&D）经费投入 17606.1 亿元，比 2012 年增长 64.5%，经费投入强度（经费与国内生产总值之比）为 2.13%，比 2012 年提高 0.202 个百分点③。二是"放管服"改革的政策效应逐渐显现。2013—2017 年，全国新登记企业 1946 万户，年均增长超过 30%。世界银行发布的数据显示，2013—2017 年，我国开办企业的便利度在全球排名上升了 65 位，营商环境排名上升了 18 位④。三是新动能快速成长，传统产业改造步伐加快。2017 年，实物商品网上零售额 5.5 万亿元，增长 28%，占社会消费品零售总额比重为 15%，比上年提高 2.4 个百分点⑤。

第三，供给侧结构性改革持续深化，转型升级步伐加快。一方面，供给侧

---

① 张车伟：《十八大以来我国就业新特点和就业优先战略新内涵》，《人民日报》2017 年 7 月 19 日。

② 国家统计局：《2017 年国民经济和社会发展统计公报》。

③ 国家统计局：《2017 年科技经费投入统计公报》。

④ 凤凰咨询网：《2017 年全国日均新登记企业超 1.6 万户》，http://news.ifeng.com/a/20180301/56381131_0.shtml。

⑤ 商务部：《2017 年中国国内贸易发展回顾与展望》。

结构性改革成效显著。2017 年，央企全年化解过剩产能钢铁 595 万吨、煤炭产能 2703 万吨，淘汰和停建煤电项目 51 个。"处僵治困"成效显著，实现 400 多户企业市场出清；央企重组整合至 98 家。2017 年年末，规模以上工业企业资产负债率为 55.5%，较上年末下降 0.3 个百分点。另一方面，服务业在国民经济中的占比加大，消费对于经济增长贡献增大。2017 年，第三产业增加值占 GDP 比重为 51.6%，服务业增加值年均增速 8.0%，高于 GDP 增速 0.8 个百分点。最终消费对经济增长的贡献率为 58.8%，已成为经济增长的主要驱动力。2017 年资本形成率为 32.1%，消费与投资比例更加合理。

知识链接

党的十八大后五年的伟大成就

经济建设取得重大成就。坚定不移贯彻新发展理念，坚决端正发展观念、转变发展方式，发展质量和效益不断提升。经济保持中高速增长，在世界主要国家中名列前茅，国内生产总值从五十四万亿元增长到八十万亿元，稳居世界第二，对世界经济增长贡献率超过百分之三十。供给侧结构性改革深入推进，经济结构不断优化，数字经济等新兴产业蓬勃发展，高铁、公路、桥梁、港口、机场等基础设施建设快速推进。农业现代化稳步推进，粮食生产能力达到一万二千亿斤。城镇化率年均提高一点二个百分点，八千多万农业转移人口成为城镇居民。区域发展协调性增强，"一带一路"建设、京津冀协同发展、长江经济带发展成效显著。创新驱动发展战略大力实施，创新型国家建设成果丰硕，天宫、蛟龙、天眼、悟空、墨子、大飞机等重大科技成果相继问世。南海岛礁建设积极推进。开放型经济新体制逐步健全，对外贸易、对外投资、外汇储备稳居世界前列。

——选自《党的十九大报告》

第四，城市常住人口超过农村人口，我国已成为以城市人口为主的国家。1978 年我国城市化率仅为 17.92%，2011 年起超过 50%，2018 年这一数字已达到 59.58%。目前我国已进入城市化中期，成为以城市人口为主的国家（如图1-1）。

总体来看，我国解决了近 14 亿人的温饱问题，基本实现了小康，即将建成全面小康社会，社会生产的很多方面已进入世界前列，社会生产力水平总体上不再落后。但是经济发展还存在着发展不平衡不充分的问题。这些方面说明我国经济发展进入新起点。

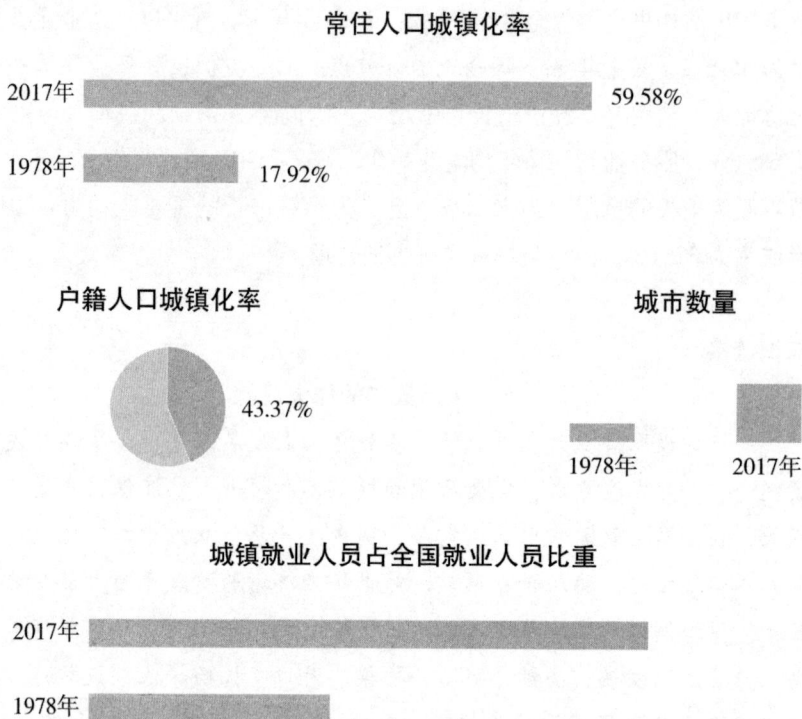

常住人口城镇化率

2017年 ████████████████ 59.58%

1978年 ████ 17.92%

户籍人口城镇化率

43.37%

城市数量

1978年   2017年

城镇就业人员占全国就业人员比重

2017年 ████████████████████

1978年 ████████

图1-1 改革开放以来我国城镇化水平变化情况

数据来源：新华社官网，http://www.gov.cn/xinwen/2018 - 09/02/content _5319228.htm。

美国经济学家罗斯托将人类社会的发展分成六个经济成长阶段：传统社会阶段，为起飞创造条件阶段，起飞阶段，成熟阶段，高额群众消费阶段，追求生活质量阶段。罗斯托认为其中的起飞阶段是区分传统社会与现代社会的界限，起飞阶段之后的三个阶段是进入经济现代化的三种表现①。从罗斯托的观点来看，我国的全面建成小康社会就相当于起飞阶段的完成，接下来就是进入经济

---

① W. W. 罗斯托：《经济增长的阶段：非共产党宣言》，郭熙保等译，中国社会科学出版社2001年版，第4页。

现代化的起点。洪银兴认为我国进入现代社会的特征有三个：向成熟推进、高额群众消费和追求生活质量。①

二、经济发展进入新常态

党的十八大以来，以习近平同志为核心的党中央在全面把握国内国际经济发展形势的基础上，做出了我国经济发展进入新常态这一战略性的判断。新常态是对我国经济发展阶段转变的准确判断，符合经济发展规律，发展了中国特色社会主义政治经济学理论。

（一）经济发展新常态带来的挑战

习近平总书记于 2014 年 12 月 19 日在中央经济工作会议上提出：从 2013 年开始，我国经济正处在增长速度换挡期、结构调整阵痛期和前期刺激政策消化期"三期叠加"阶段。习近平总书记指出，在"三期叠加"的新常态下，我国经济发展出现了九个方面的变化②。

一是消费需求的结构和层次发生了变化。一方面，消费档次拉开，个性化、多样化、重质量的消费趋势渐成主流。另一方面，我国总体消费水平提高余地较大，释放消费潜力依然会对经济发展发挥基础作用。二是传统行业投资相对饱和，新的投资机会转向基础设施互联互通和新技术、新产品、新业态、新商业模式领域，倒逼投融资方式创新。三是受全球总需求不振的影响，我国低成本比较优势发生转化，但我国出口竞争优势仍然存在。提高新的比较优势培育和积极影响国际贸易投资规则重构的能力，成为保持出口继续支撑经济发展的主要出路。四是传统产业供给过度饱和，供给侧结构性改革迫在眉睫。五是人口老龄化导致低成本劳动力优势渐失，要素规模驱动作用减弱。经济增长将更加依靠人力资本质量、技术进步和创新。六是市场竞争从数量扩张和价格竞争转向以质量型、差异化为主的竞争，税收、土地等政策性竞争优势难以为继。打造统一透明、规范有序的市场环境，成为提高我国经济参与全球竞争的必然选择。七是经济发展的环境承载能力难以继续承载高消耗、粗放型的发展，经济增长点只能从绿色低碳循环发展的新方式中创造。八是伴随着经济增速下调，各领域以高杠杆和泡沫化为主要特征的隐性风险逐步显性化。风险总体可控，

---

① 洪银兴：《新编社会主义政治经济学教程》，人民出版社 2018 年版，第 46 页。
② 《习近平谈治国理政》第 2 卷，外文出版社 2017 年版，第 229 页。

但是必须重视健全化解各类风险的体制机制建设。九是总供求关系发生变化，凯恩斯主义和"雁行理论"难以解决宏观调控和资源配置问题。要科学发挥市场和政府作用，避免盲目过度干预。

（二）经济发展新常态孕育的机遇

习近平总书记强调，经济发展进入新常态并未改变我国发展仍处于可以大有作为的战略机遇期的判断和我国经济发展总体向好的基本局面，改变的只是重要战略机遇期的内涵和条件，以及经济发展方式和经济结构①。总体来讲，经济发展新常态仍然孕育着新的发展机遇。

一是经济增速虽小幅放缓，增量仍将处于全球领先水平。经过改革开放以来40多年的高速增长，我国经济体量和世界影响力远非40多年前可比。今后较长时间内我国经济增长的体量仍将在全球名列前茅。二是我国经济增长会更趋于平稳，面临多元化的增长动力。2017年消费对经济增长的贡献率已达58.8%，成为经济增长的主要驱动力，有利于摆脱过度依赖出口的外部风险。除消费之外，创新、绿色发展力、新型城镇化建设、区域协调发展等，都将成为经济保持中高速发展的重要驱动力。三是经济结构将进一步优化升级，发展质量逐步提高。2014年以来，我国消费增长对经济增长的贡献率超过一半，大于投资的贡献率。服务业增长率超过第二产业增长率，高新技术产业和装备制造业增速分别为12.3%和11.15%，高于工业平均增速。可以看出，我国经济发展正朝着结构更加优化、质量更加向好的趋势发展。四是简政放权更加到位，市场活力将会进一步释放。党的十九大进一步重申了转变政府职能，深化简政放权，加快完善社会主义市场经济体制的发展理念。随着改革开放不断深入和现代化经济体系的建立，市场配置资源的决定性作用将会更好发挥，市场的活力会得到进一步释放。

三、新理念引领高质量发展

新时代中国特色社会主义，面临着新的社会矛盾，经济发展新常态出现了新的问题。坚持问题导向，回应时代要求，研究解决重大紧迫问题，遵循发展规律，是马克思主义对于发展理念创新的本质要求。经过了"站起来"和"富

---

① 《习近平谈治国理政》第2卷，外文出版社2017年版，第234页。

起来"的时代，在"强起来"的时代，一个重要的特征就是发展进入告别低收入、进入中等收入阶段，发展面临着传统动力衰减、资源环境承载能力已近极限、跨越"中等收入陷阱"的挑战三个突出问题。为了跨越转变发展方式、优化经济结构、转换增长动力三个关口，更新发展理念、追求高质量的发展成为新时代重要的经济理论主题①。

（一）创新是引领发展的第一动力

"创新"最早是由美国经济学家熊彼特提出的，但弗里德曼指出，马克思是最早将技术创新看作经济发展与竞争的推动力的经济学家②。要贯彻创新的发展理念，要树立两个观点。一是创新是理论创新、科技创新、制度创新、文化创新组成的"四位一体"的创新体系。理论创新是社会发展变革的先导，经济理论创新则是经济发展的先导。科技创新是驱动经济发展的原动力。制度创新是激发创新主体活力并保持持续创新的制度保障。文化创新是民族永葆生命力与凝聚力的基础。二是创新发展的核心是科技创新。在新一代信息技术普遍推动产业变革创新的形势下，科技领先就意味着拥有发展的主动权。马克思早在《资本论》中强调过，社会生产力源自"智力劳动尤其是自然科学的发展"③。解决"科学"到"技术"的转化问题，关键在于建立促进创新成果快速产业化的机制和途径。

（二）协调保证健康可持续发展

协调发展旨在解决发展不平衡的问题。我国发展不协调突出表现在区域、城乡、经济和社会、物质文明和精神文明、经济建设和国防建设等关系上④。从马克思社会再生产的两大部类理论、毛泽东同志的"统筹兼顾、适当安排"、邓小平同志的"两手抓"战略方针、江泽民同志的"处理好 12 个带有全局性的重大关系"、胡锦涛同志提出的全面可持续发展，到五位一体总体布局和"四个全面"战略布局，始终贯彻着协调发展的辩证观点。协调发展首先强调可持续发展，涵盖经济、社会、资源、环境系统的整体协调，也包括代内和代际之间

---

① 洪银兴：《新编社会主义政治经济学教程》，人民出版社 2018 年版，第 88 页。

② ［英］约翰·伊特维尔等：《新帕尔格雷夫经济学大辞典》，经济科学出版社 1996 年版，第 925 页。

③ 《马克思恩格斯选集》第 2 卷，人民出版社 1995 年版，第 411 页。

④ 《习近平谈治国理政》第 2 卷，外文出版社 2017 年版，第 198 页。

的协调。其次是消费、投资、出口这"三驾马车"对经济增长发挥作用的协调。再次是产业和区域两个领域的协调发展。最后是经济社会协调发展①。

（三）绿色发展是科技革命和产业变革的方向

生态文明是工业文明之后的文明形态，是人类文明发展的新阶段。它是人类遵循人与自然、社会和谐发展的理念取得的物质与精神成果的总和，追求人与自然、社会和谐共生、全面永续发展。党的十九大进一步明确了包括生态文明建设的"五位一体"发展战略是中国特色社会主义事业总体布局的思想。恩格斯对于看待人与自然的关系曾做出著名的论断："不要过分陶醉于人类对于自然界的胜利。每一次这样的胜利，自然界都会对我们进行报复。②"中华传统文化中关于对于自然取之以时、取之以度的思想十分丰富，《论语》中强调"子钓而不纲，弋不射宿"；荀子说："草木荣华滋硕之时则斧斤不入山林，不夭其生，不绝其长也。"绿色发展是时代科技革命和产业变革的方向，前景非常广阔。要贯彻绿色发展的理念，就要不断深化对于习近平总书记"绿水青山，就是金山银山"这一科学论断的认识，挖掘我国在这一领域的潜力，在新时代的生态文明建设和产业变革过程中引领潮流，领先发展③。

（四）开放发展促进内外联动，打造更宽领域、更深层次、更高质量的开放型经济

在国际经济合作和竞争格局深刻变化、经济治理体系和规则重大调整、应对外部经济风险和维护国际经济安全压力不断增大的形势下，我国面临的选择依然不是要不要对外开放，而是该如何提高对外开放质量和发展的内外联动性④。在中国特色社会主义经济发展的新时代，我国已经担负起了经济全球化、投资贸易自由便利化的最大旗手责任。主动顺应世界经济发展潮流，我们不但能够乘势而上、有所作为，还可以引领世界经济发展潮流⑤。总体来讲，构建人类命运共同体、发展更高层次的开放型经济是我国对外开放的基本思路。首先，新时代我国开放发展就是以建设人类命运共同体的思路来提升开放型经济

---

① 洪银兴：《新编社会主义政治经济学教程》，人民出版社 2018 年版，第 93 页。
② 《马克思恩格斯全集》第 26 卷，人民出版社 2014 年版，第 769 页。
③ 《习近平谈治国理政》第 2 卷，外文出版社 2017 年版，第 209 页。
④ 《习近平谈治国理政》第 2 卷，外文出版社 2017 年版，第 209 页。
⑤ 《习近平谈治国理政》第 2 卷，外文出版社 2017 年版，第 212 页。

水平。人类命运共同体包括发展共同体、安全共同体、利益共同体、文明共同体和责任共同体五个方面。其次，发展更宽领域、更深层次、更高质量的开放型经济，要从以下几个方面转变：一是"引进来"与"走出去"并重，陆海内外联动；二是从引进国外要素转向创新要素；三是从资源禀赋比较优势嵌入全球价值链转向技术、品牌、质量、服务的核心竞争优势；四是从以资源禀赋比较优势嵌入全球价值链转向争取我国产业在全球产业价值链中的主导地位；五是偏重制造业对外开放转向产业全方位开放；六是从沿海地区面向发达国家开放转向同时推进与"一带一路"沿线国家合作，以加快向西开放推动内陆沿边地区的前沿化①。

（五）共享发展体现社会主义本质

共享发展着眼于解决社会公平正义问题，贯彻以人民为中心的发展理念，体现的是逐步实现共同富裕的要求。共同富裕是社会主义的本质要求和基本目标，也是中华传统文化长期追求的理想社会②。马克思设想的共产主义是一个"实现以所有人富裕为目的"③ 的社会。《礼记·礼运》描绘的"小康"与"大同"社会，生动地描绘了我国人民自古以来追求的基本理想。共享发展理念应该从两个层次理解。首先，共享是逐步实现共同富裕的要求。邓小平理论阐明了这个道理，"共同富裕"不是"同步富裕"或者"同等富裕"。允许一部分人和一部分地区先富起来是实现共同富裕的必由之路。先富是手段，共同富裕是目的。但社会主义制度应该也能够规避两极分化④。其次，正确理解共享发展理念的深刻内涵。习近平总书记把正确落实共享发展理念归纳成两件事，一是把中国特色社会主义事业的"蛋糕"做大，二是把做大的"蛋糕"分好，充分体现社会主义的优越性，令人民群众有更多获得感⑤。共享发展理念的核心内涵可以从四个方面理解：全民共享是目标，全面共享是内容，共建共享是基础，渐进共享是途径⑥。

---

① 洪银兴：《新编社会主义政治经济学教程》，人民出版社 2018 年版，第 96 页。
② 《习近平谈治国理政》第 2 卷，外文出版社 2017 年版，第 214 页。
③ 《马克思恩格斯全集》第 14 卷，人民出版社 2013 年版，第 29 页。
④ 《邓小平文选》第 3 卷，人民出版社 1993 年版，第 374 页。
⑤ 《习近平谈治国理政》第 2 卷，外文出版社 2017 年版，第 83 页。
⑥ 洪银兴：《新编社会主义政治经济学教程》，人民出版社 2018 年版，第 99 页。

第二节　新时代社会主要矛盾的变迁

党的十九大指出，我国发展的历史新方位是中国特色社会主义进入了新时代。新时代一个突出的标志就是我国社会主要矛盾转化为人民日益增长的美好生活需要和不平衡不充分的发展之间的矛盾。主要矛盾的变化，关系到经济社会发展全局的重大历史性变化，是影响和决定新时代我国经济社会发展最重要的因素之一。科学认识新时代我国社会主要矛盾，是更好地认识、适应、引领新时代，夺取新时代中国特色社会主义伟大胜利的前提。

一、我国社会主义初级阶段的基本国情没有变

1987 年，党的十三大报告首次对我国处于社会主义初级阶段做出系统的论述。此后从十四大到十八大都重申了我国仍处于社会主义初级阶段的问题。习近平总书记在党的十九大报告中再次强调了"我国仍处于并将长期处于社会主义初级阶段的基本国情没有变，我国是世界最大发展中国家的国际地位没有变"的科学论断。

（一）经济发展水平与发达国家仍有差距

我国经济发展水平与发达国家的差距表现在三个方面：一是人均国内生产总值方面的差距。2017 年我国人均 GDP 达到了 8000 多美元，但是按照世界银行划分的标准，与高收入国家 12000 多美元仍有较大差距。二是人均国内生产总值在全球排名低于许多发展中国家。我国人均 GDP 在全球 200 个国家和经济体中处于 70 多位，尚低于马来西亚、墨西哥和巴西等发展中国家。三是与全球第一和第三大经济体的发展水平相比，我国人均 GDP 只是美国人均 GDP（5.9 万美元）的 13% 多一点，是日本（3.8 万美元）的 21%[①]。总体而言，作为世界第二大经济体，我国经济大而不强，人均经济总量与发达国家差距较大。

（二）经济体系现代化水平和经济发展质量不高

从建设现代化经济体系的要求看，我国经济发展质量不高总体表现在三个

---

① 数据来源：《2017 年国民经济和社会发展统计公报》。

方面。首先，供给结构难以保证供需在时空上的动态平衡。经过近年来的持续调整，我国三次产业间数量比例关系总体符合产业结构高级化的一般规律，但生产供给与消费需求的匹配度和产业之间的融合性、产业链环节的协调性并没有明显提升，难以满足人民群众不断提升的消费需求。实体经济与虚拟经济报酬结构失衡，创新要素和金融资源"脱实向虚"，不利于经济长期稳定发展。其次，产业发展处于全球价值链中低端非核心地位，产业发展效益低。改革开放以来，特别是加入世贸组织以来，我国积极融入全球价值链分工体系，成为当今世界拥有门类最齐全的产业体系和配套网络的国家，但产业发展整体水平处于国际价值链底部。一方面传统产业效益低，另一方面部分新兴产业仍无法走出"搞组装、重规模"的老路和"低端嵌入"困境。最后，我国产业发展的关键设备与核心部件仍然受制于发达国家。根据工业与信息化部对于130多种"关键基础材料"所做的调查显示，我国计算机和服务器通用的高端专用芯片95%以上依赖进口，运载火箭、大飞机甚至包括汽车在内的多个领域的关键部件精加工生产线，其95%的制造及检测设备依赖外国供应商。主要发达国家科技进步对经济增长的贡献率均超过了70%，美国已经达到80%，而我国这一指标仅为60%①。

（三）我国作为发展中国家的国际地位仍有长期性

上文提到，习近平总书记在党的十九大报告中强调了从党的十三大到十八大以来关于我国社会主义初级阶段的问题。"我国仍处于并将长期处于社会主义初级阶段的基本国情没有变"，说明我国作为发展中国家的国际地位仍具有长期性。依据保持增长的情况推算，我国最快要到2030年左右才能进入高收入国家行列，到了2035年我国人均GDP大概是美国的40%，到2050年大概是美国的70%，要赶上美国仍然还有很长的路要走。即使到2030年我国经济总量超过美国，也不等于我国已经成为世界经济强国。对比发达国家的历史，美国在当时经济总量超过英国50年之后，才成为世界第一经济强国。党的十一届三中全会以前，我国社会主义建设产生严重失误的原因，就是提出的目标任务和政策措施超越了社会主义初级阶段这个基本国情。所以，当前和将来较长时期内我国必然会继续坚持"以经济建设为中心"这一基本国策。

---

① 数据来源：《中国制造业尖端设备仍依赖进口》，《参考消息》2018年7月20日。

二、不平衡不充分的发展问题突出

（一）经济社会体系中存在制约生产率全面提升的问题

不平衡主要指的是经济社会体系结构方面存在的制约生产率全面提升的比例关系不合理、包容性不足、可持续性不够等问题。发展不平衡主要包括六个方面：

一是实体经济与虚拟经济不平衡。我国金融业增加值占 GDP 比重由 2012 年的 6.51% 快速攀升至 2016 年的 8.4%，高于 2016 年美国的 7.3%、英国的 7.2%①，反映出比较严重的"脱实向虚"问题，说明大量资本在金融系统内部循环，金融服务实体经济的作用发挥不够。

二是区域发展不平衡。占国土面积约 20% 的长江经济带，2017 年创造了超过全国 40% 的经济总量。2017 年 GDP 和公共财政收入前三位的广东、江苏、山东，三省 GDP 占全国 GDP 总量的 30% 以上。从人均 GDP 来看，我国大陆地区 2017 年北京以人均 12.9 万元居全国第一，紧随其后的是上海、天津、江苏、浙江、福建。2017 年人均 GDP 最高的北京市是人均 GDP 最低的甘肃省（人均 2.9 万元）的 4.4 倍，相对于 2016 年排名第一的天津是最低的甘肃的 4.2 倍有所拉大。

三是城乡发展不平衡。一方面，改革开放以来，随着收入分配制度改革的逐步推进，城乡居民收入水平有了极大提高。党的十八大以来，由于充分发挥再分配调节功能和对保障和改善民生的投入加大，城乡居民收入差距不断缩小。另一方面，当前我国城乡居民收入差距仍然较大，城乡基础设施和公共服务差距仍很明显。2017 年城乡居民人均可支配收入之比为 2.71，比 2007 年下降 0.43，比 2012 年下降 0.17。从国家统计局发布的数据来看，2018 年上半年，我国城乡居民收入比为 2.77，比上一年高 0.06。从 1981 年以来我国城乡居民收入比的变化趋势来看，城乡收入差距在 2009 前后达到了高峰，此后不断缩小，于 2017 年达到 2.71，已重新回到了 21 世纪初的水平②。

---

① 中国人民银行太原中心支行课题组：《对我国金融业增加值占 GDP 比重的判断与思考》，《华北金融》2017 年第 4 期，第 34 页。

② 数据来自前瞻经济学人网：《2018 年 7 月中国经济发展指数解读之居民收入　城镇居民收入增速趋于平稳》，https://www.qianzhan.com/analyst/detail/220/180914 - b3451501.html。

四是收入分配不平衡。我国居民收入基尼系数从 20 世纪 90 年代中期就超过了 0.4 的警戒线，目前还在 0.46 以上，处于较高水平。假如将财产存量差距计算在内，分配不平衡的问题会更加突出。当前的收入分配情况表明我国已经由改革开放前收入较为平等转变为收入差距较大的国家。近年来，随着一系列宏观调控政策的实施和精准扶贫行动的开展，收入分配差距扩大的趋势得到了较好的控制，但由财富分配差距导致的财富差距快速扩大，财产性收入的比例提高造成了居民收入分配差距重新拉大。应该强调的是，我国收入分配差距扩大并没有出现贫富两极分化现象。

五是经济与社会发展不平衡。按照郑永年先生的观点，我国经济改革和社会改革严重不平衡。在过去较长的时期内，以 GDP 数据为标准的经济增长被赋予极高的重要性。目前，我国依然存在着基本经济建设投资过度，而社会投资严重不足的局面①。表现在社会领域的突出问题就是看病难、看病贵、择校难、上学贵、养老难、养老贵等问题。只有这些问题得到较好的解决，才能建成消费型的经济。

六是经济与生态发展不平衡。我国环境保护工作与经济发展极不平衡，环境承载能力已接近极限，环境污染严重、生态脆弱成为制约经济社会发展质量和人民幸福感提高的突出问题。2017 年，338 个地级以上城市仅有 1/4 空气质量达标。水利部对 700 余条河流、约 10 万公里河长的水资源质量评价结果发现，受到污染的河长约 46.5%，水质为Ⅳ类和Ⅴ类；受到严重污染、水质为超Ⅴ类的河长达到 10.6%，其水体已丧失使用价值。生态系统退化风险依然存在，中度以上生态脆弱区域达到陆地国土面积的 55%，单位面积森林蓄积量仅有全球平均水平的 78%②。严重的生态问题已成为发展不平衡的重要方面，说明党的十九大提出包括生态文明建设在内的"五位一体"总体布局的紧迫性。

（二）经济体系建设中存在制约潜力释放和效率低等发展质量问题

发展不充分主要指经济发展中存在的制度创新不够、效率不高、发展短板问题突出和发展水平与发达国家差距大等发展质量问题。主要体现在五个方面：

一是市场竞争不充分。市场竞争不充分的深层原因主要来自市场准入制度

---

① 郑永年：《中国模式：经验与挑战》，中信出版社 2016 年版，第 40 页。

② 曹文炼、方正：《我国经济社会发展不平衡不充分的主要表现》，《中国产经》2018 年第 2 期，第 59 页。

方面的不合理不公平的限制、行政性垄断和所有制歧视等。在市场准入方面，一些自然垄断行业、公共事业和公共产品领域对于民营资本仍然有诸多限制。行政性垄断主要体现在滥用行政权力排除、限制竞争的行为方面。目前在我国依然有行政强制交易、地方保护主义和不当干预企业生产经营等影响公平竞争的行为。例如，2018 年 7 月，国家市场监督管理总局调查了两个地方职能部门发现：一个部门指定由某公司负责其推广使用新型防伪印章，而另一个则指定某银行作为唯一代办交通违章罚款业务的银行。这种行为属于典型的以行政权力排除限制竞争，涉嫌违反反垄断法①。

　　二是效率发挥不充分。经济增长效率主要从两方面可以看出，一方面是近年来资本投资效率呈逐年降低趋势，当前增量资本产出效率为 6.9，不但远低于发达国家平均水平，也低于我国 10 年前的水平。2008—2017 年我国增量资本产出效率平均值为 5.7，1998—2007 年的平均值仅为 4.0。可以看出资本投资效率降低的趋势非常明显。另一方面，我国全要素生产率水平低于发达国家。2014 年我国全要素生产率水平仅为美国的 43%左右。日本在 1980 年基本完成工业化时，全要素生产率已达到美国的 81%。韩国 1991 年到了这个发展阶段，全要素生产率达到了美国的 60%。81%和 60%也分别是日本和韩国追赶美国全要素生产率的峰值或阶段性峰值，此后日本和韩国的追赶也基本停滞了②。

　　三是有效供给不充分。习近平总书记认为，当消费的需求在国内得不到有效供给时，他们就会把钱花在境外。我国一些消费需求在国内有大量购买力支撑，却得不到有效供给，出现了消费者在出境购物和"海淘"购物方面的巨额资金消费。其中购买的商品已不仅限于过去的珠宝首饰、名牌服饰、名包名表、化妆品等奢侈品，还包括电饭煲、奶粉、奶瓶、马桶盖等普通日用品。仅 2014 年我国居民出境旅行支出已经超过 1 万亿元人民币③。事实证明，不是我国需求不足，而是需求变了，供给的产品质量和服务跟不上。国内有效供给能力不充分导致"需求外溢"，也就是消费能力流向境外。解决这些结构性问题的出路在于推进供给侧结构性改革。

　　四是动力转换不充分。虽然新技术、新产品、新业态不断涌现，新旧产业

---

① 《人民日报论法：依法破除行政性垄断》，《人民日报》2018 年 7 月 4 日。
② 张文魁：《中国经济学家对全要素生产率有巨大误解，中美差距比想象的大得多》，华尔街见闻，2018 年 6 月 7 日，https://wallstreetcn.com/articles/3331197。
③ 《习近平：有效供给能力不足　导致大量出境购物》，《人民日报》2016 年 5 月 11 日。

融合不断加快，但整体规模和贡献还相对有限，尚未真正形成创新驱动增长格局。目前，我国产业发展处于全球价值链中低端非核心地位，产业发展效益低，产业发展的关键设备与核心部件仍然受制于发达国家。我国高科技进步对于经济增长的贡献率仅为60%，低于主要发达国家的70%，而美国这一指标已经达到80%。

五是制度创新不充分。要发挥市场在资源配置中的决定性作用，在监管体系、产品质量和知识产权保护等方面仍然存在一定程度的体制机制约束，全面落实创新、协调、绿色、开放、共享的新发展理念的制度环境尚未全面形成。当前我国处在从中高收入迈向高收入的关键阶段，也是转变发展方式、优化经济结构、转换增长动力的三大攻关期，制度创新发挥着重要的保障作用①。党的十九大报告提出的"支持民营企业发展，激发各类市场主体活力，防止市场垄断"，对于制度创新提出了更高的要求。

三、人民对美好生活的需要及对经济发展的要求更高

美好生活需要是人民获得感、幸福感和安全感的源泉，是人们从事生产劳动和创造历史伟业的动力。正确认识和全面把握人民美好生活需要，是回应人民期待和关切践行以人民为中心的发展观的前提。

（一）人民对物质文化生活提出了更高的要求

习近平总书记在纪念改革开放40周年的讲话中提到："40年来，我国居民人均可支配收入由171元增加到2.6万元，九年义务教育巩固率达93.8%。我国建成了包括养老、医疗、低保、住房在内的世界上最大的社会保障体系，基本养老保险覆盖超过9亿人，医疗保险覆盖超过13亿人。常住人口城镇化率达到58.52%，上升40.6个百分点。居民预期寿命由1981年的67.8岁提高到2017年的76.7岁。我国社会大局保持长期稳定，成为世界上最有安全感的国家之一。粮票、布票、肉票、鱼票、油票、豆腐票、副食本、工业券等百姓生活曾经离不开的票证已经进入了历史博物馆，忍饥挨饿、缺吃少穿、生活困顿这些

---

① 李伟：《我国资本投资效率逐年降低》，中国消费网，2018年1月4日，http://www.ccn.com.cn/html/shishangshenghuo/licai/2018/0114/337116.html。

几千年来困扰我国人民的问题总体上一去不复返了!"① 中国特色社会主义进入新时代,人民对美好生活的需要必然从过去追求温饱的阶段转变为追求生活品质的阶段。

首先,从恩格尔系数来看,2017 年全国居民恩格尔系数为 29.39%,我国首次进入联合国划分的 20% 至 30% 富足区间。这个数据说明人们七成支出花在吃以外,也说明"以食为天"的中国人,今天的消费已经转向了提高生活水平的其他方面。这个数据的变化也符合人们的获得感:外出旅游人数逐年上升,乘坐高铁、飞机变得平常;购买新款高价手机、看 3D 电影、小孩接受艺术教育培训等教育文娱消费快速增加;医疗保健水平不断提高。这标志着我国消费的光谱越来越宽,消费的转型升级速度不断加快。

其次,从国际发展经验来看,人均 GDP 接近 9000 美元时,人们的消费倾向逐渐转向注重品种、质量和品牌等。根据麦肯锡 2016 年 3 月份对我国消费者所做的调查显示,超过 50% 的人追求优质产品,也说明我国消费者的目光正在从大众产品向中高端产品转型。正是着眼于适应居民消费升级,国务院于 2016 年 5 月 30 日发布了《关于开展消费品工业"三品"专项行动 营造良好市场环境的若干意见》。开展"三品"专项行动的目的是,到 2020 年品种丰富度、品质满意度和品牌认可度得到明显提升。

通过消费结构变迁可以看出,改革开放提升了我国经济发展的整体水平和发展阶段。消费从物质向服务延伸,从线下向线上线下融合转变,从模仿型向个性体验跃迁,这必然导致耐用消费品供给趋向饱和和价格下跌,服务业和互联网经济快速发展。拥有世界上最大规模具有较高的教育和收入水平的中等收入群体,不但对优质产品和服务提出更高要求,而且为推进供给侧结构性改革提供了重大机遇②。

(二)民主、法治、公平、正义、安全、环境等方面的要求日益增长

中国特色社会主义进入新时代,"富起来"的中国人对美好生活的需要越来越广泛,其需求更具多样性和多元化的特征。

首先,无论是马斯洛的需要层次理论,还是马克思对于人类历史发展规律

---

① 习近平:《在庆祝改革开放 40 周年大会上的讲话》,新华网,2018 年 12 月 18 日,http://www.xinhuanet.com/politics/leaders/2018-12/18/c_1123871854.htm。

② 国务院发改委:《2017 年中国居民消费发展报告》,《人民日报》2018 年 4 月 20 日。

的观点，都承认人民美好生活的需要具有多样性。马斯洛把人的需要按层次依次分为生理、安全、社交、尊重和自我实现五个层次，并且认为只有前一个基本需要满足后，人们才会有其后更高层次的需要。马克思认为人的需要分为物质性、人际性和精神性需要。在满足了维持基本生活需要的物质性需要之后，方才有人际性和精神性的需要。当前我国人民的物质性需要主要是教育、医疗、养老、社保、就业、住房方面的需要等；人际性需要是对社会公平正义、有效的社会治理、良好的社会秩序、和谐的人际关系的期望等；人民的精神性需要是对于优质、丰富、多元的文化产品和服务的期望等。美好生活需要的多样性为经济转型升级提供了动力，同时也给经济发展成果惠及全体人民带来挑战。

其次，多元化的人民美好生活需要具有层次性和递增性。人民美好生活需要不是固定不变的，是不断增长变化的。党的十九大报告指出："人民美好生活需要日益广泛，不仅对物质文化生活提出了更高要求，而且在民主、法治、公平、正义、安全、环境等方面的要求日益增长。"这句话是说不同种类的需要之间的依次增进的层次关系，而且一种需要层次也会不断提高。物质性需要处于优先的地位，所谓"仓廪实而知礼节"，当维持基本生活的物质性需要满足后，就会产生社会性和精神性的需要，而且物质性的需要满足程度越高，社会性和精神性的需要就越强烈。

准确认识和把握人民美好生活需要，是关注人民的需要和关怀群众的生活的前提。把握人民对美好生活的向往，不仅要把握共性，还要把握特性，优先解决人民最关心最直接最现实的利益问题，还应持续促进社会公平正义，不断增加人民的获得感、幸福感和安全感①。

（三）社会主要矛盾转化对经济发展提出了更高要求

历史唯物主义主张抓住社会主要矛盾，还要抓住主要矛盾的主要方面。当前我国社会主要矛盾已经转化为人民日益增长的美好生活需要和不平衡不充分的发展之间的矛盾，矛盾的主要方面是发展的不平衡不充分问题。解决发展不平衡问题主要是补齐短板和协调发展。化解发展不充分的矛盾，出路在于解决创新不足导致的核心技术供给不充分和供给体系质量不高导致的有效供给不足问题。

---

① 孙英：《正确认识全面把握人民美好生活需要》，《光明日报》2018 年 12 月 26 日。

第一，要坚持发展是第一要务。我国处于社会主义初级阶段的国情未变，以经济建设为中心的政策就不能变。改革开放40余年的成就正是在坚持以经济建设为中心的原则下取得的，事实证明"发展是硬道理"，是解决我国社会主要矛盾的关键。坚持发展是第一要务，应该深化改革，更进一步推进全面开放，培育新业态、新模式和高层次开放型经济，持续推动"一带一路"建设。坚持发展是第一要务，应该坚持高质量、高效率、公平、可持续的发展定位，坚持创新、协调、绿色、开放、共享发展的新理念。

第二，坚持以人民为中心的发展思想。随着改革开放以来经济发展水平的提高，人民生活水平有了明显改善，对美好生活的向往更强烈，要求也更高。坚持以人民为中心的发展思想，一要坚持人民主体地位，把人民群众对美好生活的向往作为经济发展的优先选择，让人民共享发展成果；二要通过改革创新推动经济高质量发展，增加有效供给，更好地满足人民对美好生活的需要；三要充分发挥人才优势，不断改善有利于人才成长和发挥才能的制度与环境；四要把维护社会公平正义放在重要位置，调整收入分配格局，缩小收入差距，使发展成果惠及全体人民①。

第三，加快现代化经济体系建设。建设现代化经济体系就是要解决传统经济体系存在的追求高速增长、靠投资拉动、经济增长质量和效率不高的问题，建设具有如下特征的经济体系。一是拥有较强国际竞争力的现代化的农业、制造业、服务业等发达的产业体系；二是以科技和管理创新驱动的发展方式；三是区域、城乡协调平衡发展；四是拥有市场在资源配置中起决定性作用，宏观调控更加有效的社会主义市场经济体制；五是生态文明建设成效显著，绿色低碳的生产生活观念深入人心；六是全方位高水平对外开放。

第四，以供给侧结构性改革为主线。更好地满足人民群众对美好生活的需求，首先应该解决人民美好生活需求的有效供给不足的问题。从总体上来看，我国经济运行和经济体系中存在的主要问题是供给侧结构性矛盾。这就决定了新时代高质量的经济发展，必须坚持以供给侧结构性改革为主线，不断深化改革，依靠市场化和法治配置资源，推动质量、效率、动力变革，强化宏观调控，抑制资本"脱实就虚"趋势，促进实体经济健康持续发展，不断提高供给体系

---

① 闻言：《坚持以人民为中心的发展思想，努力让人民过上更加美好生活》，《人民日报》2017年10月11日。

质量。

第五，加快协调发展的现代化产业体系建设。现代化产业体系就是实体经济、科技创新、现代金融、人力资源、现代服务业协同发展的产业发展格局。建设现代化产业体系是化解产能过剩矛盾、解决无效供给问题的必然出路，也是提高我国经济发展质量和整体竞争力的必然选择。巩固实体经济的基础地位是发达国家发展经验带给我们最大的启示。着眼我国产业发展现状，建立现代化社会主义市场经济体制，以市场在资源配置中的决定性作用来降低实体经济成本，推动科技创新和成果转化，实现互联网大数据和人工智能融合发展，形成具有全球竞争力的现代化产业体系①。

第三节　全球化面临的挑战与世界经济再平衡

第二次世界大战以来的世界贸易体系和全球经济秩序是以美国主导的西方发达国家倡导建立的。世界贸易的快速发展催生了 20 世纪经济全球化局面，也使西方国家在经济全球化的过程中不但占有了最多的开放红利，而且控制了绝对优势的世界经济资源。然而随着金融资本虚拟化和全球产业分工格局的不断变化，全球化带来的一系列"经济去主权化"和贸易失衡、就业矛盾突出等严重问题。面临全球经济低迷和民粹主义高涨的形势，部分国家采取贸易保护主义和逆全球化的措施，给经济全球化发展带来了严重的挑战。

一、西方国家"逆全球化"愈演愈烈

2008 年爆发的国际金融危机，令西方资本主义国家陷入停滞状态，经济低迷，复苏乏力，社会内部撕裂和矛盾激化等问题日趋严重。西方国家在国际国内的反全球化和逆全球化很大程度上影响了主流政治和经济合作。

（一）西方贸易保护主义甚嚣尘上

贸易保护主义是当前西方国家反全球化的一种典型模式。这种保护主义实际上是西方国家在当前国际经济和贸易发展格局中，不愿看到新兴经济体快速

---

① 何立峰：《大力推动高质量发展　建设现代化经济体系》，《中国产经》2018 年第 7 期，第 10 页。

发展而有能力挑战西方经济霸权和主宰世界贸易体系，试图遏制新兴经济体的一种企图。汉斯-彼得·马丁认为全球化是对"民主和福利的进攻"。这种民主和福利，自然不是发展中国家的民主和福利，因为发展中国家的民主和福利不是西方国家关心的。在西方国家看来，全球化破坏了西方福利国家的社会福利网络，同时还使西方因社会福利网络破坏而起了政治冲突①。由此可以看出，西方政客和学者并不是反对全球化所带给他们的市场红利，而是反对发展中国家通过全球化获得发展，反对发展中国家获得在全球化过程中威胁他们的经济霸权地位。这也反映出西方国家对于 20 世纪 80 年代以前带有殖民主义性质的全球化的留恋。

（二）贫困和失业引发的反全球化抗议运动浪潮高涨

20 世纪 90 年代开始，西方国家的工会和产联组织领导的反贫困、反失业抗议运动迅速发展成一股反全球化的浪潮。1999 年，世界贸易组织第五次贸易部长会议在美国西雅图举行，爆发了第一次以美国工会与欧洲部分工会代表组织的反全球化的抗议活动，随后迅速蔓延至欧美其他国家，甚至亚洲国家也有类似反抗运动。进入 21 世纪以来，特别是 2008 年金融危机以来，西方国家经济复苏乏力，社会底层民众生活艰难，这些抗议活动表现出新的特点：一是规模大，动辄上万人参加；二是波及区域广，不但涉及欧美、澳洲，也包括拉美、亚洲一些国家；三是参与主体大多来自社会中下层，抗议诉求为反失业和反对生活水平下降；四是反抗运动本质是工会组织发起的反对金融垄断资本。可以看出，这些反抗运动实质是反对经济全球化过程中金融资本主导社会财富分配权，令许多中产阶层贫困化，社会两极分化趋势加剧；反对政府宏观调控政策的不力和对社会矛盾的无所作为②。

（三）政党和政府参与利用反全球化运动，逆全球化影响从经济转向政治领域

近年来，反全球化逐渐出现政党和政府参与，反全球化行为政府化、国家化的趋势。发达经济体自 20 世纪 80 年代起持续了近 40 年的投资和贸易自由化

---

① 汉斯-彼得·马丁、舒曼：《全球化陷阱：对民主和福利的进攻》，中央编译出版社 1998年版，第 13 页。

② 栾文莲：《对当前西方国家反全球化与逆全球化的分析评判》，《马克思主义研究》2018年第 4 期，第 92 页。

政策突然变得面临诸多争议，各国内部要求限制投资和实施贸易保护主义的声浪高涨。同时，具有排他性和封闭性的区域一体化经济组织不断出现，北美和欧洲原有的区域经济一体化严重受挫，英国寻求脱欧，美国要求重新制定北美自由贸易协定。

2008 年金融危机后，政党和政治势力参与到反全球化运动中，高喊本国优先、反对自由贸易、反对非法移民口号，并以此为竞选纲领，获取政治利益。政党势力和代表介入反全球化运动是操弄民粹转移社会矛盾的政治投机行为，长期来看不利于国家经济持续发展。一些非典型政治人物在选举中胜出，但国内矛盾和对外贸易保护行为导致的部分产业集团利益受损严重。美国总统特朗普在上任后采取了一系列"退群"行动（如表 1-1），但是贸易摩擦导致的农业发展困境、民主党人弹劾、情报部门的"通俄门"调查等一系列问题，直至 2018 年 12 月 22 日因修建美墨边境隔离墙拨款问题令政府停摆达 35 天，严重影响民生和经济发展。

表 1-1　特朗普执政后对外主要政策变动

时间	主要内容
2017. 1. 23	宣布美国退出"跨太平洋伙伴关系协定"（TPP）
2017. 1. 27	暂禁全球难民和西亚北非 7 国公民入境
2017. 6. 1	宣布美国退出《巴黎协定》
2017. 6. 16	特朗普取消部分奥巴马政府时期的古巴政策
2017. 8. 2	特朗普签署法案，追加对俄经济制裁
2017. 8. 2	白宫宣布支持通过"改革美国移民制度强化就业"草案，其核心内容是减少合法移民数量，限制目前占合法移民数最大比例的亲属移民名额，减少难民的绿卡名额，同时取消绿卡抽签制
2017. 10. 12	特朗普宣布退出联合国教科文组织
2017. 11. 20	特朗普将朝鲜重新列入美国"支持恐怖主义国家"名单，出台更多对朝制裁措施
2017. 12. 18	白宫公布特朗普任内首份国家安全战略报告，将中俄等国列为"竞争者"，气候变化从美国战略威胁名单中消失

续表

时间	主要内容
2018.1.12	特朗普声称最后一次延长针对伊朗核问题的制裁豁免期，要求修改伊核协议条款，否则将退出伊核协议
2018.3.22	特朗普签署针对中国"知识产权侵权"的总统备忘录，内容包括对价值600亿美元的自中国进口商品加征关税，标志着特朗普正式打响对华贸易战
2018.4.12	特朗普指示经济部门官员对美国再次加入"跨太平洋伙伴关系协定"（TPP）的可行性进行评估
2018.4.14	特朗普宣布对叙利亚实施导弹"精准打击"

资料来源：冯莉、肖巍：《资本、战争与全球治理》，《复旦大学学报》2018年第6期，第168页。

二、全球经济失衡的本质与形成机理

全球经济失衡是指在国际贸易中，一些国家出现比较严重的贸易赤字，而与这些国家相对的大量贸易顺差固定存在于另外一些国家。全球经济失衡是国际货币基金组织总裁拉托于2005年2月23日在其题为《纠正全球经济失衡——避免相互指责》的演讲中首次提出的，他并且指出其在当前主要表现为美国出现经常账户严重赤字，债务快速增长，而中国、日本和亚洲其他新兴市场国家和经济体对美国出现大额贸易盈余。

（一）具有较强流动性的资本和技术等要素跨国流动导致国际产业结构发生变化

科技的发展加速了全球化的进程。20世纪90年代以来，全球市场经济体制逐步建立，全球化程度不断加深，商品和生产要素全球流动的障碍明显降低，尤其是资本要素跨国流动性不断增强。1980年全球对外直接投资存量为5489.36亿美元，2010年已经攀升到204082.57亿美元。在当前的世界经济发展格局中，发达经济体拥有资本、管理和技术要素优势，发展中经济体则在简单劳动力和土地要素方面具有优势。跨国公司为了追求全球超额利润，自然会在全球范围内配置生产要素。由于资本、管理和技术要素与土地劳动力要素跨国流动性存

在明显差异，前者流动性强，后者流动性弱，因此劳动力当前仍然很难在全球化范围内自由流通。由此可以看出，发展差距是导致全球要素非对称性流动的主要原因。这种发达经济体优势要素追逐发展中经济体优势要素的跨国资源配置，带来了全球制造业重心向发展中经济体转移的产业结构调整，是全球贸易失衡的主要原因。

（二）国际贸易结构的深刻变化与全球消费结构不同步产生贸易失衡

首先，传统分工模式下的横向贸易向新国际分工模式下的纵向贸易转换的过程中，贸易事实上已不再是商品间或者商品和要素间的简单交换，而是一定程度上变成了确保全球生产正常进行的供应链贸易。根据要素禀赋理论，在传统分工模式下的横向贸易中，要素流动的限制不会导致贸易失衡。如果要素在国际间不可流动，则商品的国际贸易就是代替要素的流动，因此均衡结果与要素能够流动是完全一致的。问题正在于当前新国际分工模式下纵向贸易是将产品内的价值链在国际间分解，一种出口的产品的利润分配已经不是最终出口国独占，有可能会是最终出口国的利润分成仅占很小部分，因为它只是最后的加工和组装国家。

其次，全球产业结构和产品内价值链结构的国际分工变化，并未同时对称地产生全球消费结构的国际变化。制造业基地转移之前，发达经济体消费能力相对较强，发展中经济体消费能力低。转移后，发展中经济体的生产能力提高了，但是相对于发达经济体的消费能力依然处于劣势，其生产的产品对于本国市场处于过饱和状态，只能靠出口发达经济体。可以看出，在这一波国际分工体系变化中，全球经济利益分配的矛盾依然存在。世界银行 2010 年发布的世界报告显示，2010 年全球还有 14 亿人处于 1.25 美元/天的国际贫困线之下。由于战乱、恐怖袭击等地区性冲突的影响，资源环境和经济体系脆弱等原因，目前全世界有超过八成的人口居住在收入差距不断拉大的国家和地区①。

（三）产业结构国际梯度转移和产品增值环节国际梯度转移催生了中国贸易失衡

我国改革开放以来发展的外向型经济取得了巨大的成功。我国对外贸易发展迅速，并且在较长的时间保持了较大的对外贸易顺差。我国对外贸易不平衡

---

① 洪银兴：《新编社会主义政治经济学教程》，人民出版社 2018 年版，第 456 页。

的情况引起了国内学术界的关注（如表1-2所示），也遭到了美国等发达国家的责难。虽然在总量上，我国对美贸易长期存在顺差，但在结构上，我国对美出口商品总体技术含量较低，且我国从美国进口产品集中在少数大宗商品和技术含量较高的产品上，总体上存在贸易结构性失衡的问题。

表1-2 全球经济失衡调整的研究文献分类与政策措施

文献	视角	影响因素或调整措施
余水定、覃东海（2006）	中美收支失衡	调整外资、外贸和产业政策，加速市场化进程
张明（2007）	一般均衡（宏观视角）	各国通过政策协调积极调整，通过金融市场情绪变动触发消极调整
陈继勇、周琪（2011）	全球化	再平衡实质是转变经济增长方式，推动经济增长动力重新耦合；失衡方需要注重经济增长利益的重新分配和调整成本的合理承担
刘伟丽（2011）	全球化	促进技术合作、技术革新；建立国际竞争格局；加强区域合作
Uri Dadush（2013）、李杨（2014）	发达经济体与新兴经济体	调整国内经济结构，深化国内经济改革，最大限度扩张国内需求
张幼文、薛安伟（2010）	国际分工	改变生产要素的不对称流动，调整要素的流动结构
Karl Habermerier（2010）	资本流动	各国间的宏观政策协调与宏观审慎监管
Ramin Toloui（2013）	一般均衡（微观）	建立全球统一风险分析框架；建立统一主权信用评级体系；引入新的投资组合方法
张坤（2015、2016）	金融发展	金融发展水平的提升能够推动全球经常项目失衡的调整与经济增长的复苏

资料来源：刘瑶，张明：《全球经常账户再平衡：特征事实、驱动因素与有效路径》，《世界经济研究》2018年第7期，第5页。

从 20 世纪 70 年代开始，西方从两次石油危机对于其工业化和高耗能重化工业的打击中吸取了教训，通过产业结构调整，将钢铁、化工等高能耗和劳动密集型产业向亚洲一些国家转移，在国内专注于发展微电子技术为主的知识密集型产业。我国正是继亚洲"四小龙"之后抓住了承接美日产业的机会，利用国内劳动力成本优势获得了快速发展。从 20 世纪 90 年代开始，我国承接国际产业转移的形式主要表现为接受跨国公司大规模投资。承接国际产业转移很快形成了"出口效应"，特别是我国加入 WTO 之后，我国对外贸易顺差越来越大，带来巨额外汇储备。

贸易自由化发展也为产品在加工过程中以中间产品的形式跨境流动提供了前提条件和现实可能性。我国改革开放以来长期推行低成本劳动力战略，同时也实施了许多吸引外资的优惠政策，为跨国公司投资实施产品内分工提供了极具吸引力的经营环境。同时，这种产品内分工也让我国成为跨国公司的"出口平台"，也导致了我国的巨大贸易顺差。

三、以包容性增长推动世界经济再平衡

2008 年金融危机爆发以来，面对贸易失衡，G20 成员国共推出 3500 多项贸易保护政策，至今仍有 80% 以上还在执行①。这种保护主义和内顾倾向令多边贸易体制受到严重冲击。正如上文分析，贸易失衡明显的主体特征是：主要贸易逆差集中在以美国代表的发达经济体，顺差主要出现在以中国为代表的发展中经济体和转型经济体。其产生的根源在于发展中经济体和发达经济体之间的巨大发展差距。

以包容性增长推动全球化释放更多正面效应，实现经济全球化进程再平衡。包容性增长最早由亚洲开发银行于 2007 年首次提出，指社会和经济协调、可持续发展。世界经济失衡的本质在于发展失衡，是后发展国家发展能力不足导致利益分配的失衡。习近平主席提出了让经济全球化进程更有活力、更加包容和可持续，要旗帜鲜明地反对单边主义和保护主义，让经济全球化朝着更加开放、包容、普惠、共赢方向发展，帮助发展中国家特别是非洲国家参与国际产业分工，共享经济全球化红利②。

---

① 王义桅：《"一带一路"推动包容性增长》，《人民日报》2016 年 9 月 7 日。
② 习近平：《顺应时代潮流，实现共同发展——在金砖国家工商论坛上的讲话》，《人民日报》2018 年 7 月 26 日。

我国的"一带一路"倡议是一种稳中求进的经济全球化方案,有利于改变全球经济持续疲软现状,有利于提高有效供给来催生新需求,实现世界经济再平衡,有利于稳定世界经济形势。"一带一路"倡议的开放性和包容性已获得发展中国家的普遍认可。"欢迎各方搭乘中国发展的快车、便车"体现了开放理念。亚投行打破合作壁垒与附带条件限制,为乌兹别克斯坦提供贷款充分体现了其包容性。"一带一路"倡议有助于解决紧迫的时代矛盾,从长远上回应了全球可持续发展重大关切。其所倡导的共商共建共享原则和利益、责任、命运共同体理念,必将在打造开放、包容、均衡、普惠的国际经济合作架构方面,起到补全球化短板的作用,推动实现"包容性全球化"发展①。

延伸阅读

1. 张卓元、胡家勇、万军:《中国经济理论创新四十年》,中国人民大学出版社 2018 年版。

2. 吴敬琏:《中国经济的定力》,中信出版社 2019 年版。

3. [英] 罗思义 (John Ross):《别误读中国经济》,天津人民出版社 2018 年版。

4. [法] 弗雷德里克·皮耶鲁齐 (Frédéric Pierucci)、[法] 马修·阿伦 (Matthieu Aron):《美国陷阱》,中信出版社 2019 年版。

---

① 王义桅:《"一带一路"推动包容性增长》,《人民日报》2016 年 9 月 7 日。

第二章

领航新时代：民族复兴与全球治理

习近平新时代中国特色社会主义经济思想，是党的十八大以来，以习近平同志为核心的党中央将马克思主义政治经济学基本原理与新时代中国经济发展实践相结合的理论结晶，是中国特色社会主义政治经济学的最新成果，对于推动形成全面开放新格局、发展更高层次的开放型经济，以及中国和世界发展都具有重大意义。要深刻领会习近平新时代中国特色社会主义经济思想，通过扩大开放和积极推进"一带一路"国际合作，促进中国加快自身制度建设、法治建设，改善营商环境和创新环境，降低市场运行成本，提高运行效率，提升国际竞争力，打造国际合作竞争新优势；促进中国积极参与全球经济治理，推动建设开放型世界经济，推动建设相互尊重、公平正义、合作共赢的新型国际关系，推动构建人类命运共同体，为人类发展贡献更多中国智慧和力量。

第一节　开拓了21世纪中国特色社会主义政治经济学的新境界

习近平新时代中国特色社会主义经济思想以新发展理念为主要内容，立足我国国情和发展实践，紧扣我国社会主要矛盾变化，揭示新时代的新特点，提炼和总结我国经济发展实践的规律性成果，把实践经验上升为系统化的经济学说，实现了重大理论创新。

一、提出了建设中国特色社会主义政治经济学的时代命题

马克思主义政治经济学具有鲜明的时代特征。习近平总书记提出建设具有中国特色、中国气派和中国风格的社会主义政治经济学，就是要建设具有新时

代特征的中国特色社会主义政治经济学。

（一）新时代经济发展亟须马克思主义政治经济学理论创新

"时代是思想之母，实践是理论之源"①。中国特色社会主义进入新时代，经济发展站在新的起点之上，只有通过创新经济理论才能贯彻新的发展理念。"提炼和总结我国经济发展实践的规律性成果，把实践经验上升为系统化的经济学说"，② 就是要建设中国特色社会主义政治经济学的时代使命和要求。

习近平新时代中国特色社会主义经济思想是构建中国特色社会主义政治经济学的指导思想，它是中国特色社会主义政治经济学的最新成果。虽然中国特色社会主义政治经济学的基本范式属于马克思主义政治经济学，但它绝非照搬传统政治经济学社会主义部分的内容。建设中国特色社会主义政治经济学，就是坚持新的发展理念，对习近平新时代中国特色社会主义经济思想进行学理化创新，并用以指导和服务新时代中国特色社会主义经济建设的理论创新。

（二）习近平新时代中国特色社会主义经济思想赋予了中国特色社会主义政治经济学新的时代特征

习近平新时代经济思想坚持以人民为中心的基本立场，从三方面为中国特色社会主义政治经济学赋予新时代特征。一是凸显中国特色社会主义政治经济学的社会主义本质。从改革开放初期开始，邓小平同志就社会主义的本质做出了清晰的诠释，即缩小收入差距，实现共同富裕，始终是党中央领导全国经济和社会发展的最终目标。进入新时代，面临收入差距扩大等新问题，消除贫困、实现共同富裕这个社会主义的本质要求被作为党的重要使命，全面贯穿于中国特色社会主义政治经济学的整体内容③。二是习近平新时代中国特色社会主义经济思想对于新时代社会主要矛盾的判断，为中国特色社会主义政治经济学提出了全新的时代特征。以新时代社会主要矛盾为中国特色社会主义政治经济学提供了研究的主要问题，即解决社会经济发展的不充分不平衡问题。中国特色社会主义政治经济学贯彻新的发展理念体现出鲜明的新时代特征，贯彻了以新

---

① 新华社：《高举中国特色社会主义伟大旗帜　为决胜全面小康社会实现中国梦而奋斗》，《人民日报》2017 年 7 月 28 日。

② 新华社：《坚定信心增强定力　坚定不移推进供给侧结构性改革》，《人民日报》2016 年 7 月 9 日。

③ 《习近平谈治国理政》第 2 卷，外文出版社 2017 年版，第 83 页。

时代社会主要矛盾分析作为出发点和主线的唯物主义观点①。三是习近平新时代中国特色社会主义经济思想赋予了中国特色社会主义政治经济学新的发展目标。党的十九大提出 2020 年全面建成小康社会，在此基础上分两步实现社会主义现代化和中华民族伟大复兴的发展蓝图，令现代化问题成为中国特色社会主义政治经济学的研究任务，体现了逐步实现共同富裕的社会主义本质，也体现了以人民为中心的发展观。

二、彰显了对马克思主义政治经济学的原创性贡献

作为马克思主义政党，中国共产党非常重视研究和学习马克思主义政治经济学，而且在各个时期都在学习运用的过程中对马克思主义政治经济学做出了一定程度的创新。比如新民主主义时期提出的新民主主义经济纲领，不但对社会主义建设道路做出创造性的探索，也发展了马克思主义政治经济学。党的十八大以来，在习近平新时代中国特色社会主义经济思想的指导下发展起来的中国特色社会主义政治经济学，对于马克思主义政治经济学做出的原创性贡献体现在以下十个方面。

（一）强调党对经济工作的集中统一领导

习近平新时代中国特色社会主义经济思想创造性地提出坚持和加强党对经济工作集中统一领导，这一思想包括：强调坚持党的领导是中国特色社会主义最本质的特征，也是中国特色社会主义最大的制度优势；我国社会主义市场经济体制的一个重要特征是通过坚持党的领导，发挥党总揽全局、协调各方的领导核心作用；党对经济工作总体负责和全面领导，党中央通过抓好顶层设计、总体布局、统筹协调、督促落实、整体推进等手段全面领导经济工作。这一思想，是我国经济高质量发展的政治保证，从加深对社会主义经济本质认识方面，丰富了马克思主义政治经济学。

（二）坚持以人民为中心的发展思想

习近平新时代中国特色社会主义经济思想强调坚持以人民为中心的发展思想，体现了马克思主义政治经济学的根本立场。以人民为中心的发展思想主要

---

① 洪银兴：《中国特色社会主义政治经济学发展的最新成果》，《中国社会科学》2018 年第 9 期，第 5-7 页。

体现在：一是要坚持把增进人民福祉、促进人的全面发展、逐步实现共同富裕作为经济发展的根本目标和原则；二是要坚持人民主体地位，努力满足人民群众对美好生活的向往，维护最广大人民的根本利益；三是坚持通过经济发展保障和改善民生，做大蛋糕，做好分配，坚决打赢脱贫攻坚战。以人民为中心的发展思想，是我国经济高质量可持续发展的强大动力，深化了对社会主义生产目的的认识。

（三）坚持创新、协调、绿色、开放、共享的发展理念

党的十八大以来，以习近平同志为核心的党中央提出新的发展理念，引发了关系我国发展全局的深刻变革。新的发展理念包括五个方面，其中创新发展着眼于发展动力转换的问题，协调发展着眼于促进平衡发展的问题，绿色发展着眼于解决生态建设和发展方式转换的问题，开放发展着眼于解决发展内外联动和更好融入全球市场的问题，共享发展着眼于解决收入差距加大促进社会公平正义问题。五大发展理念着眼于新时代的社会现实，是不可分割的整体。五个方面相互联系又相互促进，为我国经济高质量可持续发展提供了保证，从政治经济学的角度深化了对社会主义经济发展规律的认识。

（四）坚持和完善社会主义基本经济制度和分配制度

在所有制结构的认识问题上，特别是对于私有制的认识，我们党经历了一个漫长的过程。党的十二大提出的"补充"论、十五大提出的"共同发展"论、十七大提出的"平等促进"论、十八届三中全会确定的公有制经济和非公有制经济都是社会主义市场经济的重要组成部分，都是我国经济社会发展的重要基础。党的十九大进一步提出了"两个毫不动摇"，毫不动摇地巩固和发展公有制经济，毫不动摇地鼓励、支持、引导非公有制经济发展。同时，对于社会主义基本分配制度的认识也同样经历了一个较长的过程。新时代我们强调坚持按劳分配原则，继续完善按要素分配的体制机制，缩小收入差距，逐步实现共同富裕。对于社会主义基本经济制度和分配制度的坚持和完善，为我国经济发展提供了有效的制度保障，深化了对中国特色社会主义经济制度的认识。

（五）坚持市场在资源配置中起决定性作用与更好发挥政府的作用

我国的经济体制改革，一方面是不断提高市场在资源配置中的作用，另一方面是逐步建立起一个宏观经济调控体系，这是我国渐进式改革的根本经验。党的十八届三中全会以来，党中央把市场在资源配置中的作用从"基础论"提

高到"决定论"，说明经济体制改革是全面深化改革的重点，经济体制改革的关键在于正确处理好政府与市场的关系。要发挥市场在资源配置中的决定性作用，同时更好地发挥政府的宏观调控作用。改革开放40余年的成功经验在于，坚持党对于经济工作的全面领导，坚持深化中国特色社会主义市场经济体制改革的正确方向，是我国经济建设取得成功的根本保证。深化中国特色社会主义市场经济体制改革，就是寻求社会主义基本制度与市场经济有效结合，发展"有效的市场"，建设"有为的政府"，不断探索市场与政府调控作用有机统一又相互补充、相互协调与促进的经济体制。强调"有效的市场"与"有为的政府"，不但为深化经济体制改革提供了方向，更是中国特色社会主义政治经济学的突破性发展。

（六）提出了高质量发展和建设现代化经济体系的战略目标

党的十八大以来，党中央将我国经济发展阶段界定为"三期叠加"的阶段，即经济增长速度换挡期、结构调整阵痛期、前期刺激政策消化期。在经济发展的新常态下，经济发展必须由高速增长阶段向高质量发展阶段转变。"国家强，经济体系必须强"。在当前转变发展方式、优化经济结构和转换增长动力的攻关期，经济高质量发展的关键是建设现代化经济体系。以实体经济发展作为发展经济的着力点，加大供给侧改革力度，提高经济发展质量，推动新型工业化、信息化、城镇化、农业现代化"四化"同步发展，是新时代我国经济发展的阶段性战略目标。这一成果不但为新时代我国经济发展设定了科学的战略目标，而且深化了对我国经济发展阶段的认识，丰富和发展了当代马克思主义政治经济学。

（七）提出了推进供给侧结构性改革的经济工作主线

推进供给侧结构性改革，是以习近平同志为核心的党中央在全面把握我国经济发展阶段性特征和社会主要矛盾的基础上，对于调整经济结构和转变经济发展方式做出的重大决策。推进供给侧结构性改革，目的是解放和发展社会生产力，是以经济和产业政策的手段进行结构调整，消除无效和低端供给，增加有效供给，提高供给侧对需求侧变化反应与适应的有效性。正确认识供给侧与需求侧这两个宏观调控手段的关系，即两者是对立统一的辩证关系，而非替代关系，为我国经济发展提供了准确的工作主线，也是对中国特色社会主义政治经济学宏观调控理论的深化和发展。

（八）推动城乡一体化发展

我国经济运行正处于新旧动能转换的过程，传统的以规模扩张为主的增长模式逐步让位于以提高质量和效益为中心的增长模式，培育并增强新的增长动能成为保持经济平稳健康发展的关键。我国自改革开放以来，大致经历了三次发展动能转换。第一次是改革初期农村实行家庭联产承包责任制与乡镇企业崛起，第二次是20世纪90年代以国有企业改革为中心的宏观体制改革与机械电子、石油化工、建筑业和汽车制造四大支柱产业振兴，第三次是21世纪第一个10年的基础设施建设。三次动能转换分别催生了20世纪80年代、90年代的经济起飞和21世纪头10年的黄金增长期。当前我国经济发展正经历第四次动能转换，若能成功释放城乡一体化、第三产业、科技创新三大动能，第四次发展动能转换将助推全面建成小康社会和社会主义现代化建设。其中第三次产业和科技创新分别在其他章节已有论述，本节着重介绍城乡一体化。

乡村振兴战略必须坚持农业农村优先发展，按照党的十九大提出的"产业兴旺、生态宜居、乡风文明、治理有效、生活富裕"20字建设目标和要求，以健全的政策推进城乡融合发展；不断完善农村基本经营制度，推动包括所有权、承包权、经营权的土地"三权分置"改革；加快新型城镇化和农业农村现代化建设，努力打造以城带乡、以工促农、工农互惠的城乡一体化发展格局。城乡一体化发展思想，为我国经济增长提供了新的增长动力，也为农业农村现代发展指明了方向，在"三农"思想的基础上对中国特色社会主义政治经济学发展做出了理论贡献。

（九）构建人类命运共同体，助推全球化包容普惠发展

在全球化和世界贸易发展出现挫折，甚至面临严重挑战的情况下，党中央强调我国不会关闭改革开放的大门，坚持奉行互利共赢的开放战略，坚定支持全球化发展。对内继续推动全面开放，构建对外开放的新格局和新体制，建设更高层次的开放型经济，对外以"一带一路"建设打造国际合作新平台，努力推动经济全球化朝着更加开放、包容、普惠、平衡、共赢的方向发展，推动建设开放型世界经济，推动构建人类命运共同体。人类命运共同体思想，是对马克思主义政治经济学关于经济全球化发展的深化，丰富了中国特色社会主义市场经济理论。

（十）坚持党领导经济工作坚持稳中求进的总基调

当前，我国经济发展机遇与挑战并存。一方面，世界经济持续复苏，另一方面，保护主义加剧，地缘政治风险增加，主要经济体政策调整带来的负面效应等不确定因素和风险增加。稳中求进工作总基调是改革开放40余年来党在领导经济工作中总结出的经济工作原则和方法论，是正确对待稳与进辩证关系的指导思想，是做好宏观调控的保证。坚持稳中求进的工作总基调，就是要保持战略定力、坚持底线思维，冷静地考虑和应对问题，自信地面对困难，稳扎稳打，积小胜为大胜，不断提高防范各种风险的能力，具备防范和化解系统性风险的能力。稳中求进的工作总基调是新时代我国经济发展必须坚持的方法论，也是习近平新时代中国特色社会主义经济思想对于中国特色社会主义国家治理理论的发展。

综上所述，习近平新时代中国特色社会主义经济思想，是对新时代中国特色社会主义经济建设的时代背景、政治保障、立场、制度、主线、理念、路径、内外关系、工作方法等重大问题进行系统分析的科学理论，也是构建中国特色社会主义政治经济学的理论源头，对马克思主义政治经济学的发展做出了重要的理论贡献。

三、发展完善了建设中国特色社会主义政治经济学的理论体系

党的十八大以来，面对新时代和新矛盾，在习近平新时代中国特色社会主义经济思想的指导下，我国马克思主义政治经济学的理论发展取得了新的突破，使构建"中国特色""中国风格"和"中国气派"的中国特色社会主义政治经济学成为可能。

（一）社会主义初级阶段理论

社会主义初级阶段理论的发展大体上经历了三个阶段：第一个阶段是党的十一届三中全会到党的十二届六中全会时期，这是理论酝酿阶段。1981年党的十一届六中全会通过的《关于建国以来党的若干历史问题的决议》首次明确提出我国处于"社会主义初级阶段"的论断。此后党的十二大总结社会主义初级阶段的特征是物质文明不发达。1986年党的十二届六中全会通过的《中共中央关于社会主义精神文明建设指导方针的决议》，重申了我国正处于社会主义初级阶段，简要阐述了初级阶段的经济特征和文化状态。第二个阶段是党的十二届

六中全会到党的十三大时期，是初级阶段理论系统形成阶段。党的十三大报告集中了全党智慧，吸收了理论界的研究成果，第一次完整阐述了社会主义初级阶段理论。党的十三大报告指出：社会主义初级阶段是在生产力落后、商品经济不发达的条件下建设社会主义必然要经历的特定阶段，这个阶段的社会主要矛盾是人民日益增长的社会物质文化需要同落后的社会生产之间的矛盾。社会主义初级阶段理论是中国共产党对马克思主义的创造性贡献。第三个阶段是党的十三大至今，是初级阶段理论发展完善阶段。党的十四大报告从社会主义初级阶段的实际出发，在计划与市场的关系的认识上有了新的突破，提出我国经济体制改革的目标是建立社会主义市场经济体制。十五大报告再次集中论述了社会主义初级阶段理论，并首次提出了党在社会主义初级阶段的基本纲领。十六大报告指出我国正处于并将长期处于社会主义初级阶段，人民的小康生活水平还是低水平的、不全面的、发展很不平衡的小康。十七大提出了全面建设小康社会的奋斗目标的新要求，建设富强、民主、文明、和谐的社会主义现代化国家。党的十八大报告指出"建设中国特色社会主义，总依据是社会主义初级阶段，总布局是五位一体，总任务是实现社会主义现代化和中华民族伟大复兴"。党的十九大报告做出了"我国社会主要矛盾已经转变为人民日益增长的美好生活需要和不平衡不充分的发展之间的矛盾"的科学论断，同时又强调了"仍处于并将长期处于社会主义初级阶段的国情没有变"。社会主义初级阶段理论形成和发展过程反映了我们党对国情和社会主义本质理解不断深化的过程①。

理解社会主义初级阶段理论形成过程，目的在于深刻把握其科学内涵。首先，社会主义初级阶段是对我国国情的准确概括，集中体现在三方面：一是对社会主义初级阶段基本特征的认识；二是对社会主义长期性的认识；三是对新世纪新阶段基本国情具体表现的认识。其次，社会主义初级阶段理论拓展了我们对于社会主义的认识，促进了社会主义现代化建设。准确把握解放生产力，发展生产力，消灭剥削，消除两极分化，最终实现共同富裕这个社会主义本质，有利于解放思想，制定符合国情的中国特色社会主义事业的总体和战略布局。再次，社会主义初级阶段理论深刻揭示了初级阶段的主要矛盾。我们党对社会主义初级阶段主要矛盾的认识经历过多次反复，曾经因错误认识主要矛盾而实

---

① 张卓元、胡家勇、万军：《中国经济理论创新四十年》，中国人民大学出版社 2018 年版，第 65-68 页。

施"文化大革命"，给社会主义建设事业带来灾难性的后果。党的十九大正是基于对社会主要矛盾的认识，做出"社会主要矛盾转变为人民日益增长的美好生活需要和不平衡不充分的发展之间的矛盾"的判断，同时又强调我国现阶段的发展并未超出社会主义初级阶段的科学论断，从战略和政策层面为社会主义现代化建设和民族复兴提供保障①。

（二）社会主义基本经济制度理论

改革开放 40 多年来，我国已经建立了以公有制为主体、多种所有制共同发展的基本经济制度，建立了比较完善的社会主义基本经济理论体系。

首先是改革开放初期所有制结构多元化。我国基本经济制度理论形成、发展的历史背景是公有制经济一统天下的计划经济体制。我国所有制结构改革从允许个体经济的存在和发展开始，并且获得了自我演进的内生动力。个体经济在当时对于吸纳就业、活跃市场发挥了巨大的作用，为经济社会发展做出了伟大的贡献，也获得了长足的发展，其自然演化的过程催生了私营经济。20 世纪80 年代开始，股份制在理论和实践方面都获得了突破，达成了建立和发展社会主义股份制企业不仅必要而且可行的共识②。在所有制结构多元化的过程中，伴随着公有制实现形式的多元化，除了国有企业，股份制和乡镇企业也获得了认可。

知识链接

长途贩运不是投机倒把

改革开放初期，理论界对个体经济的发展也进行了热烈的讨论，著名经济学家薛暮桥的观点具有代表性。他举例说："实践向我们提出了一个问题，我们一向把长途贩运当作投机倒把，这到底对不对呢？山货土产没有腿，没有人长途贩运，怎么会自己跑到城里来呢？如果让山货烂在山上叫'社会主义'，贩到城里来丰富市场供应是'资本主义'，这能说是马克思主义吗？我认为不能把长途贩运和投机倒把等同起来，应当允许长途贩运。"他进一步指出："对于手工劳动，我认为

---

① 张卓元、胡家勇、万军：《中国经济理论创新四十年》，中国人民大学出版社 2018 年版，第 68-78 页。

② 厉以宁：《社会主义所有制体系的探索》，《河北学刊》1987 年第 1 期。

集体所有制经济甚至是个体户可能比全民所有制更加优越，生产关系一定要适合生产力的性质，认为全民所有制在任何条件下（比如手工劳动条件下）一定比集体、个体所有制优越，这不是马克思主义。"他主张："我国的经济理论工作者有必要坦率地讨论我国现有的所有制结构，为什么会如此严重地束缚生产力的发展？"

——选自黄孟复：《中国民营经济史·大事记》，社会科学文献出版社 2009 年版，第 148-149 页。

其次是社会主义基本经济制度理论的形成。邓小平视察南方讲话对于社会主义基本经济制度理论的形成有重要影响。1992 年，党的十四大报告指明了所有制基础。党的十四届三中全会通过的《中共中央关于建立社会主义市场经济体制若干问题的决议》，在所有制理论上取得了四个方面的突破。一是"非公有制经济"定位从"有益补充"到多种所有制经济"共同发展"的突破；二是首次对公有制的主体地位做了说明；三是提出了混合所有制经济思想；四是国有股份在公司制企业中所占比例需要根据具体情况确定。党的十五大正式提出并系统表述了社会主义基本经济制度理论："公有制为主体、多种所有制经济共同发展，是我国社会主义初级阶段的一项基本经济制度"。党的十六大首次提出了"两个毫不动摇"的方针，对于鼓励和支持私有制经济发展做出明确强调。党的十六届三中全会将混合所有制提升到公有制主要实现形式的高度。党的十七大在基本经济制度中将"公有物权"和"私有物权"平等对待，提出"平等保护物权"。党的十七届五中全会进一步强调营造各种所有制经济公平发展和竞争的体制和环境，开启了深化垄断行业改革的新阶段。

再次是新时代社会主义基本经济制度理论的发展。党的十八大以来所形成的习近平新时代中国特色社会主义经济思想，创新和发展了社会主义基本经济制度理论。一是将社会主义基本经济制度提高到新的理论和实践高度。党的十八届三中全会通过的《中共中央关于全面深化改革若干重大问题的决定》将社会主义基本经济制度上升到了"重要支柱"和"根基"高度。二是对混合所有制经济理论的创新。党的十八届三中全会将混合所有制经济提高到了"基本经济制度重要实现形式"的新高度，党的十九大进一步提出将发展混合所有制经济作为培育世界一流企业的重要途径。三是国有经济改革形成新思路。党的十八大以来，对于国有资本的合理分布和发挥特定功能的领域等相关问题形成了清晰的改革思路。四是构建国有资产管理新体制。着眼于解决 1993 年党的十四届三中全会以来国有资产管理和经营中存在的管理权和经营权界限不清的问题，党的十八大以后，探索出了从管企业为主向管资本为主的转变。五是对非公有制经济的新定位。从改革开放初期对非公有制经济定位的"补充论"开始，到党的十五大提出的非公有制经济是"重要组成部分论"，到党的十八大以来的"重要基础论"，再到习近平总书记提出"亲""清"政商关系看，非公有制经济的平等经济主体地位有了新定位。

最后是进一步完善社会主义基本经济制度理论。新时代在经济发展阶段和社会主要矛盾的转变的形势下，完善和发展社会主义基本经济制度理论的路径是：首先，科学理解和定位公有制经济主体地位和国有经济的主导作用。改革开放 40 多年来，公有制经济所占比例大幅下降，公有制的主体地位和国有经济的主导作用没有变化。一方面，公有资产仍然保持量的优势，另一方面，公有资产更具质的优势。新时代保持和加强公有制的主体地位和国有经济的主导作用，应该从进一步厘清国有资本的功能、加快优化国有资本布局、发展混合所有制经济、推进现代公司制度四个方面入手。其次，完善产权制度。党的十九大报告将完善产权制度作为未来经济改革的重点。最后，构建各种所有制经济平等竞争、共同发展的体制机制。包括构建非公有制经济自由进入机制、构建各种所有制经济平等使用生产要素的体制环境两方面①。

（三）社会主义基本分配制度理论

改革开放以来，从破除平均主义"大锅饭"制度开始，我国收入分配理论和实践经历了一个逐渐演进的过程。

首先是改革开放初期按劳分配原则的回归。列宁将马克思按劳分配原则概括为"等量劳动领取等量产品"，并结合苏联经济建设实际情况探索出了通过货币工资制度和奖金制度实行按劳分配，贯彻"多劳多得，少劳少得"原则的制度。苏联的分配制度对计划经济时期我国社会主义分配制度影响很大。当时我国的分配制度具体表现为"工资制"和"工分制"。由于劳动量计量上的困难，工资制和工分制在实践中均演变为平均主义"大锅饭"。党的十一届三中全会肯定了物质利益激励的重要性，邓小平同志还提出了"先富"论断，并阐释了

---

① 张卓元、胡家勇、万军：《中国经济理论创新四十年》，中国人民大学出版社 2018 年版，第 84-120 页。

"先富"与"共富"的关系①。党的十一届四中全会通过的《中共中央关于加快农业发展若干问题的决议》，重申了按劳分配和反对平均主义的观点。1984 年党的十二届三中全会通过的《中共中央关于经济体制改革的决定》，提出建立多种形式的责任制，贯彻按劳分配原则。改革开放初期，经济学界也对按劳分配进行了彻底的探究和讨论，基本达成了计量按劳分配的劳动量是社会必要劳动时间的共识②。

知识链接
改革开放初期收入极度平均化

1981 年湖北 6 个省辖市的基尼系数为 0.128，农村的基尼系数为 0.1545，县属城镇的基尼系数为 0.1473。加权计算，1981 年湖北全省的基尼系数为 0.1332。复旦大学唐国兴、郑邵庸根据上海市 50 户（家）统计调查计算出 1979 年工资调整前后的基尼系数，工资调整前为 0.142，调整后为 0.139。另据赵学增测算，1978 年河北保定地区 23 个县的基尼系数为 0.029。根据世界银行估计，1980 年中国城市居民收入的基尼系数为 0.16。这些学者和机构测算的基尼系数都表明，当时中国城市和农村居民的收入都处于极度平均之中。

——选自：张卓元、胡家勇、万军：《中国经济理论创新四十年》，中国人民大学出版社 2018 年版，第 127 页。

其次是社会主义基本收入分配制度的确立。我国所有制结构和经济运行机制不断变化催生了居民收入来源和形式多样化的局面。经历了从党的十三大到十七大之间的 20 年时间，社会主义基本分配制度在改革开放的实践中逐渐形成。十三大提出了"实行按劳分配为主体的多种分配方式"，对一系列非劳动收入都加以肯定，间接肯定了按生产要素分配的实践。党的十四届三中全会通过的《中共中央关于建立社会主义市场经济体制若干问题的决定》，提出"按劳分配为主体、多种分配方式并存"，"允许属于个人的生产要素参与收益分配"，首次提到了允许生产要素参与收益分配，将"其他分配方式补充"改为"多种分

---

① 《邓小平文选》第 2 卷，人民出版社 1994 年版，第 146 页。

② 洪远朋：《关于按劳分配中劳动量问题的探讨》，《复旦大学学报》1979 年第 3 期。

配方式并存"。党的十五大明确提出"坚持按劳分配为主体、多种分配方式并存的制度。……允许和鼓励资本、技术等生产要素参与收益分配"①。按要素分配在党的十六大报告中被上升为"原则"："确立劳动、资本、技术和管理等生产要素按贡献参与分配的原则，完善按劳分配为主体、多种分配方式并存的分配制度"。党的十七大报告在重申"坚持和完善按劳分配为主体、多种分配方式并存的分配制度，健全劳动、资本、技术、管理等生产要素按贡献参与分配的制度"基础上，提出"创造条件让更多群众拥有财产性收入"。社会主义基本分配理论创新了马克思主义政治经济学的收入分配理论，也为建立社会主义市场经济的激励机制奠定了基础。这是因为：第一，坚持按劳分配为主体就坚持了社会主义基本性质，体现了社会主义公平观。第二，承认多种分配方式和鼓励多种要素参与分配，是马克思主义政治经济学中国化的重大突破，符合社会主义初级阶段生产力发展水平和社会主义市场经济的内在规律。第三，它确立社会主义市场经济高度融合的激励机制。

再次是新时代我国收入分配理论的新进展。新时代收入分配理论及其改革进一步完善，主要体现在以下五个方面：一是以人民为中心的发展思想和新时代收入分配改革的主线；二是巩固按劳分配为主体的地位，着力提高劳动报酬比重和劳动者收入比重；三是完善按生产要素分配，多渠道增加居民的财产性收入；四是注重培育壮大中等收入群体；五是实施精准扶贫，全面建成小康社会。

最后是新时代收入分配改革的方向和任务。面临新时代的社会主要矛盾，进一步完善社会主义基本分配制度，亟须解决的问题有两个：一是要缩小收入差距，追求共同富裕；二是要处理好公平与效率的关系。

（四）社会主义市场经济理论

社会主义市场经济理论是我国改革开放的理论支柱，也是中国特色社会主义经济理论的主要支柱。

首先，我国社会主义市场经济理论在理论的不断创新过程中发展完善，指导了改革开放和经济建设实践。国际共产主义运动一脉相承的核心观点认为，

---

① 中共中央文献研究室：《十五大以来重要文献选编（上）》，人民出版社 2000 年版，第 42 页。

计划经济是社会主义公有制的本质特征，市场经济则是资本主义私有制的本质特征。① 西方经济学界在 1908 年尚未诞生社会主义政权时就有了"市场社会主义"理论的雏形，这一理论经历了"计划模拟市场的纯粹社会主义（巴罗内等）→计划部分模拟市场的半市场社会主义（兰格等）→有较强国家调控的市场社会主义（诺夫和罗默等）"的发展过程。② 我国市场经济理论一开始就坚持了"社会主义市场经济"的正确方向。邓小平同志在 1979 年提出"社会主义也可以搞市场经济"。③ 江泽民同志强调"我国市场经济体制与社会主义基本制度结合在一起，是社会主义市场经济"。④ 胡锦涛同志提出了社会主义市场经济有利于发挥社会主义制度的优越性和市场配置资源的有效性。⑤ 习近平总书记对于社会主义市场经济和资本主义市场经济做了区分，指出"社会主义市场经济建立在社会主义公有制基础之上，而资本主义市场经济建立在资本主义私有制基础之上"。⑥ 党的十四大报告提出建立社会主义市场经济体制，党的十八大报告提出加快完善社会主义市场经济体制，党的十八届三中全会提出了全面深化社会主义市场经济改革，我国的社会主义市场经济理论和实践同时取得了令世界瞩目的巨大成就。

其次，我国社会主义市场经济理论以马克思主义为指导，是马克思主义与我国实际相结合的理论创新成果。1934 年英国经济学家勒纳提出，社会主义能够更好地利用市场手段，自由价格制度符合科学社会主义的按需分配精神，社会主义需要市场和自由价格制度。⑦ 20 世纪 90 年代，随着苏联解体，西方市场社会主义理论并没有消亡，反而得到了理论界更大的关注。西方市场社会主义理论一般认为，将社会主义公有制与市场机制结合，会产生既有经济效益，又可促进更高社会平等的经济制度。我国社会主义市场经济理论的发展和完善过程，是在遵循马克思主义基本原则的前提下，推动马克思主义政治经济学的创

---

① 宋则：《论中国市场经济的三个阶段》，《扬州大学学报》（人文社科版）2019 年第 2 期，第 6 页。

② 程恩富：《经济思想发展史上的当代中国社会主义市场经济理论》，《学术研究》2017 年第 2 期，第 81 页。

③ 《邓小平文选》第 2 卷，人民出版社 1994 年版，第 236 页。

④ 《江泽民文选》第 1 卷，人民出版社 2006 年版，第 227 页。

⑤ 《胡锦涛文选》第 3 卷，人民出版社 2016 年版，第 161 页。

⑥ 习近平：《中国农村市场化建设研究》，人民出版社 2001 年版，第 30 页。

⑦ 荣敬本、刘吉瑞：《比较经济学》，辽宁人民出版社 1990 年版。

新的过程。这一过程虽然借鉴了西方市场社会主义甚至是西方经济学很多理论成果，但总体是以马克思主义政治经济学的一般原理为指导，毫不动摇地坚持发挥社会主义公有制经济对经济发展和宏观调控等领域的重要作用，构建了以社会主义基本经济制度为基础的中国特色社会主义市场经济理论。中国特色社会主义市场经济理论能够克服私有制为主导的市场经济内在缺陷，能够指导我国经济的持续健康发展，也为西方经济学提供了不同的理论参考。

最后，党的十八大以来习近平新时代中国特色社会主义经济思想拓展了我国社会主义市场经济理论的境界。一是完善社会主义初级阶段基本经济制度的思想。习近平总书记说："坚持和完善公有制为主体、多种所有制经济共同发展的基本经济制度，关系巩固和发展中国特色社会主义制度的重要支柱。"① 强调坚持两个"毫不动摇"（要毫不动摇巩固和发展公有制经济，推行公有制多种实现形式；要毫不动摇鼓励、支持、引导非公有制经济发展）、坚持深化改革，发展公有资本控股的混合所有制。二是关于完善社会主义初级阶段基本分配制度的思想。党的十八大报告指出：要"完善按劳分配为主体、多种分配方式并存的分配制度"。坚持按劳主体型分配制度，推动初次分配改革，实施广义再分配，规范收入分配秩序。三是社会主义初级阶段基本调节制度的思想。习近平总书记在 2013 年"两会"的讲话中强调更加尊重市场规律和更好发挥政府作用。四是关于完善社会主义初级阶段自主开放型制度的思想。强调大力推动"一带一路"倡议，加快实施自由贸易区战略，深入推进沿边开放战略，加强对外援助，展现大国形象。②

（五）我国社会主义对外开放理论

经济全球化发展背景下的对外开放与马克思主义并不矛盾。《共产党宣言》提出资产阶级开拓了国际市场，打破了各民族自给自足的封闭状态，从而使各民族之间的相互依赖成为常态。③ 列宁针对苏联社会主义建设也认为苏联的建设必须同世界联系起来。④ 我国社会主义对外开放理论的演进可分两个阶段，

---

① 习近平：《关于〈中共中央关于全面深化改革若干重大问题的决定〉的说明》，《人民日报》2013 年 11 月 16 日。

② 程恩富：《经济思想发展史上的当代中国社会主义市场经济理论》，《学术研究》2017年第 2 期，第 81–82 页。

③ 《马克思恩格斯选集》第 1 卷，人民出版社 1972 年版，第 254–255 页。

④ 《列宁全集》第 32 卷，人民出版社 1986 年版，第 303 页。

一是党的十八大以前邓小平同志的对外开放理论，二是十八大后习近平总书记的对外开放思想。

首先，邓小平同志的对外开放理论是马克思主义对外开放理论的创新和发展。第一，对外开放理论打开了我国对外开放的格局。一方面，邓小平同志在总结我国近二百年闭关自守的落后状况和"一五"以后，特别是"文化大革命"期间与世界隔绝，导致我国经济发展水平又一次拉开了与发达国家的差距的历史经验和教训，指出国家要发展，就必须实行对外开放，①把对外开放作为社会主义的历史选择。党的十一届三中全会做出了改革开放的伟大决策，党的十二大将"一个中心，两个基本点"作为对外开放基本路线。另一方面，从发展生产力实现共同富裕这一社会主义根本任务出发，邓小平同志提出加快对外开放步伐，建立社会主义市场经济体制的发展战略，将对外开放确定为长期的基本国策。邓小平同志在1992年强调提出的"不坚持社会主义，不改革开放，不发展经济，不改善人民生活，只能是死路一条"②已经深入人心，成为共识。

其次，提出了"中国的发展离不开世界"③这一科学论断。邓小平同志指出："中国要谋求发展，摆脱贫穷和落后，就必须开放。"④"再来个闭关自守，五十年要接近经济发达国家水平，肯定不可能。"⑤一方面，开放是发展生产力的客观要求。现代化所需要的资源，不可能仅靠国内来提供和满足，必须利用好国内国外两种资源。应该学习国外的经验，建立和完善社会主义市场经济体制。"社会主义要赢得与资本主义相比较的优势，就必须大胆吸收和借鉴人类社会创造的一切文明成果，吸收和借鉴当今世界各国包括资本主义发达国家的一切反映现代社会化生产规律的先进经营方式、管理方法。"⑥另一方面，开放是实现现代化的必要条件。除了一段时间对苏联和东欧国家开放之外，改革开放前的30多年的经济建设几乎是在封闭的状态下进行的。邓小平同志明确指出："鉴于过去的教训，必须改变闭关自守的状态，必须调动人民的积极性，这样才

---

① 《邓小平文选》第3卷，人民出版社1993年版，第78、90页。
② 《邓小平文选》第3卷，人民出版社1993年版，第370页。
③ 《邓小平文选》第3卷，人民出版社1993年版，第78页。
④ 《邓小平文选》第3卷，人民出版社1993年版，第266页。
⑤ 《邓小平文选》第3卷，人民出版社1993年版，第90页。
⑥ 《邓小平文选》第3卷，人民出版社1993年版，第373页。

制定了开放和改革的政策。"①

再次，对外开放理论指导了实践并在实践中完善。一是确定目标，实行全方位开放。在全方位开放的格局下，我国外汇储备超过 3 万亿美元，由开放前严重的贸易逆差变为长期顺差，进出口商品结构逐渐优化。目前我国已基本发展成为开放型经济。二是创建特区，实行多种开放形式。从创建经济特区和经济技术开发区开始，到保税区和高新技术开发区等多种形式的区域开放，开拓了对外开放理论的境界。三是区域开放实行渐次推进战略。从经济特区、沿海港口开放城市、沿海经济开发区，到内地、边疆民族地区，稳步渐次推进。继而在 1992 年实施沿海、边境、长江、主要交通线的"四沿"开放战略。四是明确开放目的，实行"拿来主义"。强调对外开放就是学习国外先进科学技术和优秀文明成果，为我所用。②

最后，习近平新时代中国特色社会主义经济思想为新时代我国进一步扩大开放指明了方向。一是主动开放的思想。党的十八大以来，我国更加积极主动地扩大对外开放，更加注重提高参与全球经济治理能力。开放已经作为新发展理念，被视为新时代我国经济发展的基本动力。"中国开放的大门不会关闭，只会越开越大"。我国的对外开放已经变被动适应性开放为主动引领、创新发展式开放，从国际规则接受者逐渐变为规则的制定者。③ 党的十九大报告进一步强调，要主动参与经济全球化进程，发展更高层次的开放型经济，推动形成全面开放新格局。

二是全面开放的思想。推动全面开放，提升开放型经济发展水平是党的十八大以来对外开放的工作方针。全面开放就是在深化沿海开放的基础上，加快内陆和沿边地区开放；在推动制造领域开放的基础上，加快服务领域开放；在面向发达国家开放的同时，向发展中国家开放。④ 党的十九大报告强调推动"形成陆海内外联动、东西双向互济的开放格局"，"优化区域开放布局，加大西

---

① 《邓小平文选》第 3 卷，人民出版社 1993 年版，第 224 页。

② 参见邓茜钰、邓学军：《邓小平对外开放理论：马克思主义对外开放理论的创新和发展》，《党史文苑》2017 年第 7 期，第 66 页。

③ 中共中央宣传部：《习近平新时代中国特色社会主义思想三十讲》，学习出版社 2018 年版。

④ 《以全面开放提升国际竞争力——五谈学习习近平总书记关于现代化经济体系重要思想》，《经济日报》2018 年 2 月 7 日，第 1 版。

部开放力度"。全面开放的格局已经形成。

三是双向开放的思想。从"引进来"为主到"引进来"和"走出去"并重的双向开放，是新时代我国开放型经济的必然要求。这种双向开放强调对外开放应该注重引进来和走出去的均衡发展，推动对外贸易平衡发展，提升对外开放水平。一方面，引进来应该注重引资质量，引进高素质人才。另一方面，走出去应该以推动对外贸易强国和提升对外投资效率为目标，提升在全球价值链中的位置。① 习近平总书记指出："开着门，世界能够进入中国，中国也才能走向世界。"②

四是共赢开放的思想。习近平总书记反复强调，坚持互利共赢，让全球化向普惠共赢方向发展，是我国与世界各国良性互动、互利共赢的合作道路能够走通的保障。③ 党的十八大报告提出："中国将始终不渝奉行互利共赢的开放战略，通过深化合作促进世界经济强劲、可持续、平衡增长。"互利共赢、共享发展是新时代我国对外开放的出发点和落脚点。

第二节　认识和把握"三大规律"的新飞跃

经济发展是推动人类社会进步的根本动力，是当今世界的主题，是我国现代化的主旋律。在中国特色社会主义进入新时代的历史方位下，面临国际国内发展的机遇和挑战，以习近平同志为核心的党中央统筹国际国内两个大局，深入分析社会主义发展规律，观大势、定大局、谋大事，提出"五位一体"的社会主义总体布局和"四个全面"的战略布局，为我国社会主义建设提供了导航定位，深化了我们党对马克思主义关于人类社会和社会主义发展的认识。

一、深化了对共产党执政规律的认识

共产党执政规律，指作为执政党的治国理政规律。共产党执政规律，是党保持先进性的源泉，是党完成历史使命的前提。

---

① 中共中央宣传部：《习近平新时代中国特色社会主义思想三十讲》，学习出版社 2018 年版，第 153 页。

② 《习近平谈治国理政》第 2 卷，外文出版社 2017 年版，第 486 页。

③ 《习近平谈治国理政》第 2 卷，外文出版社 2017 年版，第 337 页。

（一）中国特色社会主义最本质的特征和制度优势是坚持党的领导

习近平新时代中国特色社会主义经济思想，从中国特色社会主义最本质的特征的高度强调了坚持党的领导的重要性，也推动了党对于中国特色社会主义认识达到新的高度。改革开放以来的历史证明，坚持党的领导是中国特色社会主义不断取得胜利的根本原因，是中国特色社会主义现代化和民族复兴大业的根本保障。党的十一届三中全会以来，在坚持马克思主义与中国实际相结合的原则下，开创了中国特色社会主义道路，并取得了举世瞩目的伟大成就，向全世界展示了其无可比拟的竞争优势。回顾改革开放进程，党强烈的历史使命感、崇高长远的价值追求、重视实践的判断标准、自我纠错机制和学习能力、坚强的领导和组织动员能力，是其中最具决定意义的因素。

坚持党的领导，才能充分发挥中国特色社会主义制度的优越性，进一步解放和发展生产力。当前，我国处于新时代社会矛盾的凸显期、深化改革的攻坚期和发展的战略机遇期，推动经济健康发展是根本任务，同时，生态文明建设刻不容缓。坚持党的领导，才能处理好改革、发展和稳定的关系，才能保证实现"两个一百年"奋斗目标和中华民族伟大复兴中国梦。

（二）坚持并在实践中不断发展完善马克思主义科学理论

马克思主义是中国共产党的指导思想，是我们认识和改造世界的思想武器。马克思主义是科学的思想体系，其作为科学真理已经过实践检验。1921 年 7 月，党的一大确定马克思主义为党的指导思想，百年来其始终是引领党和国家不断前进的伟大旗帜，发挥着耀眼的光芒。党把马克思主义作为行动指南，坚持将马克思主义基本原理同我国国情相结合，把握时代特点，在实践中不断推动马克思主义的创新和发展，并形成了一系列伟大的理论成果。回顾历史，从民主革命的胜利、社会主义建设的成就到改革开放 40 多年的辉煌成就，马克思主义作为指导思想和行动指南，在实践中被不断创新，始终发挥着统一思想、指引方向的重要作用，显示马克思主义理论突出革命性和科学性。

坚持党的领导，必须坚持马克思主义发展观，不断开辟马克思主义中国化的新境界。建设中国特色社会主义必须高度重视发挥理论的作用。解放思想、实事求是、与时俱进，是马克思主义的精髓。从马克思列宁主义、毛泽东思想到中国特色社会主义理论体系，无一不是在实践中创立、在实践中丰富和发展的。当前，在中国特色社会主义新时代的历史方位下，党领导人民实现社会主义现代化和中华民族伟大复兴的任务非常艰巨，必须紧密结合形势的变化特点和社会矛盾的转化特点，不断推动马克思主义理论体系的创新，使其永葆强大的生命力。

（三）以人民为中心是党的根本政治立场

党从成立以来，始终坚持立党为公、执政为民的指导思想。唯物史观认为人民群众是社会变革的决定力量，是历史的创造者。密切联系群众是党最大的政治优势，脱离群众是党执政的最大危险。新时代党的建设必须坚持问题导向，发挥党自我革新的优秀品质和传统，实现党的自我完善和净化，永葆党的先进性。只有永远恪守全心全意为人民服务的根本宗旨，把务实清廉的价值观深植于每个党员的思想中，落实在行动上，党才能领导人民实现中华民族伟大复兴的中国梦。

党的根基与力量在人民，以人民为中心是党的根本政治立场。党的事业能够取得成功，依靠的是党始终保持同人民群众的血肉联系，代表着最广大人民根本利益。要保证中国特色社会主义取得胜利，必须保证党长期执政，必须坚持以人民为中心的发展思想，坚持与人民群众同呼吸共命运，坚持全心全意为人民服务的宗旨，必须继续深入开展反腐倡廉活动，切实维护人民合法权益，得到人民的拥护和爱戴。回顾党波澜壮阔的发展历程，把群众路线作为党的生命线是最宝贵的经验。习近平总书记多次强调，民心是最大的政治，人心向背关系党的生死存亡。我们党作为马克思主义政党，根基在人民，血脉在人民，力量在人民。

（四）不断推动党的建设伟大工程走向更高层次

全面从严治党永远在路上。党的十九大报告指出党要团结带领人民进行伟大斗争、推进伟大事业、实现伟大梦想，必须毫不动摇地把党建设得更加坚强有力，并对新时代党的建设提出了总体要求。新时代党的建设必须把政治建设摆在首位，用中国特色社会主义思想武装全党，注重建设高素质干部队伍，加强基层党组织建设，持之以恒正风肃纪，争取反腐败斗争压倒性胜利，健全党和国家监督体系，全面增强党的执政本领。

当前，改革进入攻坚期和深水区，国际形势严峻复杂，改革、发展、稳定面对的风险和挑战前所未有。适应国家现代化总进程，提高党科学执政、民主执政、依法执政水平，充分发挥社会主义制度的优越性，是党的建设面临的紧迫任务。要解决全面深化改革中出现的问题，化解新时代的社会主要矛盾，巩固改革和发展取得的成果，必须推动党和国家质量体系和治理能力建设，实现党、国家、社会各项事务治理制度化、规范化、程序化。推动中国特色社会主义制度更加成熟和完善，为推进伟大斗争、推进伟大事业、实现伟大梦想提供更完备、更科学、更规范的制度体系，是实现全面深化改革的总目标。

二、深化了对社会主义建设规律的认识

习近平新时代中国特色社会主义经济思想提炼和总结的新时代经济建设的规律、理念、思想和战略，深化了对社会主义建设规律的认识。

（一）牢牢把握当前社会发展主要矛盾，推动社会全面发展

只有准确把握和解决好当前社会发展的主要矛盾，才能在更高程度上促进生产关系与生产力相统一，提高党和国家治理体系和治理能力的现代化水平。

首先，应该掌握分析矛盾运动和解决矛盾的方法。人类社会是命运共同体，也是矛盾共同体。我们党在革命和社会主义建设时期，始终注重分析和掌握社会主要矛盾，努力放大和利益矛盾相关的积极方面，化解和减小矛盾的消极方面和影响。当前，中国特色社会主义已进入新时代，我国已经成为世界第二大经济体，但在面对"发展战略机遇期"光明前景的同时，也面对着"社会矛盾凸显期"的挑战。协调推进"四个全面"战略布局是当前党和国家事业发展中必须解决好的主要矛盾①。因此，能否协调推进"四个全面"战略布局，是考察党能否坚持问题导向，能否抓住主要矛盾，能否正确分析和解决矛盾，能否观大势、定全局，抓住并扩大战略机遇，有效防范和化解风险的现实考验。具备这种能力，党就能够在新时代继续带领全党夺取中国特色社会主义现代化的伟大胜利。

其次，必须掌握正确处理社会主要矛盾变化的方法。党的十九大报告对于中国特色社会主义新时代我国社会主要矛盾做出了明确的阐述："我国社会主要矛盾已经转化为人民日益增长的美好生活需要和不平衡不充分的发展之间的矛盾"。这是我国社会主要矛盾自 1956 年党的八大和 1981 年党的十一届六中全会通过《关于建国以来党的若干历史问题的决议》做出规范表述以来，最新的科

---

① 习近平：《习近平论"四个全面"：是当前发展必须解决好的主要矛盾》，人民网—中国共产党新闻网，2015 年 11 月 9 日。

学表述。对此必须以历史唯物主义的科学态度深入理解和把握，才能推进新时代中国特色社会主义建设又好又快发展。第一，社会主要矛盾的转化反映了我国社会发展新的阶段性特征。一方面，我国经济建设成就突出，已稳居世界第二大经济体。党的十八大以来，我国国内生产总值从 54 万亿元增长到 2018 年的 90 万亿元以上，对世界经济增长的贡献超过 30%①。另一方面，发展不平衡、不协调、质量不高等问题依然突出，环境保护和民生领域短板明显，外部输入性风险上升，国内经济下行压力增大，这些问题不断凸显。第二，社会主要矛盾转化是制定党和国家大政方针、长远战略的重要依据。深刻把握社会主要矛盾转化的特点，才能统筹推进"五位一体"总体布局、协调推进"四个全面"战略布局。第三，社会主要矛盾的变化没有改变我们对我国社会主义所处历史阶段的判断。我国仍处于并将长期处于社会主义初级阶段的基本国情和作为世界最大发展中国家的国际地位没有变②。

（二）牢牢把握现代化发展规律，为中国特色社会主义现代化定位导航

发展必须有清晰的目标和定位，才能实现民族复兴。近代以来，我国社会发展的总目标就是实现国家现代化。当前，深刻把握实现治国理政的现代化理论和实践规律，就是为中国特色社会主义现代化定位导航。

首先，要把握现代化发展规律的普遍性与特殊性。"现代化"是人类社会从传统农业文明向现代工业文明的历史性跃迁过程。国际上关于现代化有多种说法，总体而言，北京大学已故历史学家罗荣渠教授的世界现代化三次浪潮说（见下文阅读材料）对于现代化阶段的划分更为科学，被国内外学者接受。三次浪潮说观点揭示了从 18 世纪后期英国工业革命开始，包括由英国向西欧扩散早期工业革命、工业化向整个欧洲扩散并拉开了非西方世界也走向现代化的序幕、发达工业世界向高工业化的升级与欠发达世界的大批国家卷入工业化的过程在内的三次现代化浪潮。一方面，从本质来看，从传统农业社会向现代工业文明社会的变迁是符合马克思主义关于生产力发展规律的，是现代人类社会发展的必然归宿，这是现代化发展规律的普遍性。另一方面，世界各国、各民族的文

---

① 数据来源：李克强总理在第十三届全国人民代表大会第二次会议上所做的《2019 年政府工作报告》。

② 李君如：《深入理解我国社会主要矛盾转化的重大意义》，《人民日报》2017 年 11 月 16日。

化背景、历史发展阶段、政治经济结构存在普遍差异，其现代化模式必然呈现出多元化特征，也就是特殊性。因此，将现代化等同于"西方化"就是忽视了现代化规律的特殊性，是极端错误的。只有辩证地看待现代化规律的普遍性和特殊性，现代化之路才能不脱离轨道、偏离方向。

知识链接

世界现代化进程

"现代化"是人类社会从传统农业文明向现代工业文明的历史性跃迁过程。按照美国现代化问题专家布莱尔的说法，整个人类历史有三次最伟大的革命性变革：第一次是在大约 100 万年以前，原始生命经过几万年的进化以后出现了人类；第二次是距今 7000~4000 年，从原始社会向文明社会的转变；第三次则是近几个世纪来自西欧起步而波及全球人类的社会现代化进程。就是说，"现代化"像从非人的生命到人的生命，从原始社会到文明社会一样，具有重大意义。然而不同的是，前两次巨变经历了上万年乃至上百万年的时间，而"现代化"自 18 世纪末伴随工业革命正式启动以来，仅仅花了 200 年的时间就已经使人类生活面貌发生了根本改变。而且，这次大变革是迄今人类三次生产力形态大转换中最重大的一次。因为它不单是生产力自身的运动，而且是现代生产力与现代生产关系在社会各个领域相结合的巨大变革。

国际上对世界现代化进程有多种说法。一种说法是两阶段说，如以色列 S. N. 艾森斯塔在所著《现代化：抗拒与变迁》一书中，将现代化的变迁分为两个阶段与模式。第一阶段与模式是 17—19 世纪西欧、美国及英国引领的持续现代化的模式。第二阶段与模式为 20 世纪现代化模式，其中包括拉美模式、苏联东欧、中国共产主义模式、其他殖民地现代化模式。另一种是三阶段之说，如帕森斯在其《社会系统》一书中，把现代化分为三个阶段：第一阶段以欧洲的西三角（英、法、荷）为主，其代表是英国的产业革命和法国的民主革命；第二阶段以欧洲东北角（德国）的急速工业化为主导，由于民主化不平衡的落后状态，产生了纳粹大动乱；第三个阶段的主导者是第二次世界大战后的美国。这种分法几乎把日本和东方新兴国家完全排斥在外。我国国内最有代表性的划分法，则是罗荣渠教授的世界现代化三次浪潮说。这三次浪潮与世界三次工业革命是一致的。第一次浪潮（18世纪后期~19世纪中叶）是由英国工业革命开始、向西欧扩散的早期工业化过程；第二次大浪潮（19世纪下半叶~20世纪初）是工业化向整个欧洲扩散并取得胜利的过程，同时在非西方世界产生强大的冲击，拉开了非西方世界也走向现代化的序幕。第三次大浪潮（20世纪下半叶）是发达工业世界向高工业化的升级与欠发达世界的大批国家卷入工业化的过程，东亚新兴工业化国家则率先进入这一过程。应该承认罗荣渠对世界现代化进程三次浪潮说比国外的几种划分法更为科学，因此越来越被国内外学者所接受。

——选自《历史追学网》http：//lishi. zhuixue. net/yanjiu/60832. html

其次，要把握我国社会主义现代化的系统性、协调性和前瞻性。回顾西方现代化的过程，曾经付出了严重的代价，经历了多次经济危机、生态环境恶化，出现文化荒漠、阶级矛盾激化、民粹泛滥、恐怖主义盛行等严重的社会问题。面对西方国家现代化的前车之鉴，我国社会主义现代化必须注重其系统性、协调性和前瞻性的结合，因为我国城乡差异较大，当前又处于各种矛盾的凸显期，带有前瞻性地系统、协调地把握处理现代化的紧迫性更加突出。党的十九大针对我国现代化建设的具体情况，提出"五位一体"的总体布局和"四个全面"的战略布局，把"总体"和"全面"作为基本要求，把"协调推进"作为基本方针，以针对性和前瞻性为规划准则，以观大势、谋大局、干实事的总基调，把推进党和国家治理能力和治理体系现代化贯穿于"五位一体"的总体布局和"四个全面"的战略布局中，创设了更加科学规范的顶层设计和制度体系，实现了中国特色社会主义现代化各项事业全面协调发展。

最后，科学研判世界形势，走和平发展的现代化之路。西方国家的现代化过程大多是靠对外殖民和掠夺推进的，这与我国坚持和平发展的现代化道路截然不同。当前，在单边主义和保护主义抬头、"反全球化"情绪高涨的形势下，坚持维护开放合作的多边贸易体系面临诸多挑战。习近平总书记指出，当今世界新机遇新挑战层出不穷，国际体系和秩序正处于深度调整的时期。但综合判断，我国发展仍处于可以大有作为的战略机遇期①。要统筹国际国内两个大局，以推动和落实"一带一路"倡议为抓手，积极推动构建人类命运共同体，为我国社会主义现代化建设营造一个和平稳定的国际环境。通过我国和平发展的模式为世界展示一个通过合作共赢实现现代化的模式，为丰富人类社会发展道路做出中国贡献。

三、深化了对人类社会发展规律的认识

作为马克思主义中国化最新成果，习近平新时代中国特色社会主义经济思想，完成了新时代坚持和发展中国特色社会主义这一重大时代课题，深化了马克思主义关于人类社会发展规律的认识。

（一）坚持以唯物史观研判国情党情，准确把握社会发展方位

中国特色社会主义进入新时代进入了历史新方位。习近平新时代中国特色社会主义经济思想坚持以唯物史观研究国内外形势，把马克思主义科学原理与我国发展时代特征相结合，科学分析和准确把握党的十八大以来我国社会主义发展和国情的新变化，得出了我国现阶段的社会主要矛盾已经转化为人民日益增长的美好生活需要和不平衡不充分的发展之间的矛盾，中国特色社会主义进入了新时代的重要论断。

新的方位下回应人民对美好生活的需要是经济社会发展的主要遵循。习近平新时代中国特色社会主义经济思想坚持以人民为中心，坚持发展为人民和依靠人民的基本立场。面对新时代人民日益增长的对美好生活的需要和不平衡不充分的发展之间的矛盾，必须坚持统筹协调推进"五位一体"的总体布局和"四个全面"的战略布局。统筹推进经济建设、政治建设、文化建设、社会建设、生态建设，是正面回应人民对提高生活水平、民主参与政治、文化消费、社会保障和改善生态环境等方面的美好生活需要。协调推进"四个全面"的战略布局，是建设现代化的党和国家的执政体系和执政能力的要求，是实现中国特色社会主义现代化的根本保障。

（二）坚持问题导向，以新发展战略推动经济社会变革

坚持问题导向是马克思主义的理论品格和根本要求。马克思提出，"问题就

---

① 《习近平谈治国理政》第2卷，外文出版社2017年版，第442页。

是时代的口号"①。马克思从研究资本主义基本矛盾这个时代问题出发，得出了剩余价值理论这个认识和改造世界的思想和理论武器。在我国革命和建设的各个时期，党通过准确的分析、判断和解决面临的时代性问题，丰富和发展了马克思主义理论，指导了革命和建设的实践。毛泽东同志从解决如何在中国这样一个经济文化落后的国家通过武装斗争夺取政权、进行社会主义革命、开展社会主义建设等问题出发，创立了毛泽东思想；邓小平同志从正确回答什么是社会主义、如何建设社会主义的问题出发，创立了中国特色社会主义理论；习近平总书记从回答新的历史条件下坚持和发展中国特色社会主义的一系列重大理论和现实问题出发，创立了习近平新时代中国特色社会主义思想，对新时代我国经济社会发展做出了全面总体布局。

新时代坚持以问题为导向，要以新战略推动经济社会发展。发现问题和把握问题是做出合理战略布局的前提，科学合理的发展战略和规划是解决问题的关键。新时代坚持和发展中国特色社会主义，面临的矛盾、风险、发展短板等问题，需要以新的发展理念和切实可行的发展战略来解决。党的十八大以来，以习近平同志为核心的党中央提出统筹推进"五位一体"总体布局，协调推进"四个全面"战略布局，树立和落实新发展理念，推进国家治理体系和治理能力现代化，推进供给侧结构性改革，落实总体国家安全观，建设人类命运共同体，推进"一带一路"建设，深化国防和军队改革，等等。十八大以来的发展成就证明，坚持问题导向，坚持习近平新时代中国特色社会主义经济思想，中国特色社会主义必将取得更大成就。

第三节　引领全球化，打造人类命运共同体

经济全球化与世界多极化的发展，令世界各国相互依赖又相互竞争。面对当前经济全球化发展和世界治理中新的挑战，习近平总书记提出构建人类命运共同体，打造合作共赢的新型国际关系，化解利益冲突，推动全球治理改革。经济全球化进程不会改变，必须主动顺应经济全球化潮流才能发展壮大。经济全球化符合经济规律，也符合各方利益。让经济全球化进程更有活力、更加包

---

① 《马克思恩格斯全集》第 40 卷，人民出版社 2002 年版，第 289 页。

容、更可持续，推动经济全球化朝着普惠共赢的方向发展，符合世界发展潮流和各国共同利益。

一、多重因素叠加导致"逆全球化"暗流涌动

当前，世界经济复苏势头仍然脆弱，全球贸易和投资低迷，引发国际金融危机的深层次矛盾远未解决。部分西方国家政策内顾倾向加重，保护主义抬头，"逆全球化"思潮暗流涌动①。

（一）"逆全球化"引发全球政治经济格局的不确定性

近年来，出现了以英国脱欧和美国特朗普政府采取的一系列保护主义举措为标志的"逆全球化"问题，在全球范围内引发了对世界政治经济格局不确定性的严重担忧。当前高涨的反经济全球化思潮和逆全球化行为，给世界经济可持续、平衡、包容增长带来了重大的影响。另外，错综复杂的地缘政治因素，相互交织的传统和非传统安全风险，恐怖主义、传染性疾病、气候变化等全球性挑战给经济全球化发展带来了更加复杂、严峻的外部环境。对此，习近平总书记指出："经济全球化的大方向是正确的，经济全球化进程不会改变。"② 要应对"逆全球化"挑战，出路在于创新全球化发展道路。

（二）"逆全球化"不改变经济全球化的趋势

经济全球化推动了生产力大发展和一体化世界的形成。2008 年国际金融危机以来，以单边主义和贸易保护主义为主要表现形式的"逆全球化"思潮虽然使经济全球化进程遭遇严重挑战，但不会改变经济全球化的总趋势。习近平总书记指出，"经济全球化符合生产力的发展要求，符合各方利益，是大势所趋。"③ "逆全球化"体现了传统全球化高度不平衡的红利分配机制难以为继的困境，反映了资本主义固有矛盾不断加深的问题。由于资本主义固有矛盾与经济危机的影响，主导经济全球化的发达资本主义国家主宰、影响全球经济发展的能力逐渐式微，出于化解其固有经济矛盾和转移国内政治、经济、社会等方面矛盾的考虑，昔日全力推动、主导全球化的美英等国出现了"逆全球化"思潮，对全球化产生了较大的冲击。然而，"逆全球化"只不过是资本主义抵触式

① 《习近平谈治国理政》第 2 卷，外文出版社 2017 年版，第 543 页。
② 《习近平谈治国理政》第 2 卷，外文出版社 2017 年版，第 543 页、442 页。
③ 任理轩：《经济全球化大势所趋》，《人民日报》2018 年 10 月 17 日。

的讨价还价，全球化的总趋势和时代潮流不会改变。

（三）"逆全球化"凸显全球经济治理改革的紧迫性

"逆全球"化现象使全球治理成为焦点议题。现行全球经济治理体制核心是第二次世界大战后在美国主导下建立起来的以布雷顿森林体系为中心的全球经济治理体制和以联合国安理会为中心的全球安全治理体制。现行经济治理体制在战后 50 多年的时间里对于经济全球化起了积极的推动作用。但是进入 21 世纪以来，产生于西方资本主义国家的"逆全球化"现象却不断暴露出其许多深层次的问题，也为全球经济治理体制改革提供了动力。首先，现行的建立在国家实力基础上的治理体制，令全球治理主体间权力分配严重失衡。其次，现行的全球治理体制难以均衡地分配全球化进程中的收益。最后，国家主义理念的盛行、提供和管理全球公共产品意愿和行动的缺失是现行全球治理体系面临的又一难题。

面对"逆全球化"危机，不能否定全球化，推动全球经济治理体制改革是推动经济全球化健康发展的关键。一是要以人类命运共同体理念指导全球治理体制的构建；二是推动全球治理体制的民主化改革，完善全球治理结构；三是要实现全球治理体制的深度发展①。

二、"一带一路"倡议为新一轮全球化注入强劲动力

当前"逆全球化"潮流涌动的现象，反映了全球化进程面临的困境，也凸显了"一带一路"建设在推动区域合作和新一轮全球化方面的重要作用。

（一）"一带一路"建设有利于释放全球化潜能，推进全球化进程

在各种反"全球化"的声浪高涨、部分国家政策内顾倾向加重的背景下，我国提出"一带一路"倡议，积极维持和推进全球化进程，发挥了释放全球化潜能的作用。"一带一路"建设为推动维持全球化持续发展树立了旗帜，稳定了全球化发展的趋势。

"一带一路"倡议以改善关系和增进联通为核心，有利于促进合作与理解，消除对抗和冲突。首先，"一带一路"建设坚持互利共赢的理念，并使其在"一带一路"沿线国家获得广泛认同；其次，"一带一路"建设通过提供融资、推进

---

① 卢静：《"逆全球化"凸显全球治理赤字》，《人民论坛》2018 年 7 月 20 日。

基础设施建设等模式，极大地推动了沿线国家经济发展，提高了这些国家人民生活水平。在当今国际贸易的关税壁垒明显降低的形势下，基础设施建设水平落后已成为影响一国参与全球化水平的主要制约因素。"一带一路"建设所发挥的以上两大优势，能够促进相关国家的互联互通，提高贸易和投资发展水平，推动实现互利共赢的自由贸易。

"一带一路"倡议秉持的共赢理念和模式必将引领全球贸易秩序进入新阶段，构建人类命运共同体。我国自从 2001 年加入 WTO 以来，对于维护世界贸易自由主义和多边主义做出了积极贡献。一方面，我国从全球化和自由贸易当中获益明显，2001 年进出口总额为 5096.51 亿美元，到 2018 年已经突破 30 万亿美元（如图 2-1 所示），已成为世界第二大经济体。另一方面，我国经济发展为全世界提供了质优价廉的产品和服务，提高了公共福利水平，同时为世界经济增长提供了强劲动力，为全球经济增长做出了突出贡献。众所周知，经济全球化发展对于促进新兴市场国家经济增长有积极作用，促进发展中国家就业和缩小收入差距效果明显。面对西方主要发达国家弥漫的"逆全球化"情绪，对广大发展中国家而言，经济全球化发展的潮流和趋势不会发生根本改变的事实，要积极推动贸易自由化发展，主动参与全球竞争和全球分工，在推动经济发展的同时不断推动经济全球化沿着"一带一路"秉承的共赢理念发展，朝着共建人类命运共同体的理想努力前行。

5000 亿美元 2001 年	首超 10 万亿美元 2005 年	首超 20 万亿美元 2010 年	首超 30 万亿美元 2018 年

图 2-1 加入 WTO 以来我国进出口贸易增长情况

（二）"一带一路"倡议的合作机制成果显现，要素和资源配置更加有效

亚洲基础设施投资银行和丝路基金有力保障了"一带一路"建设重大项目实施，促进了区域和全球要素、资源的有效配置。亚投行作为"一带一路"沿线国家政策沟通、设施联通、贸易畅通、资金融通、民心相通的保障机制，在推进各沿线国家战略对接和政策协调方面，发挥了重要作用。2017 年新签约 50 份"一带一路"框架下的各类合作协议，其中战略、政策对接和经贸合作等类

型的协议占比达 50%。① 作为投资的金融中介系统，亚投行从不同于现有多边金融机构的投资领域，专注于为区域和全球基础设施建设提供资金融通服务，并且从这一投资领域为区域经济一体化和经济全球化发挥了制度保障作用。"一带一路"建设不仅带给相关国家和地区基础设施建设项目和投资，也将我国巨大的市场向其开放，坚持实现互利双赢的合作模式，得到了区域和沿线国家的普遍欢迎。

为落实"一带一路"倡议所建立的亚洲基础设施投资银行和丝路基金，保障了许多大型基础项目的实施。截至 2018 年 7 月底，在亚投行 87 个成员国当中，"一带一路"国家超过 6 成。截至 2018 年，亚投行在 13 个国家开展 28 个项目，总金额超 53 亿美元。丝路基金由我国出资 400 亿美元成立，2017 年 5 月再获我国增资 1000 亿元人民币，2018 年对已签约的 19 个项目，承诺投资 70 亿美元，支持项目涉及总金额达到 800 亿美元。② 丝路基金投资支持的连接俄罗斯亚太邻国与远东和西欧地区的大型交通走廊，中俄亚马尔液化天然气项目，我国与埃及签署的产能合作框架协议，启动的苏伊士合作区，中埃在能源、铁路、卫星科技等领域的互利合作，均发展迅速。

（三）"一带一路"倡议合作模式结合各国比较优势，充分考虑发展需求

"一带一路"倡议强调与已有合作机制对接，向沿线国家提供针对性项目和规则，充分发挥各国比较优势，是一种共商共建的国际合作模式。在"一带一路"倡议投资机制当中，私有部门的投资是以公私合营的方式参与投资，民营企业也可以成为投资主体。这种尝试创新了推动资源配置的模式。自实施以来，在区域国家政府积极推动各自发展战略与"一带一路"对接。当前，"一带一路"倡议已与欧盟"容克计划"、俄罗斯"欧亚经济联盟"、蒙古国"发展之路"、哈萨克斯坦"光明之路"、波兰"琥珀之路"等众多发展战略实现对接。

积极倡导包容性发展，这是"一带一路"倡议区别于其他区域合作倡议的显著特点。"一带一路"倡议主张与邻为善，睦邻友好，以谈判协商调和观点，

---

① 数据来源：《"一带一路"这五年：互联互通交出亮丽成绩单》，中国一带一路网，2018 年 10 月 16 日。

② 数据来源：《"一带一路"这五年：互联互通交出亮丽成绩单》，中国一带一路网，2018 年 10 月 16 日。

解决贸易争端和问题。"一带一路"倡议全球支持率远高于其他同类合作协定，比"全面与进步跨太平洋伙伴关系协定（CPTPP）"高 7.29 个百分点，比美日印澳四国提出的"印太战略"高 8.06 个百分点，比印度"季风计划"高出 3 倍以上。数据说明，"一带一路"建设顺应时代潮流，已经获得普遍的国际认同和影响力。自 2013 年以来取得的成绩表明，"一带一路"建设实现了各国相互联动，共同发展，符合各国经济发展的普遍愿望，国际影响力不断显现，为促进全球化和全球经济发展发挥着越来越重要的作用。①"一带一路"倡议坚持以任务为导向，建设项目透明运作，结合区域内和跨区域相关国家意愿，建设项目明确设置时间表，充分考虑各国发展的需要。

（四）做大蛋糕与合理分配蛋糕并重，化解全球化病痛

国内外需求不足是当前世界各国经济增长面临的共同压力。如同俄罗斯需要克服能源需求降低的影响一样，我国需要克服出口需求降低对经济增长的压力。面对需求降低的压力，以增加投资保持经济持续增长是走出困境的自然选择。"一带一路"倡议在增加投资和经济活力方面发挥了重要的推动作用，为"一带一路"沿线各国，乃至世界经济增长做出了重大贡献。2016 年，我国企业向沿线 20 个国家投资超过 185 亿美元，2017 年向沿线 59 个国家新增投资143.6 亿元。2018 年，我国在"一带一路"沿线国家建立的贸易合作区超过全球贸易合作区的 30%。② 分析 2017 年我国对外投资变化情况，可以看出新加坡成为最具吸引力投资目的地，新兴市场投资明显增加，发达国家投资有所减少（见表 2-1）。

当前，面临经济全球化和部分发达国家反全球化情绪高涨的形势，"一带一路"建设有利于推动全球化从侧重于资源有效配置转化为做大蛋糕与合理分配蛋糕并重，化解全球化病痛。与逆全球化潮流形成鲜明对照，"一带一路"建设彰显了经济全球化对于世界经济发展的重要作用，以及"一带一路"建设对于推动区域合作和全球化深入发展的重要作用与独特优势。

---

① 《"一带一路"这五年：舆论态度转变，网民充满期待》，中国一带一路网，2018 年 9 月 20 日。
② 经济学人智库：《中国海外投资指数 2017》（上），中国纺织国际产能合作企业联盟网，2018 年 1 月 3 日。

表 2-1 中国 2017 年海外投资总体排名

"一带一路"	国家（地区）	2017 年	2015 年	2013 年	2015—2017 年排名变化
★	新加坡	1	2	2	▲
	美国	2	1	1	▼
	中国香港	3	7	3	▲
★	马来西亚	4	20	18	▲
	澳大利亚	5	3	5	▼
	瑞士	6	5	7	▼
	韩国	7	8	28	▲
	加拿大	8	4	6	▼
	智利	9	29	22	▲
★	俄罗斯	10	24	9	▲
★	以色列	11	17	31	▲
★	哈萨克斯坦	12	51	38	▲
	中国台湾	13	14	12	▲
	日本	14	6	4	▼
	挪威	15	9	8	▼
★	捷克	16	缺数据	缺数据	
	丹麦	17	10	14	▼
★	泰国	18	38	35	▲
★	伊朗	19	52	57	▲
	德国	20	13	10	▼
	芬兰	21	15	16	▼
★	波兰	22	33	36	▲
★	匈牙利	23	缺数据	缺数据	
★	沙特阿拉伯	24	23	15	▼
	爱尔兰	25	缺数据	缺数据	
★	印度尼西亚	26	44	44	▲
	法国	27	16	20	▼

续表

"一带一路"	国家（地区）	2017 年	2015 年	2013 年	2015—2017 年排名变化
★	菲律宾	28	39	39	▲
	瑞典	29	11	13	▼
★	越南	30	40	41	▲
	荷兰	31	18	21	▼
★	斯里兰卡	32	41	46	▲
★	斯洛伐克	33	缺数据	缺数据	
★	罗马尼亚	34	缺数据	缺数据	

数据来源：《"一带一路"这五年：互联互通交出亮丽成绩单》，中国一带一路网，2018 年 10 月 16 日。

三、构建人类命运共同体是推动全球治理变革的中国方案

"一带一路"倡议通过促进沿线国家经济发展来实现国际互利合作，旨在推动国际关系保持多边合作机制，是构建人类命运共同体的中国方案。

（一）"一带一路"倡议为国际多边合作打造共赢条件

"一带一路"倡议不是仅限于区域经济一体化的目标，而是要以促进多边合作为目标，打造人类命运共同体。"一带一路"倡议不是重建另外一套国际秩序，而是通过维护现有的国际多边合作机制，共同应对多边主义面临的难题。当前国际多边合作机制面临的重要问题是如何实现国家之间的互利共赢。"一带一路"倡议的实践必将推动国际多边合作机制的进一步发展。"一带一路"倡议面向发展中国家，致力于提升其发展的能力，帮助其融入国际多边合作机制，获得与发达国家自由竞争的比较优势。除了解决发展中国家的发展问题，还可以带动发达经济体发展，形成多边合作共赢的基准点。

（二）"一带一路"倡议为国际多边合作寻求"发展式"共赢

针对全球发展的贫富分化和分配公平正义问题，"一带一路"倡议的国际合作互利共赢理念体现出了更加务实的精神和中国智慧。"一带一路"倡议针对各国经济发展现状和计划，提倡双边对接，不同国家之间合作共赢的基准点不同，合作内容不同，照顾了各国经济发展现状，也为其注入发展动力。针对"一带

59

一路"沿线国家经济发展水平差异较大，直接推行多边谈判、推进区域一体化的障碍较大的情况，从双边到区域逐步推动，照顾不同发展水平国家的发展诉求，强化贸易之间的比较优势，提供针对性的技术援助。着重帮助"一带一路"沿线国家强化基础设施建设，推动互联互通，保证其工业发展、贸易和投资的可持续发展。同时，对"一带一路"沿线国家开放我国市场，通过投资这些国家，再将它们生产的产品销售到我国市场，提高"一带一路"沿线国家对我国出口额，培育了"一带一路"沿线国家的产业体系。这些举措使曾经被全球化边缘化的"一带一路"沿线发展中国家能够重返全球化的中心，享受全球化带来的红利。

（三）"一带一路"倡议为国际多边合作提供"渐进融合"的制度模式

"一带一路"倡议以打造人类命运共同体、促进国际多边合作为目标。国际合作的基准点是逐步形成的，反对狭隘的基于贸易体系的某一部分得失，有利可图就合作，无利可图就搞贸易保护，推行单边主义。

国际经济合作体系与制度不能靠一个固定的理论框架提供永远的指导，合作制度也应与时俱进，适应全球经济合作条件的变化。我国的改革开放40余年的经验被郑永年先生称之为渐变模式①。通过我国改革开放40余年的成功经验可以得出人类命运共同体建设的模式，也应当是从"一带一路"合作框架出发，着眼国际政治经济发展的实际，由易到难，从双边到区域的渐次发展模式。从这个意义上说，中国与"一带一路"沿线国家间的非正式合作机制和双边合作机制都在为"一带一路"机制下多边合作打造基础，是渐进的路径模式。这一模式突破了预先设计架构的制度，后开展合作的传统建构主义模式②。这种路径尊重不同主体政治经济多样化现实，规避了制度僵化而致的矛盾。

我国的国际合作直面不同国家不同的利益诉求，采取差异化的市场开放和自由贸易政策，随着经济发展与合作的深入，各国利益协调的基点也会逐渐提升，最终将产生同一水平的合作机制，推动形成区域性多边一体化的合作机制，也为全球性多边一体化机制的健康发展提供动力。

---

① 郑永年：《中国模式：经验与挑战（序言部分）》，中信出版社2016年版，第18页。
② 范笑迎：《"一带一路"：通向人类命运共同体的"渐进融合"之路》，《求知》2018年第10期，第27页。

延伸阅读

1. 冯莉、肖巍：《资本、战争与全球治理——从〈共产党宣言〉到〈帝国主义论〉及其他》，《复旦学报》2018 年第 6 期。

2. 吴敬琏：《中国经济改革进程》，中国百科大全出版社 2018 年版。

3. 厉以宁：《改革开放以来的中国经济：1978—2018》，中国大百科全书出版社 2018 年版。

第三章

新时代我国经济发展的保障

当前我国处于近代以来最好的发展时期，但又面临着世界处于百年未有之大变局下的严峻挑战，两者同步交织、相互激荡，既存在机遇与挑战，又存在希望与危机。面对这一状况，助力新时代我国经济持续健康发展，强化经济发展的保障作用具有重要意义。一是坚持加强党对经济工作的集中统一领导原则，发挥社会主义制度集中力量办大事的优势；二是坚持和完善我国社会主义基本经济制度与分配制度，充分调动生产积极性，保障人民当家做主，实现人民对美好生活的向往；三是处理好政府与市场的关系，深化经济体制改革，通过其牵引作用，带动其他领域改革不断向前推进，最终凝聚成新时代经济发展的合力；四是坚持正确的工作策略和方法，保持战略定力，坚持底线思维，把握稳中求进总基调，确保我国经济发展行稳致远。综上，要从四方面做好经济发展的保障工作，持续引领经济持续健康发展，不断开拓中国特色社会主义政治经济学新境界。

第一节　坚持加强党对经济工作的集中统一领导

2017 年 12 月，中央经济工作会议针对我国经济发展建设提出"七个坚持"的要求，其中居于首位的就是"坚持和加强党对经济工作的集中统一领导"。坚持加强党对经济工作的集中统一领导，是习近平新时代中国特色社会主义经济思想的重要内容，体现了中国特色社会主义制度的本质特征和最大优势，是实现经济社会持续健康发展的根本政治保证。

一、坚持党的领导，是社会主义经济持续健康发展的根本要求

回顾中华人民共和国成立 70 余年的风雨历程，从中华人民共和国成立初期的一穷二白，发展到如今成为世界第二大经济体，历史和实践经验告诉我们，坚持中国共产党的领导是最正确的选择。

（一）有利于发挥社会主义的制度优势

"社会主义制度有集中力量办大事的优势。"① 2016 年，习近平总书记在庆祝全国人民代表大会成立 60 周年大会上又一次强调："我国社会主义制度能够集中力量办大事。"② 集中力量办大事是社会主义制度的最突出优势，这一优势在于：一是能够在国家基础上有效整合社会资源，组织和动员社会力量实施一些重大项目，迅速提高生产力和国际竞争力。③ 中华人民共和国成立初期，在经济基础差、科学技术弱及帝国主义封锁严的困难条件下，我们党带领全国人民发挥社会主义制度优势，集中力量研制"两弹一星"、勘探和开发大庆油田等，为国家发展打下了坚实基础，捍卫了国家主权、安全和发展利益，推动了国民经济发展，奠定了新中国的大国地位。改革开放后，我们党勇于冲破传统模式束缚，继续发挥我国社会主义制度能够集中力量办大事的优势，成功实施了西部大开发战略，完成了三峡工程建设，独立研发出"北斗"卫星导航系统等一系列重大工程和建设项目。同时，在短短的十年时间里，中国高铁迅速崛起，创造了从无到有、从弱到强，从制造到创造、从征服中国到引领世界的神话。这些成就说明坚持党对经济工作的集中统一领导能够将稀缺资源及人力物力高效聚集，使创新成果转向现实生产力，迅速提高我国经济发展水平和对世界经济发展的贡献。二是能够推进社会主义现代化各项事业的发展。正如党的十八大报告所指出，"坚持走中国特色新型工业化、信息化、城镇化、农业现代化道路，推动信息化和工业化深度融合、工业化和城镇化良性互动、城镇化和农业现代化相互协调，促进工业化、信息化、城镇化、农业现代化同步发展"。这一论断，科学地阐述了社会主义现代化建设及"新四化"的发展目标。在工

① 《邓小平文选》第 3 卷，人民出版社 1994 年版，第 377 页。
② 习近平：《在庆祝全国人民代表大会成立 60 周年大会上的讲话》，《人民日报》2014 年 9 月 6 日。
③ 熊光清：《中国特色社会主义制度的政治优势》，《红旗文稿》2016 年第 14 期。

业现代化建设方面，我国建立了全世界最完整的现代工业化体系，2017 年工业增加值达 27.8 万亿元，2018 年工业增加值达到 30.5 万亿元①。在农业现代化建设方面，我国大力实施乡村振兴战略，科学制定规划，健全城乡融合发展体制机制，依靠改革创新壮大乡村发展新动能。我国的现代化事业及"新四化"的发展是形成新的经济社会发展方式、促进我国经济社会持续健康发展的重要动力。三是能够促进人民生活质量和水平不断提高。集中力量办大事的制度优势在涉及国计民生的重点领域和需要大量投资的民生工程上，得到充分的体现。在脱贫减贫事业方面，党和政府集中优势兵力实施精准扶贫方略；在基础设施建设方面，完成了举世瞩目的"四大工程"：青藏铁路、西电东送、西气东输、南水北调；在民生工程方面，我国建成了包括养老、医疗、低保、住房等在内的社会保障体系，其中养老保险覆盖超过 9 亿人，医疗保险覆盖超过 13 亿人。2018 年国内生产总值高达 90 万亿元，扣除价格因素，比 1952 年实际增长 175 倍。②"忍饥挨饿、缺吃少穿、生活困顿这些几千年来困扰我国人民的问题总体上一去不复返了。"③

（二）有利于形成科学的经济理论体系

自党的十八大以来，以习近平同志为核心的党中央，根据国际经济发展水平与我国当前经济所处的阶段，创立了科学的经济理论体系。首先，用新发展理念统领发展全局。2015 年 10 月，习近平总书记在关于《中共中央关于制定国民经济和社会发展第十三个五年规划的建议》的说明中第一次指出：发展理念是发展行动的先导，是管全局、管根本、管方向、管长远的东西，是发展思路、发展方向、发展着力点的集中体现。2017 年 11 月，党的十九大报告将"坚持新发展理念"作为新时代坚持和发展中国特色社会主义十四个基本方略之一，再次强调要坚定不移贯彻创新、协调、绿色、开放、共享的新发展理念。新发展理念是不可分割的内在集合体，是党在领导我国经济稳步前进的过程中对发展理论的一次重要升华，揭示了中国特色社会主义经济发展的全局属性，明确了新时代中国特色社会主义经济发展的前进方向。其次，以供给侧结构性改革为

---

① 数据来源：国家统计局官网。

② 数据来源：国家统计局官网。

③ 习近平：《在庆祝改革开放 40 周年大会上的讲话》，新华网，2018 年 12 月 18 日，http://www.xinhuanet.com/politics/leaders/2018-12/18/c_1123871854.htm。

主线和主攻方向。2018 年中央经济工作会议认为，供给侧结构性改革仍然是我国经济运行的主要矛盾。必须坚持以供给侧结构性改革为主线不动摇，在破解经济发展新常态下"如何干"的难题上，继续着眼于供给端，在生产领域中通过优化要素配置和调整产业结构，提高供给质量和能力。一方面可满足需求变化的需要，另一方面可实现供给结构的优化。供给侧结构性改革是突破新时代我国经济发展瓶颈的必然选择。最后，以"一带一路"倡议为载体，改善全球经济治理体系。当前，国际需求持续低迷，贸易保护主义抬头，逆全球化思潮涌动，国内"刘易斯拐点"到来，人口红利逐渐消失，"一带一路"倡议能够助力我国沉稳有效地应对以上问题。2019 年 4 月，习近平主席在第二届"一带一路"国际合作高峰论坛开幕式上指出，"共建'一带一路'为世界经济增长开辟了新空间，为国际贸易投资搭建了新平台，为完善全球经济治理拓展了新实践，为增进各国民生福祉作出了新贡献，成为共同的机遇之路、繁荣之路"①。"一带一路"倡议是我国主动承担大国责任、优化区域开放格局、扩大国际交流合作的典范，也是我国参与全球治理的有效途径。只有坚持党的领导，充分发挥中国特色社会主义制度优势，在实践中不断完善中国特色社会主义经济理论体系，才能使中国引领世界经济发展。

（三）有利于形成全面深化改革的持久动力

"必须坚持尊重人民首创精神，坚持在党的领导下推进改革开放。"② 改革是一场只有进行时没有完成时的复杂工程，只有在党的领导和与人民紧紧相依靠的情况下才能发挥持久动力。同时，建立高层次的领导机制也是实现这一复杂工程持久动力的根本保障。就此来说，一是要坚持人民群众的主体地位，调动一切可以调动的积极因素，形成强大的改革合力和持久的改革动力。在全面深化改革的过程中，要发挥党密切联系群众的政治优势，调动人民群众的积极性和创造性，吸纳群众智慧、尊重群众劳动，团结党内外一切可以团结的力量，汇合成推进改革开放的强大力量。二是由中央成立的全面深化改革领导小组，负责把握改革方向、筹划改革布局、推进改革进度、落实改革部署。从国内情

---

① 习近平：《齐心开创共建"一带一路"美好未来——在第二届"一带一路"国际合作高峰论坛开幕式上的主旨演讲》，新华网，2019 年 4 月 26 日，http: //www.xinhuanet.com/politics/2019−04/26/c_1124420187.htm。

② 习近平：《十八届中共中央政治局第二次集体学习》，《人民日报》2017 年 12 月 11 日。

况来看，1978 年至 2018 年这 40 年间，全国城镇居民人均可支配收入从 343 元增加到 39000 多元，增长高达 113.7 倍，农村居民人均可支配收入由 134 元增加到 14600 多元①。我国贫困发生率也已由 1978 年的 97.5%，下降至 2018 年的 1.7%，7 亿多人口摆脱绝对贫困。从国际情况来看，2008 年国际金融危机后，全球经济增长乏力，我国经济不但没有受到较大冲击，反而依然保持中高速稳定增长，近几年我国对世界经济增长贡献率超过 30%，为全球经济的复苏与发展提供了重要力量。三是积极推进全面从严治党，增强党作为全面深化改革主体的功能性与先进性建设，为改革提供持久的内生动力。新时代党的建设不仅要加强党的执政能力建设，还应将党的先进性建设融入时代发展的大环境之中，破除阻碍发展的各种体制机制藩篱，深化供给侧结构性改革，形成全面深化改革的持久动力。

二、坚持党的领导，体现了社会主义市场经济的重要特征和制度优势

中国共产党的领导，是我国社会主义市场经济体制的一个重要特征。发展社会主义市场经济，应该加强党对经济工作的集中统一领导，发挥党总揽经济工作大局，谋划经济规划与布局，避实击虚，规避市场内在缺陷，发挥市场经济的优势。

（一）不断完善我国基本经济制度与分配制度

我国实行以公有制为主体、多种所有制经济共同发展的基本经济制度和按劳分配为主体、多种分配方式并存的分配制度。一方面，党的领导为国家公有制经济的发展扫除障碍，提供了和平有序的发展环境。国有经济控制着关系国家安全和国民经济命脉的关键领域和重要行业。没有党的领导，就失去了强大的后盾支撑，人民的美好生活没有保障，更无法为国家政权稳定提供强大的经济基础。党的领导作用只能增强，不能减弱。另一方面，坚持加强党对经济工作的集中统一领导，能够完善社会产品和国民收入分配制度。只有坚持党对经济工作的集中统一领导，才能实现劳动者收入和劳动生产率同时增长，完善分配制度，缩小收入差距，构建和谐社会。

（二）不断完善市场有效与政府有为的社会主义市场经济体制

在改革开放的进程中，我们党所推进的经济体制改革的核心问题是处理好

---

① 数据来源：国家统计局官网。

政府与市场的关系。一方面，坚持加强党对经济工作的集中统一领导，是推动市场在资源配置中起决定性作用的重要力量。党的十九届三中全会，强调了破除体制机制弊端，确保发挥市场在资源配置中起决定性作用和更好发挥政府作用的重要性。我国社会主义市场经济在党的领导下，既遵循了市场经济的客观规律，又发挥了社会主义制度的优越性，推动经济稳步前进。另一方面，坚持加强党对经济工作的集中统一领导，是更好发挥政府作用的根本保证。党的集中统一领导与更好发挥政府作用是相互联系、相辅相成的，党的领导为政府在宏观领域更好地发挥作用提供了强有力的支撑。反之，政府在宏观领域实现总量平衡、保持经济顺畅运行也保证了党的各项方针部署能够得到充分落实。当前，我国正在深化党和国家机构改革，重点是优化党组织结构，强化和健全党对重大经济工作的领导体制机制，更加科学规范高效地行使党的集中统一领导职责，确保政府在经济建设中的积极作用得到更好发挥。

（三）不断完善社会主义市场经济新秩序

历史经验表明，党对经济工作的领导一旦弱化，就会滋生腐败问题。腐败问题的存在严重扰乱我国社会主义市场经济秩序。加强党的集中统一领导，建立社会主义市场经济新秩序，关键在于提高党员干部政治站位，严守党的纪律和规矩，从源头遏制腐败滋生。建立规范有序的社会主义市场经济新秩序，关键是要遏制腐败、构建新型政商关系。一方面，构建不敢腐、不能腐、不想腐的长效机制，打好反腐败斗争的"攻坚战""持久战"和"整体战"，将法律制约及国家和群众的合力监察纳入日常防控监察体系，确保国家权力运行透明化。党的十九大报告明确指出："坚持反腐败无禁区、全覆盖、零容忍，坚定不移'打虎''拍蝇''猎狐'。"① 另一方面，要加强全面从严治党，打造新型政商关系。在政府部门与私营企业的往来过程中，要建立规范的经济管理体制，为私营企业提供优质服务的同时不忘全面从严治党的纪律要求，同时，加强国有资产监管，深化国有企业改革，加强国有企业党的建设，竭力铲除滋生腐败的土壤和温床，不断完善社会主义市场经济新秩序。

三、新时代应该不断提高党领导经济工作的能力和水平

面对错综复杂的国际环境和繁重的国内改革发展任务，党要不断提高领导

---

① 《中国共产党第十九次全国代表大会报告》。

经济工作的能力和水平，加强领导经济工作的制度化建设、提高法制化水平和专业化能力。

（一）加强党领导经济工作的制度化建设

加强制度化建设是提高党领导经济工作能力的重要保障。当前，我国经济发展进入新常态，在经济向高效率、低成本、可持续增长转型的关键时期，党中央指出要转变党领导经济工作的观念、体制和方式方法，增强依法执政本领，加快形成覆盖党的领导和党的建设各方面的党内法规制度体系，加强和改善对国家政权机关的领导。① 具体来说，加强党领导经济工作的制度化建设，一方面，就是要优化党的决策体制机制。既要坚持党在领导社会重大经济工作中的核心地位，做到科学决策、科学管理，推动经验决策上升到科学决策，又要保障各民主党派参与社会重大经济工作决策的权力，支持党和政府履行职能，以防决策权力过度集中，最大限度地集中决策智慧反映人民群众的利益诉求。另一方面，就是要坚持增加党领导经济工作的透明度，完善监督机制。完善党领导经济工作监督机制，关键在于要确立科学的监督机制，增加透明化，提高监督水平。

（二）提高党领导经济工作的法治化水平

提高法治化水平是党领导经济工作体制机制正常运转的前提。社会主义市场经济的实质是法治经济，法治水平和社会环境对党领导经济发展的能力具有深刻的影响，如果国家没有一个良好的法治和社会环境，党的各级干部领导经济发展的能力将受到限制，党领导经济发展的工作体制和机制也会无法正常运转。提高党领导经济的法治能力，关键在于提高经济工作中的法治思维。首先，要加强党风廉政建设。党的十九大报告突出政治建设在党的建设中的重要地位。② 严格遵照党的纪律和规定，要坚决维护党纪国法的权威，增强党员自我监督和约束的自觉性，坚决不碰触腐败的高压线。③ 其次，要加强法治建设。法治建设是维护社会主义公平正义的重要因素，也是支撑社会主义市场经济持续健康发展的可靠保障。新时代加强经济领域的法律法规建设，是有效维护人

---

① 《中国共产党第十九次全国代表大会报告》。

② 《中国共产党第十九次全国代表大会报告》。

③ 《习近平关于党风廉政建设和反腐败斗争论述摘编》，中央文献出版社 2015 年版，第103 页。

民对美好生活向往的重要举措。

（三）增强党领导经济工作的专业化能力

专业化的工作能力直接影响党对经济工作的判断与决策。在新时代，增强党领导经济工作的专业化能力，需要具备两方面条件。一方面，必须具备科学决策能力。在面对变幻莫测的世界经济和我国经济发展新常态的现实情况下，规划决策的科学化水平是防范化解重大风险的有效途径。这就要求在决策中运用经济规律、自然规律和社会规律，发挥开拓创新的能力，精准把握宏观调控的"度"，主导引导市场预期，将领导经济工作的立足点转到提质增效、加快形成新的发展方式上来。另一方面，必须具备理论知识和专业化能力。理论知识和专业化能力主要是指领导干部经济学理论知识水平和运用理论知识领导经济工作的能力。提高理论知识和专业素养，就必须时刻具备钻研和学习的精神，用知识武装党员干部头脑。同时，不断完善领导干部的人事考核制度，通过选拔、培训及考核的方式来强化领导干部对专业知识的重视，使领导干部的能力得到系统的优化，提升整体的理论知识和专业素养。

第二节　坚持和完善我国社会主义基本经济制度与分配制度

社会主义基本经济制度与分配制度都是中国特色社会主义经济制度的主要内容。党的十九大报告指出，我国仍处于并将长期处于社会主义初级阶段。这就要求我国必须实行以公有制为主体、多种所有制经济共同发展的基本经济制度和以按劳分配为主体、多种分配方式并存的分配制度。生产资料公有制和按劳分配是由我国的性质决定的，只有坚持公有制的主体地位和按劳分配的原则，才能体现社会主义的优越性。

一、基本经济制度和分配制度的确立和发展

我国对社会主义初级阶段基本经济制度与分配制度的建立与探索，经历了相当长的一段时间，这一探索过程是我国公有制经济与非公有制经济关系的深

化，也是按劳分配与按生产要素分配关系的平衡。

（一）社会主义初级阶段基本经济制度的确立和发展

我国社会主义基本经济制度的确立和发展经过了四个阶段。我国从 1956 年完成社会主义改造后，就完全消灭了国家中存在的非公有制经济成分，建立了社会主义制度。到改革开放前的这一时期，我国社会主义制度的建立是受马克思主义经典作家关于未来社会基本经济特征的论述和苏联社会主义模式的影响。认为只有单一的公有制模式才是社会主义国家属性，社会主义国家不能掺杂任何非公有制成分，公有制与非公有制是完全对立的。1978 年，党的十一届三中全会做出了把党和国家的工作重心转移到经济建设上来的决策，并且提出改革"同生产力发展不相适应的生产关系和上层建筑"的工作任务。从这时起，我国就进入了公有制经济与非公有制经济关系不断探索发展的新阶段。

首先，是公有制经济和非公有制经济由"相互对立"到"必要补充"的转变。党的十一届三中全会明确提出，社员自留地、家庭副业和贸易是社会主义经济的必要补充部分，任何人不得乱加干涉。① 此次会议成为提出"恢复和发展"个体经济的开端。1979 年 4 月，《关于全国工商行政管理局长会议的报告》是党中央、国务院批准的第一个有关发展个体经济的报告，是改革开放后第一次提出了恢复和发展私营经济。1981 年 6 月，党的十一届六中全会通过的《中共中央关于建国以来党的若干历史问题的决议》指出，国有经济和集体经济是我国基本的经济形式，一定范围的劳动者个体经济是公有制经济的必要补充。② 这是党首次提出个体经济是公有制经济的必要补充。1982 年 9 月，党的十二大指出，由于我国生产力水平总的说来还比较低，又很不平衡，在很长时期内需要多种经济形式同时并存。③ 1984 年，党的十二届三中全会通过的《中共中央关于经济体制改革的决定》强调，中国现在的个体经济是和社会主义公有制相联系的、不同于和资本主义私有制相联系的个体经济，是社会主义经济必要的

---

① 中共中央文献研究室：《中国共产党第十一届中央委员会第三次全体会议公报》，《三中全会以来重要文献选编》（上），人民出版社 1982 年版，第 7 页。

② 中共中央文献研究室：《中国共产党中央委员会关于建国以来党的若干历史问题的决议》，《三中全会以来重要文献选编》（下），人民出版社 1982 年，第 786-787 页。

③ 《改革开放三十年重要文献选编》（上），人民出版社 2008 年版，第 357 页。

有益的补充，是从属于社会主义经济的。① 1987 年，中共中央出台《关于把农村改革引向深入的决定》，第一次明确提出允许私营经济存在，采取加强管理、兴利抑弊、逐步引导②的方针。党的十三大鼓励全民所有制以外的其他经济成分发展，并把私营经济、中外合资合作企业和外商独资企业等非公有制经济定为公有制经济必要的和有益的补充。至此，党对社会主义所有制结构的认识由个体经济作为必要的补充，转变为私营经济、"三资"企业等非公有制经济都是公有制经济必要的和有益的补充。

其次，是公有制经济和非公有制经济由"必要和有益补充"到"共同发展"再到"基本经济制度"的发展。1992 年，邓小平同志提出"三个有利于"标准和对计划与市场关系的创造性论述③，进一步突破了计划经济体制的束缚，也为民营经济的发展带来了第二次曙光。党的十四大首次提出在所有制结构上，公有制经济与非公有制经济长期共同发展。至此，非公有制经济由"必要和有益补充"转变为"共同发展"的全新发展阶段。1993 年 11 月，党的十四届三中全会首次对非公有制经济的发展提出"鼓励"，提出建立社会主义市场经济体制，就是要使市场在国家宏观调控下对资源配置起基础性作用。这就要求必须坚持以公有制为主体、多种经济成分共同发展的方针。④ 1997 年，党的十五大明确提出个体、私营等非公有制经济是社会主义市场经济的重要组成部分，⑤首次将公有制为主体、多种所有制经济共同发展确立为我国社会主义初级阶段的基本经济制度。这不仅是对我国所有制理论的突破，更是为我国非公有制经济的发展赋予了划时代的意义。

再次，从"基本经济制度"到"两个毫不动摇"的深化。在党的十五大确立的非公有制经济发展的基础上，党的十六大首次提出"两个毫不动摇"，即必须毫不动摇地巩固和发展公有制经济，必须毫不动摇地鼓励、支持和引导非公有制经济发展。⑥ 2007 年，党的十七大在重申并强调两个"毫不动摇"的基础

---

① 中共中央文献研究室：《中共中央关于经济体制改革的决定》，《十二大以来重要文献选编》（中），人民出版社 1986 年版，第 580 页。
② 《改革开放三十年重要文献选编》（上），人民出版社 2008 年版，第 450 页。
③ 《邓小平文选》第 3 卷，人民出版社 1993 年版，第 372-373 页。
④ 中共中央文献研究室：《中共中央关于建立社会主义市场经济体制若干问题的决定》，《改革开放以来历届三中全会文件汇编》（上），人民出版社 1996 年版，第 56 页。
⑤ 《江泽民文选》第 2 卷，人民出版社 2006 年版，第 20 页。
⑥ 《江泽民文选》第 3 卷，人民出版社 2006 年版，第 548 页。

上，提出坚持平等保护物权，形成各种所有制经济平等竞争、相互促进新格局。①"两个平等"概念是党的十七大在所有制理论上的闪光点。

最后，是公有制经济和非公有制经济由"两个毫不动摇"到"两个都是"的深化。2012年11月，党的十八大在进一步强调"两个毫不动摇"的基础上又提出"三个平等"，即保证各种所有制经济依法平等使用生产要素、公平参与市场竞争、同等受到法律保护。② 2013年11月，党的十八届三中全会在坚持和发展"两个毫不动摇"的基础上，提出了"两个都是"概念，即公有制经济和非公有制经济都是社会主义市场经济的重要组成部分，公有制经济和非公有制经济都是我国经济社会发展的基础。③"两个都是"将非公有制经济制度地位提高到史无前例的新高度。在此之后，党的十八届四中全会和党的十八届五中全会推出了一系列扩大非公有制企业市场准入、平等发展的改革举措。2017年12月，党的十九大重申"两个毫不动摇"基本国策。

（二）社会主义初级阶段分配制度的确立和发展

我国社会主义初级阶段的分配制度与基本经济制度发展具有一致性。随着1956年社会主义改造的完成，我国全面实行生产资料公有制，直到1978年改革开放，我国经济制度发生了深刻变革，党的十一届六中全会（1981年）通过的《关于建国以来党的若干历史问题的决议》正式承认个体经济的合法性④，打破了单一的按劳分配制度。

社会主义初级阶段以按劳分配为主体、多种分配方式并存的收入分配制度，是伴随经济体制改革，在中国特色社会主义市场经济体制确立、建设、发展过程中逐渐形成的。⑤ 1987年党的十三大正式提出了"实行以按劳分配为主体的多种分配方式"，指出："社会主义初级阶段的分配方式不可能是单一的，我们必须坚持的原则是，以按劳分配为主体，其他分配方式为补充。除了按劳分配这种主要方式和个体劳动所得以外，企业发行债券筹集资金，就会出现债券取得利息；随着股份经济的产生，就会出现股份分红；企业经营者的收入中，包

---

① 《胡锦涛文选》第2卷，人民出版社2016年版，第633页。
② 《胡锦涛文选》第3卷，人民出版社2016年版，第629页。
③ 中共中央文献研究室：《十八大以来重要文献选编》（上），人民出版社2014年版，第515页。
④ 吴敬琏：《当代中国经济改革教程》，上海远东出版社2010年版，第185页。
⑤ 洪银兴：《新编社会主义政治经济学教程》，人民出版社2018年版，第162页。

含部分风险补偿；私营企业雇用一定数量劳动力，会给企业主带来部分非劳动收入。以上这些收入，只要是合法的，就应当允许。"① 1992 年邓小平视察南方讲话时提出要建立社会主义市场经济体制，同年党的十四大会议明确在分配制度上实行以按劳分配为主体，其他分配方式为补充。党的十四届三中全会通过《中共中央关于建立社会主义市场经济体制若干问题的决定》，首次提出"允许属于个人的资本等生产要素参与收益分配"，并将原来的"以按劳分配为主体，其他分配方式为补充"改为了"以按劳分配为主体，多种分配方式并存"。② 1997 年，党的十五大提出了"坚持按劳分配为主体、多种分配方式并存的制度。把按劳分配和按生产要素分配结合起来⋯⋯允许和鼓励资本、技术等生产要素参与收益分配"③，在明确了社会主义基本经济制度的同时，明确提出了"按生产要素分配"，在此基础上强调了"允许"和"鼓励"生产要素分配。党的十六大提出"确立劳动、资本、技术和管理等生产要素贡献参与分配的原则，完善按劳分配为主体、多种分配方式并存的分配制度"，说明党进一步把生产要素分配上升为分配原则。指出"一切合法的劳动收入和合法的非劳动收入，都应该得到保护"，这意味着将劳动收入与合法的非劳动收入放到了同等重要的位置。④ 党的十七大报告重申要"坚持和完善按劳分配为主体、多种分配方式并存的分配制度，健全劳动、资本、技术、管理等生产要素按贡献参与分配的制度"，提出"创造条件让更多群众有财产性收入"。⑤

我国的收入分配制度改革在新时代进入了全新阶段。党的十八大提出完善劳动、资本、技术、管理等要素按贡献参与分配的初次分配机制。2013 年，党的十八届三中全会通过的《中共中央关于全面深化改革若干重大问题的决定》在提出市场对资源配置起决定性作用这一新提法之后指出，"健全资本知识、技

---

① 中共中央文献研究室：《十三大以来重要文献选编》（上），中央文献出版社 2011 年版，第 28 页；
② 中共中央文献研究室：《十四大以来重要文献选编》（上），中央文献出版社 2011 年版，第 465 页；
③ 中共中央文献研究室：《十五大以来重要文献选编》（上），人民出版社 2000 年版，第 42 页。
④ 中共中央文献研究室：《十六大以来重要文献选编》（上），中央文献出版社 2005 年版，第 21 页及第 12 页。
⑤ 中共中央文献研究室：《十七大以来重要文献选编》（上），中央文献出版社 2009 年版，第 30 页。

术、管理等由要素市场决定的报酬机制"。这里将制度建设的问题摆在了重要位置。2017 年，党的十九大报告指出："坚持按劳分配原则，完善按要素分配的体制机制，促进收入分配更合理、更有序。"我国社会主义初级阶段基本分配制度已经基本形成。

二、坚持公有制主体地位，发挥国有经济的主导作用

社会主义所有制理论在中国特色社会主义理论体系中占据重要地位，所有制关系的变革，是我国改革开放以来最重要的理论成果之一。坚持以公有制经济为主体、国有经济为主导是社会主义的制度规定，也是社会主义经济制度的本质特征。

（一）坚持公有制为主体是社会主义经济的制度要求

所谓公有制，是指生产的物质条件归社会（或集体）全体劳动者共同占有的所有制形式。① 坚持公有制为主体并不是指改革开放前我国实行的单一公有制形式，而是国民经济中各种形式的公有制经济整体。改革开放 40 多年的成就表明，我国在社会主义初级阶段建立的基本经济制度与分配制度符合社会发展规律、符合"三个有利于"标准，具有强大的生机活力与根本优势，坚持公有制为主体是社会主义经济制度的要求。

第一，坚持公有制为主体体现了社会主义制度属性。经济基础决定上层建筑，经济基础的核心是生产资料所有制。生产资料所有制不仅是表面上人与物的关系，更是人与人的关系。生产资料的所有者掌控着社会的政治与意识形态，决定着社会中所包含的分配、交换和消费关系，更决定着社会的基本性质与发展方向。不同的社会经济制度有着不同的所有制结构，资本主义经济制度以资本主义私有制为基础，社会主义经济制度必然以社会主义公有制为基础。从我国社会主义初级阶段的基本经济制度来看，公有制的主体地位与国有经济的主导作用共同支撑着我国社会主义制度属性，生产资料公有制是高级的生产关系，促进了社会化大生产，实现了最广大人民的根本利益。只有建立生产资料公有制，才能实现生产资料归人民所有，克服资本主义私有制的弊端，促进生产力发展，推动社会更好地发展。

---

① 石建勋、张鑫、李永：《新时代中国特色社会主义政治经济学》，清华大学出版社 2018年版，第69页。

第二，坚持公有制为主体，突破了传统社会主义单一公有制模式。在社会主义探索的初期，苏联和我国都将生产资料完全公有制等同于社会主义。苏联的社会主义模式是由全民所有制（国有）和集体所有制（以农业集体农庄为主要形式）① 所组成的社会主义公有制，我国在改革开放前的所有制结构基本上是类似于苏联模式的单一公有制模式。历史经验证明，片面追求集体化和单一公有制结构不利于调动广大人民群众的积极性，社会的进步与发展也会受到严重阻碍，我国基本经济制度中"公"与"私"的关系经历了从"相互对立""必要补充"到"共同发展"和"两个都是"的升华。非公有制经济是我国经济结构中的重要组成部分，它适应多层次生产力发展需要和市场经济多样化要求，有利于发挥各种生产要素的作用，调动各方面的积极性，对经济发展、社会稳定、扩大就业具有不可或缺的作用，在社会主义初级阶段具有强大的生命力。

第三，符合生产关系一定适应生产力性质和水平的客观要求。历史唯物主义认为，生产力决定生产关系，生产关系对生产力具有反作用。社会的进步与发展是由生产力性质和水平决定的。生产关系即生产资料所有制结构只有符合生产力水平才会对社会发展起推动作用，否则就会阻碍生产力的发展与社会的进步，这一规律是客观存在且不以人们意志为转移的。社会主义经济制度的所有制基础是公有制。坚持公有制为主体是巩固和发展社会主义制度的必然选择，符合生产关系适应生产力性质和水平。公有制经济能够解放、发展生产力，使生产力从根本上、制度上得到了解放，推动了社会发展。正因如此，坚持公有制为主体符合生产关系一定适应生产力性质和水平的客观要求。

第四，坚持公有制为主体，创造了实现共同富裕、人的全面发展与社会主义和谐社会的重要条件。生产的社会化与生产资料私人占有之间的矛盾，不仅是导致资本主义经济危机爆发的根源，同时也是导致资本主义经济关系贫富两极分化的根源。马克思主义认为，生产决定分配，有什么样的所有制就有什么样的分配制度，资本主义生产资料归私人占有，社会主义生产关系实现了劳动者与生产资料的直接结合，从源头切断了资本主义社会中人与人的剥削关系。只有在生产资料社会占有的基础上，才能形成以按劳分配为主体的比较公平的

---

① 杨承训、乔法容：《中国特色社会主义政治经济学》，人民大学出版社 2018 年版，第 60 页。

分配关系，这是防止两极分化、实现共同富裕的基本前提，更是实现人的全面发展和构建社会主义和谐社会的重要条件。习近平总书记强调："我国是中国共产党领导的社会主义国家，公有制经济是长期以来在国家发展历程中形成的，为国家建设、国防安全、人民生活改善作出了突出贡献，是全体人民的宝贵财富，当然要让它发展好，继续为改革开放和现代化建设作出贡献。"①

（二）坚持国有经济在国民经济中起主导作用是社会主义经济的制度规定

国有经济的主导作用是由社会主义公有制地位赋予的，体现了社会主义基本经济制度的根本性质。1999年2月通过的《中共中央关于国有企业改革和发展若干重大问题的决定》指出："国有经济是我国国民经济的支柱，发展社会主义社会的生产力，实现国家的工业化和现代化，始终要依靠和发挥国有企业的重要作用。"

第一，国有经济突显社会主义政治制度的优越性。社会主义民主政治的本质和核心是人民有话语权，能够当家做主。社会主义民主制度只有在生产资料归集体和全体人民所有的基础上才能产生，一旦生产资料特别是关系国民经济命脉的战略性资源和生产资料私有化，被少数资本主义利益集团占有了，那么就不可能形成社会主义民主政治，更不能体现人民当家做主的社会主义的本质特征。我国国有经济的生产资料和劳动产品归全体人民所有，人民能够行使自己的政治权利和自由，这是区别资本主义私有制最大的本质特征。

第二，国有经济引领前沿科技的自主创新。创新是一个国家进步的不竭动力。习近平总书记十分重视创新强国战略，并在全国科技创新大会上强调："科技是国之利器，国家赖之以强，企业赖之以赢，人民生活赖之以好。中国要强，中国人民生活要好，必须有强大科技。"② 国有企业作为中国企业的龙头，必然是自主创新的排头兵。"天眼"、"天鲲号"、北斗卫星导航系统、"墨子号"量子科学试验卫星、"天宫二号"空间实验室等都是中国拥有自主知识产权的大国重器，都是我国科技创新的典范。不仅如此，国有企业对于创新技术的投入研

---

① 习近平：《参加全国政协十二届四次会议民建、工商联界委员联组会时的讲话》，《人民日报》2016年3月4日。

② 《在全国科技创新大会、两院院士大会、中国科协第九次全国代表大会上的讲话》，新华网，2016年5月30日。

发在数量与规模上都远远高于私营企业，国有企业带来的一系列科研成果，使得国企成为科技创新的主导力量，为我国的经济发展方式转型提供了科技动力支持。

第三，国有经济是支撑国家综合国力的重要力量。国有经济控制着对社会经济发展具有重大影响的部门、企业和资源，其中包括涉及国家安全的行业、支柱产业和高新技术产业中的重要骨干企业，提供重要公共产品的行业、重大基础设施和重要矿产资源行业等。这些行业和部门的企业代表是我国重点发展的国有企业，服务于国家发展战略，是我国工业化发展进程的加速器，受国家政策倾斜和资金扶持。国有企业的发展是我国综合国力的体现，也是实现社会主义现代化建设的中坚力量。进入新时代以来，国有企业实力不断增强，在全国国资监管系统中除金融行业外，截至2017年底，全国国有企业资产总额达183.5万亿元①，比2012年底增长157.0%。在2019年《财富》杂志公布的世界500强企业中，中国上榜企业共有129家，历史上首次超过美国（121家），其中由国务院国资委监管的中央企业共有48家，占上榜中国企业的37.2%。②中国石化、中国石油、国家电网跻身前十，分列第二、第四、第五，代表了中国国有企业的规模和实力（如表3-1）。

表3-1 中央企业世界100强上榜名单（2019年）

排名	上年排名	公司名称	营业收入（百万美元）	总部所在城市
2	3	中国石油化工集团公司（SINOPEC GROUP）	414649.90	北京
4	4	中国石油天然气集团公司（CHINA NATIONAL PETROLEUM）	392976.60	北京
5	2	国家电网公司（STATE GRID）	387056	北京

① 数据来源：《2017年度国有资产管理情况的综合报告》，2018年10月24日。
② 数据来源：国务院国有资产监督委员会，2019年7月22日，http://www.sasac.gov.cn/n2588025/n2588164/n4437258/c11796022/content.html。

排名	上年排名	公司名称	营业收入（百万美元）	总部所在城市
21	23	中国建筑工程总公司 （CHINA STATE CONSTRUCTION ENGINEERING）	181524.50	北京
55	56	中国中铁股份有限公司 （CHINA RAILWAY ENGINEERING GROUP）	112132.70	北京
56	53	中国移动通信集团公司 （CHINA MOBILE COMMUNICATIONS）	112096	北京
59	58	中国铁道建筑总公司 （CHINA RAILWAY CONSTRUCTION）	110455.90	北京
63	87	中国海洋石油总公司 （CHINA NATIONAL OFFSHORE OIL）	108203	北京
80	86	中国华润有限公司 （CHINA RESOURCES）	91986	香港
82	65	东风汽车公司 （DONGFENG MOTOR）	90934.20	武汉
87	125	中国第一汽车集团公司 （CHINA FAW GROUP）	89804.70	长春
88	98	中国中化集团公司 （SINOCHEM GROUP）	89358.10	北京
93	91	中国交通建设集团有限公司 （CHINA COMMUNICATIONS CONSTRUCTION）	88140.90	北京

数据来源：财富中文网。

　　第四，国有经济领导着"走出去"战略的实现。伴随着全球化加剧和我国经济起飞，国有经济实施"走出去"战略是主动融入世界化浪潮的必然选择，也是我国走外向型经济的必由之路。党的十七大报告就曾明确指出，坚持对外开放的基本国策，把"引进来"和"走出去"更好地结合起来。改革开放40余年来，国家逐步压缩国有企业数量，一改国有企业过去单一化的投资领域，转向多元化的投资领域，不断增强国有企业的实力与竞争力，积极引领"走出去"战略。在"走出去"战略中，不仅为国有企业的发展带来的良好契机，更为我国的发展提供了重要能源、资源，带动了国内设备、技术、劳动力走进国际市场，为转变经济发展方式注入了持久动力。

（三）坚持发展混合所有制经济，深入推进国有企业改革是社会主义市场经济的重要实现形式

混合所有制这一概念最早出自美国经济学家加尔布雷斯，加尔布雷斯曾大胆预言，我们将迎来一个混合经济的时代。混合所有制是市场经济条件下国家企业不可或缺的组织形式，具有单一所有制不具备的独特优势，体现了公有制实现形式的多样化。它通过兼收并蓄，将不同的经济成分之间相互糅合化一，发挥各种所有制和经营方式的综合优势，既扬其长，又避其短。

在我国社会主义初级阶段的基本经济制度下，发展混合所有制经济是把公有制和非公有制结合起来，既包括公有制经济，也包括非公有制经济，它经历了在"摸着石头过河"的国企改革中破土、成长、壮大、深化，不断突破、不断创新的发展过程。我国国有企业混合所有制改革的实质是股份制改革，混合所有制改革是改革的手段，而非改革的目的。在混合所有制改革的过程中，最终是为了解决国有企业市场化问题，增加国有企业在市场中的竞争力和活力，推动国有企业做强做优做大。

随着中国特色社会主义进入新时代，国有企业的中流砥柱作用日益突出，国企改革也站到了新的历史节点上，翻开了新篇章。深入推进国有企业混合所有制改革，一是有利于坚持和完善基本经济制度。从本质上来说，发展混合所有制经济，可以促进各种所有制经济交叉持股和相互融合，在国有经济发挥其规模优势及管理优势的同时，还可吸收非公有制经济的活力和创造力，创造出"1+1>2"的效果，从而促进基本经济制度不断完善。二是有利于提高国有资本运营活力和效率。混合所有制改革能够根据不同性质资本的特点，互通有无，取长补短，形成各种主体产权有效制衡的企业法人治理结构，加快建立现代企业制度，并以此为基础，建立健全国有企业优胜劣汰机制，以刺激国有企业的内生动力。另外，国有企业改革还能够使不明晰的产权变得明晰，强化不同主

体监督制衡，更加有效地对国有企业资产进行管理处置，防止国有资产流失。三是有利于优化供给侧、托举经济持续高质量发展。国有企业作为我国市场经济运行的关键一环，能够有效推进供给侧结构性改革，同时在优化供给结构和提高供给率方面也有卓越贡献。做强做优做大国有企业，是新时代我国经济发展的重要保护力，也是我国供给结构向高水平迈进的重要保障。①

三、鼓励、支持和引导非公有制经济发展

改革开放以来，我国非公有制经济从无到有，当前已经发展成为我国社会主义市场经济不可或缺的一部分，是促进我国国民经济发展的强劲动力。目前，我国民营经济具有"五六七八九"的特征，即贡献了 50% 以上的税收，60% 以上的国内生产总值，70% 以上的技术创新成果，80% 以上的城镇劳动就业，90% 以上的企业数量。在世界 500 强企业中，我国民营企业由 2010 年的 1 家增加到 2018 年的 28 家。② 非公有制经济的增长速度及规模已经远远超过了公有制经济，从而成为促进我国经济持续快速稳定发展的一个重要因素。

（一）非公有制经济发展的必要性

中国经济"无民不稳、无民不富、无民不活"。③ 关于非公有制经济的重要价值，党的十八届三中全会就曾指出：非公有制经济在支撑增长、促进创新、扩大就业、增加税收等方面具有重要作用。2018 年 11 月，习近平总书记在《在民营企业座谈会上的讲话》也指出：在全面建成小康社会、进而全面建设社会主义现代化国家的新征程中，我国民营经济只能壮大、不能弱化，不仅不能"离场"，而且要走向更加广阔的舞台。④

第一，非公有制经济已经成为解决社会就业的主要渠道。非公有制经济为我国城乡提供大量就业岗位，稳定了社会秩序，促进了经济发展，提高了我国

---

① 石建勋、张鑫、李永：《新时代中国特色社会主义政治经济学》，清华大学出版社 2018 年版，第 208-209 页。
② 习近平：《在民营企业座谈会上的讲话》，新华网，2018 年 11 月 1 日，http://www.xinhuanet.com/politics/leaders/2018-11/01/c_1123649488.htm。
③ 厉以宁：《无民不稳，无民不富，无民不活》，人民网，2010 年 2 月 4 日，http://finance.people.com.cn/GB/10930070.html。
④ 习近平：《在民营企业座谈会上的讲话》，新华网，2018 年 11 月 1 日，http://www.xinhuanet.com/politics/leaders/2018-11/01/c_1123649488.htm。

城乡居民收入，使人民的幸福感、满足感和成就感不断增加。一方面，非公有制经济是吸纳就业的排头兵。国家统计局数据显示，截至 2017 年 12 月底，我国私营企业为 2726.28 万户，比 2012 年的 1085.72 万户累计增加了 1640.56 万户，相比上年同期增加了 417 万户，同比增长 18%。私营企业就业人数从 2012 年的 1.13 亿人增长至 2017 年的近 2 亿人，累计增加了 8586 万人（图 3-2、图 3-3）。① 经计算，个体经营户、私营企业和港澳台投资企业、外商投资企业共吸纳就业 36688 万人，约占全国就业总人数的 47.25%。另一方面，民营企业的就业质量大幅提高。据统计，民营企业在全国 500 强企业中占 226 席，且大多数民营企业具有良好的管理意识和管理规范，工作环境良好，报酬较高，劳动者的合法权益能够得到保障。作为民营企业典范的阿里巴巴集团，员工能够获得除了薪资和成就感之外的物质和心理福利，还可以优先体验到这家公司最新的科技成果，比如无人超市、快递机器人、FASHIONAI 概念店等，这些都最先在阿里巴巴杭州西溪园区的总部落地。

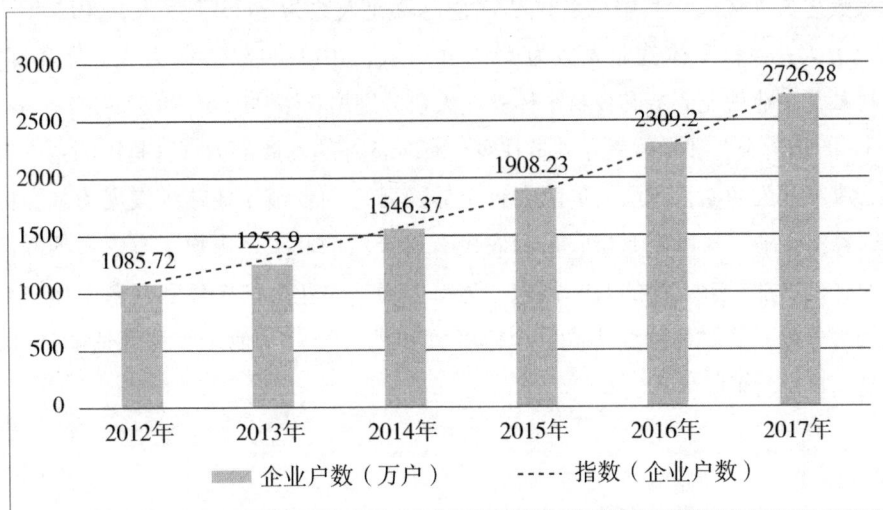

图 3-2　全国工商登记注册的私营企业户数变化趋势

　　第二，非公有制经济对统筹城乡协调发展起到重要作用。非公有制经济中的个体经济和私营经济是发展农村经济、转移农业劳动力、提高农民收入、统筹城乡协调发展的重要力量。统计数据显示，截至 2018 年 12 月底，我国乡村就

---

① 数据来源：国家统计局官网。

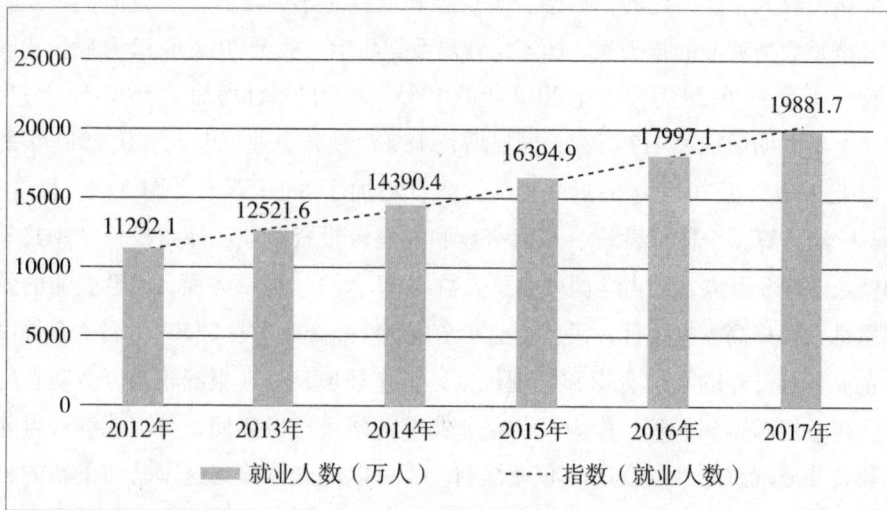

图 3-3　全国工商登记注册的私营企业就业人数变化趋势

业人数达 3.4 亿人。其中，乡村私营企业就业人数为 7423.7 万人，2012 年为 3739 万人；乡村个体就业人数为 5597.4 万人，2012 年为 2986 万人。数年间，乡村私营企业就业人数和乡村个体就业人数分别增长了 98.55% 和 87.45%（图 3-4）。① 私营企业和个体就业人员在乡村有着良好的发展潜力，这是因为：一方面，改革开放初期，我国大量的农村个体经营户和乡镇企业陆续发展为如今的民营经济企业，这些企业与农村和农民有着天然的联系，更加了解农村的经济状况，也更加了解农民的基本需求。另一方面，农业生产个体和经营个体户大多较为分散，受教育程度不高，个体经营和私人经营是他们较为合适的选择，也是其自身价值的体现。

---

① 数据来源：国家统计局官网。

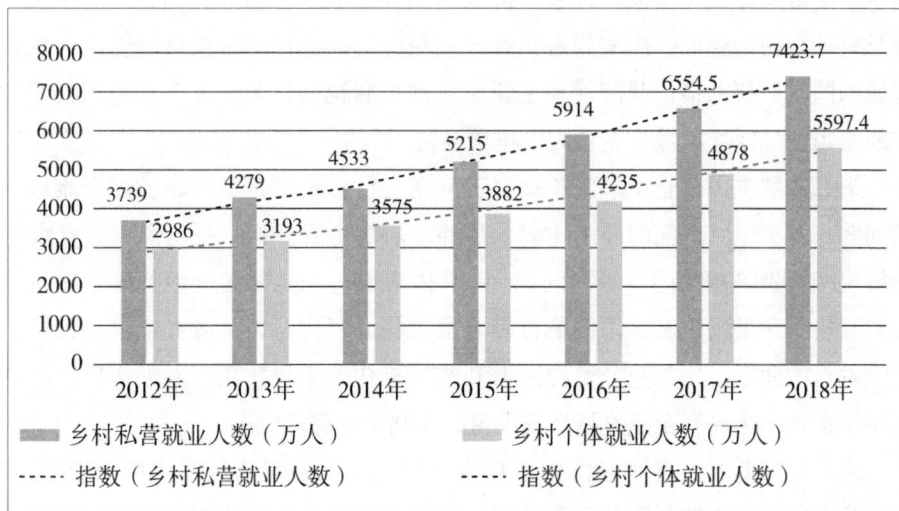

图 3-4 全国乡村私营/个体就业人数统计图

第三，非公有制经济丰富了社会主义市场经济竞争主体。竞争作为市场经济的固有特点之一，具有提高市场效率、实现企业优胜劣汰的优势。在非公有制经济还没有进入我国基本经济制度之前，我国所实行的单一公有制缺乏竞争机制，导致社会生产效率不高，资源浪费严重，不利于生产力的进步和社会发展。改革开放以后，非公有制经济的出现，包括民营企业发展壮大、外资企业的进驻，都为我国社会主义市场经济增添了活力，带来了竞争。除市场主体之外，广大的消费者也能够在竞争的市场中规避垄断，获得利益。

（二）新时代推动非公有制经济健康持续发展的重要举措

尽管非公有制经济发展取得了巨大的成就，但依然面临着一些发展束缚。有的民营企业家形容为遇到了"三座大山"：市场的冰山、融资的高山、转型的火山。① 这些困难严重桎梏了非公有制经济的成长，造成其发展障碍。清除非公有制经济发展过程中的"绊脚石"，激发非公有制经济在竞争中的活力是当务之急。

第一，减轻企业税费负担。基于民营企业发展的现实情况，应着力采取具有针对性的减税政策，帮助民营企业扩大发展空间。一方面，应推进大部分民

① 习近平：《在民营企业座谈会上的讲话》，新华网，2018 年 11 月 1 日，http：//www.xinhuanet.com/politics/leaders/2018-11/01/c_1123649488.htm。

营企业增值税等税种实质性减税，降低企业经营成本。另一方面，针对小微企业及科技型初创企业，应实施普惠性税收免除。与此同时，在对民营企业减税降税的同时，要严格控制监管和惩罚企业逃税漏税的行为，也要避免因税收过重或不当征税等原因导致企业无法正常经营。

第二，解决民营企业融资难融资贵问题。针对民营企业存在的融资难融资贵问题，解决思路是抓问题的主要矛盾和矛盾的主要方面，先化解"融资难"，再解决融资贵等相关的一系列问题。① 具体来说，一是要健全银行等金融机构的监管机制和激励机制，发挥银行等金融机构融资优势，从源头上解决民营企业贷款难的问题。二是充分发挥政府和监管机构的主导作用，发展多层次融资市场，拓宽中小民营企业直接融资渠道，控制企业融资成本。

第三，降低非公有制经济的市场准入门槛，全面实施负面清单管理模式，为非公有制经济创造平等的竞争环境。党的十八届三中全会以来，针对保护非公有制经济与公有制同等的市场主体地位，党和国家推出了一系列扩大市场准入门槛和空间的改革措施，这些改革措施为非公有制经济的发展提供了前所未有的良好契机和平台。降低市场准入门槛，意味着非公制经济可以进入一些垄断和半垄断行业，民间资本也能够进入部分战略性和非关系国家安全的领域，在某些民间资本能够进入的行业，投资比例及投资形式也会减少限制。在负面清单规定的禁止进入的领域之外"法无禁止即可为"，不再对非公有制经济提出准入要求，实实在在打破过去存在的"玻璃门""弹簧门"和"旋转门"现象。

第四，构建新型政商关系，推动非公有制经济健康发展。政商关系自古以来就是一个复杂而重要的问题。2016 年习近平总书记在全国两会上对于新型政商关系进行了深刻阐释，新型政商关系，概括起来说就是"亲""清"两个字。对领导干部而言，所谓"亲"，就是要坦荡真诚地同民营企业接触交往，特别是在民营企业遇到困难和问题情况下，要积极作为、靠前服务，对非公有制经济人士多关注、多谈心、多引导，帮助解决实际困难，真心实意支持民营经济发展。所谓"清"，就是同民营企业家的关系要清白、纯粹，不能有贪婪和私心，不能以权谋私，不能搞权钱交易。对民营企业家而言，所谓"亲"，就是积极主动同各级党委和政府及部门多沟通多交流，讲真话，说实情，建诤言，满腔热情支持地方发展。所谓"清"，就是要洁身自好、走正道，做遵纪守法的优秀企

---

① 韩松：《着力解决民营企业融资难融资贵问题》，《学习时报》2018 年 12 月 28 日。

业、搞光明正大的坦诚经营。

知识链接

民营经济只能壮大不能弱化

——论学习贯彻习近平总书记民营企业座谈会重要讲话

民营经济的历史贡献不可磨灭，民营经济的地位作用不容置疑。

"在全面建成小康社会、进而全面建设社会主义现代化国家的新征程中，我国民营经济只能壮大、不能弱化，不仅不能'离场'，而且要走向更加广阔的舞台。"在近日召开的民营企业座谈会上，习近平总书记充分肯定我国民营经济的重要地位和作用，重申了我们党坚持基本经济制度、坚持"两个毫不动摇"的一贯立场，作出了大力支持民营企业发展壮大的重要部署。习近平总书记的重要讲话，引发广大民营企业家热烈反响，凝聚起支持民营企业发展的广泛共识，为民营经济发展注入强大信心和动力。

我国经济发展能够创造中国奇迹，民营经济功不可没。改革开放40年来，民营企业蓬勃发展，民营经济从小到大、从弱到强，在稳定增长、促进创新、增加就业、改善民生等方面发挥了重要作用。改革开放40年来，我们党破除所有制问题上的传统观念束缚，为非公有制经济发展打开了大门。广大民营企业家以敢为人先的创新意识、锲而不舍的奋斗精神，组织带领千百万劳动者奋发努力、艰苦创业、不断创新。党的十九大把"两个毫不动摇"写入新时代坚持和发展中国特色社会主义的基本方略，作为党和国家一项大政方针进一步确定下来。一直以来，党中央始终重视和支持民营经济发展，这一点没有改变、也不会改变。实践充分证明，民营经济已经成为推动我国发展不可或缺的力量，民营企业和民营企业家是我们自己人，我国民营经济只能壮大、不能弱化。

推动我国经济社会发展，民营经济不仅不能"离场"，而且要走向更加广阔的舞台。在这次座谈会上，习近平总书记再次强调了关于非公有制经济"三个没有变"的重要论断，再次宣示"我们党在坚持基本经济制度上的观点是明确的、一贯的，从来没有动摇"。那些所谓"民营经济离场论"，所谓"新公私合营论"，所谓加强企业党建和工会工作是要对民营企业进行控制等言论，是完全错误的，不符合党的大政方针。习近平总书记主持召开这次座谈会，目的就是集思广益、坚定信心、齐心协力，保持和增强我国民营经济发展良好势头；提出要抓好6个方面政策举措落实，目的就是大力支持民营企业发展壮大。任何否定、怀疑、动摇我国基本经济制度的言行都不符合党和国家方针政策，所有民营企业和民营企业家完全可以吃下定心丸、安心谋发展。

奋进新时代、开启新征程，民营经济要实现更大发展。民营经济是社会主义市场经济发展的重要成果，是推动社会主义市场经济发展的重要力量，是推进供给侧结构性改革、推动高质量发展、建设现代化经济体系的重要主体，也是我们党长期执政、团结领导全国各族人民实现"两个一百年"奋斗目标和中华民族伟大复兴中国梦的重要力量。中国特色社会主义进入新时代以来，民营经济发展空间巨大、充满机遇，民营企业舞台广阔、大有可为，完全可以也应该能够为祖国和人民幸福作出新的更大贡献。这是党和人民对民营经济的殷切期许，也是我国未来发展的必然要求。

一个多月以来，从东北考察，到南方考察，从给"万企帮万村"行动受到表彰民营企业家回信，到亲自主持召开民营企业家座谈会，习近平总书记就民营经济多次发表重要讲话，贯穿始终的，是对民营经济继续发展壮大的殷切期望。认真贯彻落实习近平总书记提出的要求，坚定信心、拿出行动，把民营企业办得更好，我们就一定能够让一切社会活力充分涌流，为中国经济转型升级注入不竭动力，助力中国经济航船行稳致远。

——摘自《人民日报》，2018 年 11 月 3 日。

四、坚持按劳分配原则，完善按要素分配的体制机制

我国的生产关系与分配关系都是由社会主义性质所决定的。党的十八大提出完善劳动、资本、技术、管理等要素按贡献参与分配的初次分配机制，党的十九大提出坚持按劳分配原则，完善按要素分配的机制，促进收入分配更合理、更有序。

（一）坚持按劳分配为主体的基本原则

马克思在《哥达纲领批判》中首先批判了拉萨尔小资产阶级的分配观点和"铁的工资规律""不折不扣的劳动所得"以及"分配决定论"等谬论，第一次全面阐述了分配制度理论，描绘了未来共产主义的蓝图。马克思论述道："每一个生产者，在作了各项扣除以后，从社会领回的，正好是他给予社会的。他给予社会的，就是他个人的劳动量。"此外，马克思还提出根据共产主义不同阶段实行不同的分配原则，在共产主义高级阶段实行"各尽所能、按需分配"的原则，在共产主义初级阶段实行"按劳分配"的原则。在马克思提出"按劳分配"思想的基础上，列宁在《国家与革命》中更深入地分析了这一论断，指出在共产主义社会的第一阶段，按劳分配是分配制度的必然选择。① 那么，什么是按劳分配呢？洪银兴在其著作《新编社会主义政治经济学教程》中将按劳分配定义为：凡是有劳动能力的人都用尽自己的能力为社会劳动，社会以劳动作为分配个人消费品的尺度，按照劳动者提供的劳动数量和质量分配个人消费品，等量劳动获取等量报酬，多劳多得，少了少得，不劳动者不得食。② 可见，按劳分配是遵照劳动量分配个人消费品的分配原则。

中华人民共和国成立 70 余年来，尽管分配制度随着我国社会主义制度的改革和发展发生了变迁，但是按劳分配的主体地位没有改变。我国《宪法》明确指出："国家在社会主义初级阶段，坚持公有制为主体、多种所有制经济共同发展的基本经济制度，坚持按劳分配为主体、多种分配方式并存的分配制度。"③准确理解按劳分配的内涵是理解我国分配制度的基础。具体来说，按劳分配主要有两方面内涵：一是按劳分配以劳动为尺度来分配个人消费品，而不是其他生产要素。尽管在物质生产过程中，生产资料是不可缺少的生产要素，它在使用价值的创造中有着自己的贡献，但却不是参与分配的一个要素，因为生产资料是共同占有的，任何人不能凭借生产资料分得消费品。"全体公民在同整个社会的生产资料的关系上处于同等的地位，这就是说，全体公民都有利用公共的生产资料、公共的土地、公共的工厂等进行劳动的同等的权利。"④ 在社会主

---

① 《列宁选集》第 3 卷，人民出版社 1995 年版，第 194-196 页。

② 洪银兴：《新编社会主义政治经济学教程》，人民出版社 2018 年版，第 164 页。

③ 《中华人民共和国宪法修正案》（1999 年 3 月 15 日第九届全国人民代表大会第二次会议通过），《十五大以来重要文献选编》（上），人民出版社 2000 年版，第 808 页。

④ 《列宁全集》第 20 卷，人民出版社 1986 年版，第 139 页。

公有制经济中，按劳分配为主体消除了少数个人无偿占有他人剩余劳动产品的可能，每一个劳动者公平地享有生产资料，为消灭剥削、缩小贫富差距、实现共同富裕创造了条件。"除了自己的劳动，谁都不能提供其他任何东西，另一方面，除了个人的消费资料，没有任何东西可以转为个人的财产。"① 人们不能不劳而获，只能凭借自己的劳动从社会领得消费品。在社会主义社会里，社会所生产的总产品，在扣除用来补偿消耗掉的生产资料的部分，用来扩大生产的追加部分，用来应付不幸事故、自然灾害等的后备基金或保险基金以后，全部按照劳动的数量和质量在劳动者之间进行分配。这是同私有制基础上的，尤其同资本主义的分配方式的根本不同之处。二是在分配过程中，劳动尺度是获取消费品的唯一标准，等量劳动获得等量报酬。目前我国还没有达到马克思所阐述的"按需分配"的共产主义阶段，劳动就是获得报酬的唯一标准。尽管在劳动过程中，每一个劳动者存在年龄、性别、身体素质以及简单劳动、复杂劳动等多方差异，导致实际获得消费品数量不同，但是这一问题是现阶段无法避免的，是客观存在的。

我国坚持实行按劳分配的原则，是因为按劳分配中以劳动为尺度获取报酬优于以资本为尺度获取报酬，在分配过程中自然而然地规避了剥削及贫富差距过大的可能性，体现了社会主义的公平原则，并且实行按劳分配承认劳动者个人能力先天差异和分配结果的差异，承认参与分配的个人或企业之间有明确的产权、利益边界，为公有制企业产权明晰和市场化奠定了基础。② 在社会主义初级阶段，我们必须坚持按劳分配的原则，不断改革和完善新时代中国特色社会主义的分配关系，为实现共享发展目标和全体人民共同富裕提供基本制度保障。

（二）完善按要素分配的体制机制

所谓要素，是指商品生产过程中不可或缺的各种因素的总和。③ 生产要素作为价值实现的必要条件，具有重要作用。马克思在《资本论》中引用了重商主义经济学家威廉·配第"劳动是财富之父，土地是财富之母"的观点。依据马克思的劳动价值论，劳动是价值的源泉，所以劳动是财富之父，土地作为三

---

① 《马克思恩格斯选集》第 3 卷，人民出版社 1995 年版，第 304 页。
② 张宇：《中国特色社会主义政治经济学》，中国人民大学出版社 2018 年版，第 117 页。
③ 张宇：《中国特色社会主义政治经济学》，中国人民大学出版社 2018 年版，第 122 页。

大生产要素之一（还包括劳动、资本）和劳动一起创造财富，所以土地是财富之母。马克思和恩格斯也指出，"劳动和自然界在一起才是一起财富的源泉"①。随着社会进步、科技发展，生产日趋复杂，生产要素的外延不断扩大，《辞海》对生产要素的定义是："可用于生产的社会资源，一般包括土地、劳动和资金（资本），有时也包括企业家的才能"。②

　　按生产要素分配是指生产要素所有者凭借要素所有权，从生产要素使用者那里获得报酬的经济行为，其实质是各种非劳动要素的所有权在经济上的实现。具体表现为劳动者获得工资，土地所有者获得地租，资本所有者获得利息，企业家获得利润。按要素分配是我国在坚持按劳分配基本原则的基础上，为调动社会经济中各类生产要素在资源配置中的积极性和主动性而提出的，已成为决定我国收入初次分配的重要依据之一。③ 我国实行按生产要素分配的依据主要是：一方面，在市场经济条件下，生产要素的不同所有权决定了生产要素参与分配后，在经济上的实现必然要体现私人占有者的个人利益。另一方面，生产要素的重要性与稀缺性，决定了按生产要素分配产品规律存在的客观性。社会主义市场经济赋予了不同经济主体产权的独立属性，这意味着不同生产要素所有者之间要通过市场进行配置，即便是在公有制经济下，公有资本、土地等也要相应获得利息、地租等具有使用的"价格"。

　　党的十九大报告针对收入分配理论提出"完善按要素分配的体制机制"的要求，这一创造性的表述表明新时代按要素分配包含完善市场体系及健全市场机制两方面内容。一方面，就完善市场体系来说，就是要完善要素市场，为生产要素能够在市场上进行自由流动、交换提供宽松的环境。习近平总书记指出，"保证各种所有制经济依法平等使用生产要素、公平参与市场竞争、同等受到法律保护……国家保护各种所有制经济产权和合法利益，坚持权利平等、机会平等、规则平等，废除对非公有制经济各种形式的不合理规定，消除各种隐性壁垒，激发非公有制经济活力和创造力"④。另一方面，就健全市场机制来说，健

---

①　《马克思恩格斯文集》第 9 卷，人民出版社 2009 年版，第 550 页。

②　《辞海》，上海辞书出版社 1989 年版，第 4525 页。

③　王柏玲：《生产要素构成视角下我国按要素分配市场失灵及干预》，《经济纵横》2009年第 3 期。

④　习近平：《毫不动摇坚持我国基本经济制度，推动各种所有制经济健康发展》，《人民日报》2016 年 3 月 9 日。

全的市场机制对于要素合理分配具有重要作用。生产要素通过接收价格机制、竞争机制和供求机制发送的市场信号，进行合理有效的配置。高质量的市场信号像一面镜子，能够将供求关系和市场关系准确无误地反映出来，减少资源错配。有效的市场价格是配置劳动及其他生产要素的最佳的助手，推动社会主义生产力的不断发展。总体来说，在社会主义市场经济中，各种生产要素能够在价格机制的引导下实现所有权的自由转移，从而补齐了社会主义初级阶段生产要素相对不足的短板，激发市场活力，推动生产力不断发展。同时，社会主义市场经济也最具活力，它能够使生产要素依靠市场机制进行最充分最有效的配置，健全的市场机制为我国收入分配更合理、更有序提供了制度前提。

纵观我国收入分配制度从单一的按劳分配发展到按劳分配和按生产要素分配并存，不是任意的制度安排，而是分配制度和分配理论的巨大变革与创新。按生产要素分配不仅是要素按贡献性分配的落地生根、开花结果，更是市场经济发展和经济体制改革的迫切要求。完善按要素分配的体制机制，有利于新时代条件下，生产要素市场和所有制结构的健全，有利于劳动者创新潜能的激发以及人民财富的增长和收入渠道的拓宽，更是全面建成小康社会的先决条件和实现社会主义现代化的必然选择。

（三）促进收入分配更加合理有序

深化收入分配制度改革，规范收入分配秩序，是解决分配不公等问题的重要保障，也是经济体制改革的重要一环。习近平总书记在党的十九大报告中强调，要"坚持按劳分配原则，完善按要素分配的体制机制，促进收入分配更合理、更有序"。促进收入分配更合理、更有序，就是要做到以下三方面。

第一，健全完善收入分配体制机制。初次分配与再分配是维护分配秩序、缩小收入差距、提高社会全体居民幸福感的保障。健全完善收入分配体制机制，就是要在初次分配领域，特别是企业单位内部实行分配时，制定最低工资标准，保障企业员工合法利益；依靠效率原则，根据各生产要素在生产中发挥的效率大小进行分配，高效率获得高回报、低效率获得低回报；建立员工工资正常增长机制，在企业获得稳健发展的同时，员工收入也按照一定比例同步提升，让工资增长成为一种可持续的机制和态势；贯彻落实以增加知识价值为导向的分配政策，激发各类科技人才、技术工人、企业家创新才能，营造尊重劳动、知识、人才的浓厚氛围。在再分配领域，政府掌控好对要素收入进行再次调节的过程，缩小收入分配差距，加大财税调节力度，发挥个人所得税等税收和财政转移支付等政策在缩小收入分配差距方面的作用；牢固树立新民生观，加强政府对养老、医疗、教育等民生问题的解决，维护社会公平，同时做好民生"托底"工作，大力发展社会福利、社会救济、优抚安置、社会互助等各项事业。

第二，坚持在经济增长的同时实现居民收入同步增长，在劳动生产率提高的同时实现劳动报酬同步提高。"两个同步"是党的十九大关于分配制度改革的最新表述，体现了社会主义以人为本的发展理念，是促进经济持续健康发展和人民生活水平提高的必然要求。一方面要求人民享受改革发展的成果、切实提高自身和家庭收入，另一方面将人民对美好生活需要的满足置于生产力平衡和充分发展的基础之上，体现了对历史唯物主义基本规律的遵守。同时，"两个同步"也明确强调要平衡经济发展与人民收入增速的关系，杜绝居民收入落后于经济增长速度、劳动报酬提高的速度缓于劳动生产率提高的速度，以及克服收入增长明显超前于经济增长、劳动报酬提高的速度不符合劳动生产率提高速度的客观规律。克服以上矛盾，主要从两方面着手，一是要增加居民收入，提高居民收入在国民收入分配中的比重、劳动报酬在初次分配中的比重，努力实现居民收入增长和经济发展同步、劳动报酬增长和劳动生产率同步，缩小城乡、区域、行业和社会成员之间收入差距，努力实现社会公平；二是要从制度环节着手，做到初次分配和再分配都要兼顾效率和公平，再分配更加注重公平，加快完善以税收、社会保障、转移支付为主要手段的再分配调节机制。进一步放开市场准入，破除对垄断行业竞争性业务的限制门槛，对于无法推向市场的要实行严格的收入对比机制，保障收入合理化，对于贡献大和低收入群体构建倾斜与保护机制，创新创业人员按贡献获得报酬，低收入群体收入翻番，依此形成橄榄形收入分配格局。

第三，拓宽居民劳动收入和财产性收入渠道。劳动收入和财产性收入是居民收入的两大来源，拓宽居民劳动收入及财产性收入，是新时代党和国家需要解决的社会主要矛盾的主要方面，也是人民实现美好生活的路径要求。拓宽居民劳动收入和财产性收入主要依靠提高就业质量及健全资本与土地市场。首先，就业与收入是最大的民生话题，直接影响着居民的劳动收入、生活质量以及存在感、幸福感。对企业而言，就业质量的高低直接影响着企业未来的发展好坏，对个人而言，就业质量的高低是自我价值实现与否的印证，对生活质量有着直接的影响。同样的，就业质量可以从劳动力供给方福利、劳动力需求方福利以及全社会配置效率三个维度理解。① 始终把促进就业作为经济社会发展的优先目标，不断丰富和完善更加积极的就业政策，实现扩大就业与宏观经济政策协同联动。其次，财产性收入的占比，是衡量一国富裕程度的重要指标，财产性收入一般是指家庭从其拥有的动产（如银行存款、有价证券等）、不动产（如房屋、车辆、土地、收藏品等）所获得的收入。② 拓宽财产性收入渠道，要依法加强对公民财产权的保护，更加重视规范金融、资本市场秩序和完善相关制度建设，拓展金融产品投资、实业投资及租赁服务等增收空间。

第三节　坚持市场对资源配置的决定性作用与更好地发挥政府作用

我国经济体制改革获得了全球瞩目的成就。自 1978 年至今，我国经济体制改革经历了从关注计划与市场到政府与市场的关系的不断深化。习近平总书记指出，"坚持社会主义市场经济改革方向，核心问题是处理好政府和市场的关系，使市场在资源配置中起决定性作用和更好发挥政府作用。这是我们党在理论和实践上的又一次重大推进"③。

一、处理好政府与市场的关系是全面深化经济体制改革的核心问题

政府与市场作为两种不同的资源配置手段，在促进经济增长和社会发展的过程中必然扮演不同的角色。如何处理好政府与市场的关系，始终是经济体制改革的关键问题。

（一）处理好政府与市场的关系是经济体制改革的主线

我国的社会主义制度建立后，社会主义市场经济体制改革先后经历了向计划经济体制引入市场调节阶段、建立有计划的商品经济阶段、建立社会主义市

---

① 张彬斌：《三个维度着力　提升就业质量》，光明网，2018 年 5 月 16 日，https：//baiji-ahao. baidu. com/s？id=1600582022559209535&wfr=spider&for=pc。

② 洪银兴：《新编社会主义政治经济学教程》，人民出版社 2018 年版，第 180-181 页。

③ 《十八大以来重要文献选编》（上），中央文献出版社 2014 年版，第 551 页。

场经济体制阶段及完善社会主义市场经济体制四个阶段。

1. 经济体制改革第一阶段：向计划经济体制引入市场调节阶段（1978 年 12 月—1984 年 9 月）

党的十一届三中全会是我国经济体制改革的起点。全会指出，当时我国经济体制的弊端是权力过于集中，应该精简各级经济行政机关，下放权力，按照经济规律办事。1979 年 3 月，陈云在《计划与市场问题》的发言提纲中提出社会主义经济必须存在"计划经济部分"和"市场经济部分"，且计划为主要、市场为从属。① 这是我国首次提出"计划经济为主、市场经济为辅"的思想，为我国的经济体制改革的实践提出了重要构想。1982 年党的十二大明确提出"计划经济为主、市场调节为辅"的基本制度，在思想上冲破了社会主义制度下排斥市场的传统观念，肯定了带有自发性的市场调节是计划经济的有益补充。

2. 经济体制改革第二阶段：建立有计划的商品经济阶段（1984 年 10 月—1991 年 12 月）

尽管我国实行了"市场调节为辅"的经济体制改革，但是以"计划经济为主"的经济体制依旧存在一些弊端。1987 年党的十三大在"计划经济为主、市场调节为辅"这一论断的基础上，提出"社会主义有计划商品经济的体制，应该是计划与市场内在统一的体制"及"新的经济运行机制，总体上说应当是'国家调节，市场引导'的机制"② 这一新论断，形成了国家、市场、企业三者你中有我、我中有你的内在统一体。不久之后，党的十三届五中全会通过的《中共中央关于进一步治理整顿和深化改革的决定》提出："逐步建立符合计划经济与市场调节相结合原则的，经济、行政、法律手段综合运用的宏观调控体系。"③ 这就表明供求关系及企业决策应该通过经济手段、法律手段和必要的行政手段来减少以指令性计划为主的直接管理方式。

3. 经济体制改革第三阶段：建立社会主义市场经济体制阶段（1992 年—2008 年）

邓小平同志在充分肯定了改革开放以来党的经济体制改革的方向的基础上，于 1992 年的南方谈话中指出，计划多一点还是市场多一点不是资本主义和社会

---

① 《三中全会以来重要文献选编》（上），人民出版社 1982 年版，第 69 页。
② 参见《中国共产党第十三次代表大会报告》。
③ 《改革开放三十年重要文献选编》（上），中央文献出版社 2008 年版，第 547 页。

主义的本质区别，判断社会主义的标准不是姓"资"或者姓"社"，而是是否符合"三个有利于"的判断标准。这为社会主义市场经济的建立提供了重要的理论基础。同年，党的十四大明确提出了社会主义经济体制的改革目标："我们要建立的社会主义市场经济体制，就是要使市场在社会主义国家宏观调控下对资源配置起基础性作用。"① 这一改革目标确立了市场在资源配置中的基础性地位，破除了十一届三中全会以来党在经济体制建设和实践中的障碍，实现了历史性的突破。

4. 经济体制改革第四阶段：完善社会主义市场经济体制阶段（2008 年至今）

2010 年我国 GDP 总值为 39.8 亿万元，正式超过日本，成为世界第二大经济体。随着我国经济的不断增长及生产方式的不断优化，我国经济进入了调档换速的新常态阶段，党中央针对我国当前的经济形式提出供给侧结构性改革，在此背景下，需要进一步完善政府与市场的关系。党的十八届三中全会首次提出"紧紧围绕使市场在资源配置中起决定性作用深化经济体制改革"的论断，2017 年党的十九大报告进一步提出了"使市场在资源配置中起决定性作用，更好发挥政府作用"这一原则。改革开放 40 多年来，政府与市场关系的阶段性演进，是从高度集中的计划经济体制转向充满活力的社会主义市场经济体制的过程，实现了我国经济的不断崛起和人民生活水平的不断提高。

（二）厘清政府与市场关系的多重维度是经济体制改革的前提

对于任何一种体制的国家和一个国家的不同发展时期来说，政府与市场的关系都是动态变化的过程。从横向来说，不同体制的国家对政府与市场的关系有各自不同的侧重，社会主义国家在宏观调控方面重视政府的作用，资本主义国家在资源配置方面重视市场的作用。从纵向来说，一个国家在生产力发展的不同时期，也会对政府与市场的关系有着不同的侧重。正确认识我国社会主义市场经济中政府与市场的关系，应该从我国的实际情况出发，把握以下三个维度。

一是规避市场经济一般规律的风险。市场是资源配置最高效最有活力的方式，尽管市场所具有的价值规律、供求规律及竞争规律能够调节资源配置、激

---

① 参见《中国共产党第十四次代表大会报告》。

发市场潜力，但是其也存在严重的缺陷。市场的自发性、盲目性及滞后性容易产生两极分化、市场秩序混乱甚至引发经济危机。即使是在市场经济发展程度较高的资本主义国家，向市场经济中引入政府宏观调控也是必要的手段。

二是把握我国社会主义初级阶段长期性这个基本国情。准确理解和把握社会主义市场经济中政府与市场的关系离不开我国的基本国情。无论是改革开放前的计划经济体制还是在党的十四大正式确立的中国特色社会主义市场经济体制，都是在当时社会生产力发展水平的状况上而形成的。我国是有着将近14亿人口的世界上最大的发展中国家，存在着经济结构不合理、发展成果转化短板明显、城乡二元结构长期存在等问题，在这种现实情况下，要清楚地认识到，政府与市场在资源配置中如何更好地发挥作用，以更好地发展本国生产力，促进经济发展。

三是坚持我国的基本经济制度。基本经济制度即生产所有制的性质和结构，决定了一个社会的利益关系及利益结构，因而所有制的性质是决定政府与市场关系的最主要因素。"掌握生产资料所有权的社会集团的不同性质会造成不同的市场经济模式。"① 我国实行的是以公有制为主体、多种所有制经济共同发展的基本经济制度，这一基本经济制度是我国中国特色社会主义市场经济的基础。我国的社会主义市场经济是社会主义制度与市场经济的完美结合，是我国自改革开放以来在经济体制改革上的巨大成功。

二、充分发挥市场在资源配置中的决定性作用

所谓资源配置，就是指社会经济活动中各种资源的组合过程及其形成的分布。② 市场在资源配置中起决定性作用，就是通过供求机制、竞争机制及价格机制，来决定企业生产什么、生产多少，实现资源的有效配置。

（一）市场在资源配置中起决定性作用的依据

第一，使市场在资源配置中起决定性作用是市场经济的本质要求。市场经济是市场配置社会资源的经济形式。使市场在资源配置中起决定性作用，就是让市场处于资源配置的主体地位，根据社会需求来决定生产、分配、交换、消

---

① 左大培、裴小格：《世界市场经济概论》，中国社会科学出版社 2009 年版，第 38 页。

② 邱海平：《使市场在资源配置中起决定性作用和更好发挥政府作用——中国特色社会主义经济学的新发展》，《理论学刊》2015 年第 9 期。

费等各个环节。具体来说，一方面，企业是市场资源配置的主体，价格机制是市场资源配置的核心。企业会根据市场的需求来决定自身的生产状况，其中包括企业生产的种类、生产的数量、生产的方法及消费的群体等。在充分竞争的市场经济中，需求因素会决定企业生产什么样的产品以及提供什么样的服务，而以竞争为主的价格机制会鞭策企业通过改进科学技术水平及经营管理方式等，来提高企业的生产效率，缩短个别劳动时间，用价格反映供求关系。另一方面，市场体系是资源配置的基础，在加强和完善市场资源配置的过程中，不能忽视市场秩序的作用。政府建立一个公平开放、竞争有序的市场体系，企业在其中自主经营、公平竞争，消费者自由选择、自主消费，商品和要素自由流动、平等交换。这样一种现代化的市场体系清除了市场壁垒，提高了资源配置效率和公平性。

第二，市场配置资源是最有效率的形式。实践证明，市场能够利用稀缺的资源生产出尽可能多的产品，解决资源在配置过程中效率低下、生产浪费及市场缺乏活力等问题，以达到效益最大化。为什么市场会如此高效？一方面，市场能够根据价格的涨跌传递供给与需求的信号，从而协调各部门之间的利益关系。从国家目前的发展阶段来看，产品种类及服务品种繁多，人们的需求也更加复杂与多变。通过国家计划部门的计算也无法及时准确地计算出社会各个部门之间的需求值，更无法调配社会的供给与需求之间的平衡关系。价值规律是市场经济的基本规律，商品的价格随供求的变化而变化，供不应求时价格上涨，供过于求时价格下跌。在价值规律的作用下，市场资源能够自动地从利润率低的行业和部门转向利润率高的行业和部门，利润率高的行业和部门也正是社会需求旺盛的，这样使得社会资源得到有效的配置。另一方面，市场调节能够激励企业不断创新，实现优胜劣汰，促进社会经济发展。市场的本质是开放的和竞争的，一些掌握了核心科技、具有创新能力的企业能够生产市场需求最前沿的产品，从而迅速占领市场份额，赢得先机，更容易获得丰厚的利润。相反，不追求科技进步、产品创新的企业，不仅容易被创造高科技企业超越，无法获得消费者需求及利润，而且更容易被市场淘汰。因此，市场就是一个不断推动科学进步、科技创新、提高劳动生产率的开放型竞争市场，有助于促进社会经济向高质量、高效率发展。

第三，使市场在资源配置中起决定性作用贯彻了问题导向。党的十一届三中全会以来，我国在社会主义市场经济体制的建立过程中，不断突破旧体制、建立新体制。社会主义市场经济是社会主义制度与市场经济的完美结合，也是我国改革开放以来在市场经济改革上的重大创举。但是，当前依旧存在需要改进的弊端，具体表现在：一是以不正当手段谋取经济利益、扰乱市场正常秩序的现象依旧存在；二是要素闲置和大量有效需求得不到满足之间存在矛盾；三是市场竞争不完备，一些产业得不到更新也没有被淘汰及产业结构调整受阻等。这些问题是完善社会主义市场经济体制的绊脚石，若得不到解决，我国发展方式的转变及经济结构的优化也难以为继。要使市场在资源配置中起决定性作用，有利于从广度和深度上推进市场化改革，打破生产要素自由流动的障碍，建设高效的现代化经济体系。

（二）市场在资源配置中起决定性作用的内容

第一，发挥市场在资源配置中的决定性作用，要求加快完善现代化市场机制。一是完善市场体系，改革市场监管制度，反对地方保护、垄断和不正当竞争，建立公平开放透明的市场规则；二是要进一步完善主要由市场决定价格的机制，实施关键行业和重点领域的价格改革，凡是能由市场形成价格的政府不再干预。三是要深化科技体制改革，建立产学研协同创新机制，推进市场导向的绿色技术创新，努力实现经济发展由要素驱动向创新驱动的战略转变。[①]

第二，发挥市场在资源配置中的决定性作用，要求市场主体必须符合市场经济的要求。国有企业作为我国社会主义市场经济中最重要的市场主体，尽管在改革的重要环节和关键领域都取得了卓越成效，但是依旧存在一些与市场经济要求相背离的问题。因此，一方面应该深化国有企业的市场化改革，破除妨碍国有企业实现市场化经营的体制机制性障碍，使国有企业与市场经济和谐共融。另一方面，应该完善国有企业的公司法人治理结构，建立职业经理人制度，更好地发挥企业家作用。

三、更好地发挥政府在资源配置领域中的作用

"政府"在西方资本主义国家中常常是以社会的"守夜人"或者市场经济的"局外人"这一角色出现的。在我国，尽管政府已不再是改革开放初期的"全能型政府"，但是，有效的政府依旧是发挥社会主义市场经济优势的内在要

---

① 邱海平：《使市场在资源配置中起决定性作用和更好发挥政府作用——中国特色社会主义经济学的新发展》，《理论学刊》2015 年第 9 期。

求。新时代政府的作用只能加强，不能减弱。正如党的十八届三中全会指出：市场对资源配置起决定性作用，并不是政府在资源配置中不起作用，而是要更好地发挥政府作用。

（一）更好发挥政府作用是社会主义市场经济的本质规定

第一，更好发挥政府作用充分体现了社会主义制度的优越性。中国特色社会主义市场经济存在着市场和政府两股力量。更好发挥政府作用的前提和基础，是在保证市场发挥决定性作用的前提下，政府发挥社会主义市场的优越性，管好那些市场管不了或管不好的事情。① 具体来说，一是要克服市场机制缺陷与健全宏观调控体系。单纯的市场调节只能解决市场微观平衡问题而不能解决宏观经济的平衡问题。市场调节资源配置是通过供求和价格的波动来实现的，这种调节是事后调节，具有一定的盲目性和自发性，也很难保证整个社会的总供给与总需求达到平衡。社会总供求失衡在一定条件下可能会造成经济衰退、工人失业和通货膨胀等宏观经济问题。为了解决宏观经济出现的失衡问题，就要求政府采取经济手段和法律手段，通过财政和货币政策调节总供给与总需求的平衡，促进国民经济总量平衡，保持物价稳定，扩大就业，保持国际收支平衡，保证国民经济稳定健康发展。二是加强市场监管、提供公共服务、社会管理、环境保护职能。由于市场经济存在垄断、外部性、非对称信息、公共产品等问题，市场经济"失灵"现象频发，对经济的持续健康发展产生一系列不良影响。这些问题靠单纯的市场机制无法实现有效的配置，必须加强政府职能的发挥，深化改革市场准入制度，规范市场秩序，着力促进社会公共事业健康发展，推进基本公共服务均等化，同时还要加强生态立法，杜绝环境破坏。

第二，更好发挥政府作用是健全社会主义市场经济的根本保障。健全社会主义市场经济需要加强政府在宏观领域的作用：首先，确保全面深化改革保持正确的方向。1985 年 9 月，邓小平同志在中国共产党全国代表会议上指出："在改革中我们始终坚持两条根本原则，一是以社会主义公有制经济为主体，一是共同富裕。"新时代在全面实行深化改革的过程中，要更好地贯彻这两条根本原则，坚持党的领导，更好发挥政府作用，在政府的约束力下持续不断地深化经济体制改革。其次，推进市场经济体系的完善和健全。西方资本主义市场经济

---

① 《学习贯彻党的十八届五中全会精神　研究部署做好当前和今后一个时期经济社会发展工作》，新华网，2015 年 12 月 18 日。

是一个拥有两百多年历史且发展程度较高的市场经济体系，但不是每一个实行市场经济的国家都如此。那些起步晚、市场化水平较低的国家都必须依靠政府在市场体系建设方面的力量。我国自确立市场经济体制起，就一直不断加强和完善市场体系、健全市场功能，但是在市场监管、价格机制形成、金融市场建设等方面依旧发展得不完备，政府应发挥其积极作用，不得"缺位"。最后，制定中长期发展战略，实现赶超型经济发展。在市场机制的作用下，资本投资通常以追求高额利润为导向，这样只能实现短期经济目标，无法实现国家的中长期发展。我国自 1953 年实施了第一个"五年计划（规划）"起，到目前已经连续实施了十个"五年计划"和三个"五年规划"。这十三个"五年规划"为我国重大建设项目、生产力分布和国民经济重要比例关系等做出了长远规划，也为国民经济发展的远景制定了目标和方向，实现了社会经济的赶超式发展。

第三，转变发展理念及转变政府职能是更好发挥政府作用的关键环节。为了更好适应社会主义市场经济的要求，政府一直没有停止过对自身职责的探索。一是用新发展理念指引我国经济向好发展。衡量一个国家经济发展状况的重要指标之一是国内生产总值，但是一味地追求国内生产总值总量容易造成片面经济增长、社会收入差距拉大、生态环境恶化等负面影响。在 2017 年党的十九大逾三万字的政府报告中，并未提及我国国内生产总值翻番的经济发展目标，而是以新发展理念为引领。二是新发展理念与转变政府职能是相互联系的统一体。转变政府职能是对更好发挥政府作用这一科学论断做出的正确判断。当前我国社会主义市场经济在发展过程中存在的问题是政府和市场的关系还没有理顺，政府存在"缺位""越位""错位"的问题。在转变政府职能的过程中联系新发展理念，引领政府管理创新，既要协调政府"缺位"的问题，又要管控政府"越位"的问题，将绿色发展理念融入政府治理机制，完善法治政府和责任政府建设。

（二）更好发挥政府作用要求转变政府职能

转变政府职能是深化行政体制改革的核心，实质上要解决的是政府应该做什么、不应该做什么的问题。① 党的十九届三中全会审议通过的《中共中央关于深化党和国家机构改革的决定》以国家治理体系和治理能力现代化为导向，

---

① 《在党的十八届二中全会第二次集体会议上的讲话》，《人民日报》2013 年 3 月 1 日。

对转变政府职能提出了具体要求。

第一，转变政府职能要求简政放权。简政放权是"做减法"与"做加法"的有机统一，主要是政府精简机构，将权力下放至市场主体。政府简政放权并不等于放任不管，而是着重从事前审批转向了事中事后监督。《人民日报》梳理了自2013年国务院已公布的取消和下放国务院部门行政审批事项。截止到2017年2月，国务院已分9批审议通过取消和下放行政审批事项共618项，其中取消491项、下放127项。① 一方面，简政放权要求政府简化和规范审批程序，激发市场活力。国家只对重要项目进行审批，不进行审批的其他项目转为备案制，由投资主体依照法律程序履行办理手续即可。对于必须审批的项目，大幅压缩审批时间，减少不必要的资质认定，提高效率。另一方面，政府要推行权力清单制度，明晰权力边界，实行政务公开。权力清单是政府简政放权向纵深推进的重要抓手。党的十八届四中全会指出，推进机构、职能、权限、程序、责任法定化，对于行政权力清单制度的实施，行政机关要尽职尽责，行政机关不得法外设定权力，没有法律法规依据不得损害公民利益，也不得增加公民义务。

第二，转变政府职能要求完善市场监督职能和执法体制。市场监督和执法是保证社会主义市场经济持续健康发展的内在要求，是建设现代化经济体系的重要制度保证。政府必须进行体制机制改革，不断规范自身监督职能和执法体制，建立统一开放竞争有序的现代市场体系。党的十九届三中全会指出，理顺市场监督职能和深化行政执法体制，就是要加强监管协同，形成市场监管合力，在执法过程中，也要整合精简执法队伍。②

第三，转变政府职能要求改革自然资源和生态环境管理体制。党和政府一向重视我国自然资源和生态环境的开发与保护。习近平总书记在党的十九大报告中提出新时代中国特色社会主义十四条坚持基本方略，其中之一就是"坚持人与自然和谐共生"。当前，中国面临着部分自然资源枯竭和生态环境恶化的现实问题，改革自然资源和生态环境管理体制是党和政府在处理人与自然关系上的伟大命题，也是建设美丽中国的根本体制创新，要求实行最严格的生态环境保护制度，构建社会组织和公众共同参与的以政府为主导、社会为主体的环境

---

① 《2013年以来国务院已公布的取消和下放国务院部门行政审批事项国务院审改办》，《人民日报》2017年2月9日。

② 参见《完善市场监管和执法体制（深入学习贯彻习近平新时代中国特色社会主义思想）》，《人民日报》2018年5月22日。

治理体系。

第四，转变政府职能要求完善公共服务管理体制。完善公共服务管理体制关系到城乡公共设施及科教文卫等公共事业的发展状况，也为社会公众参与社会经济、政治、文化活动等提供保障。党的十九届三中全会指出，健全公共服务体系，推进基本公共服务均等化、普惠化、便捷化，推进城乡区域基本公共服务制度统一。政府职能部门要把工作重心从单纯注重本行业本系统公共事业发展转向更多创造公平机会和公正环境，促进公共资源向基层延伸、向农村覆盖、向边远地区和生活困难群众倾斜，促进全社会受益机会和权利均等，加强和优化政府在社会保障、教育文化、法律服务、卫生健康、医疗保障等方面的职能，更好保障和改善民生。

（三）更好发挥政府作用须正确处理好政府与市场的关系

政府与市场的关系是我国经济发展过程中的一个重要问题。党的十八届三中全会指出，经济改革的核心问题仍然是处理好政府和市场之间的关系。① 只有理顺政府与市场的关系才能更好地发挥政府作用，凸显社会主义市场经济的制度优势。

一方面，要厘清政府与市场的边界。正确处理政府与市场关系的首要问题就是厘清政府与市场各自的边界。习近平总书记指出，更好发挥政府作用，不是要更多发挥政府作用，而是在保证市场发挥决定性作用的前提下，管好那些市场管不了或管不好的事情。② 在什么情况下需要市场发挥决定性作用，在什么情况下需要政府发挥宏观调控作用，是一个非常重要却又容易忽视的问题。政府和市场的边界若不明晰，市场容易受到政府随意干预的可能，另外，模糊不定的边界会增加政府履行监督职能的难度。一般来说，对于政府与市场的边界的划分，主要依据有两个。一是市场机制能够充分发挥作用、资源配置能够得到有效配置的领域，政府不该干预；二是凡得不到市场资源有效配置的领域，政府应该有所作为，弥补市场失灵，保证经济社会稳定运行。总而言之，市场和政府有各自明确的边界范围，二者作为有机统一体，应有效配合，相互衔接。这样不但发挥了市场在经济运行中的效率与活力，也实现了政府的宏观引导与

---

① 《十八大以来重要文献选编》（上），中央文献出版社 2014 年版，第 498 页。

② 习近平：《围绕贯彻党的十八届五中全会精神做好当前经济工作》，《人民日报》2015 年 12 月 18 日。

公平属性。

另一方面，要正确认识有效政府与有为市场的统一性。使市场在资源配置中起决定性作用和更好发挥政府作用是相辅相成、相互促进、互为补充的。建立"有效市场"需要"有为政府"做保障，建设"有为政府"的目的也是提高市场在资源配置方面的有效性。两者互为依存，不能割裂。资本主义市场经济之所以存在弊端，就是因为缺少政府的宏观干预。当然，政府的干预作用不是无限的，政府自身也有弱点和缺陷。但是，在市场中引入政府是克服市场经济弊端的重要途径。我国改革开放40多年来所取得的经济成就，正是"有为政府"和"有效市场"相统一的结果。正如习近平总书记所强调的，社会主义市场经济就是要坚持我们的制度优越性，有效防范资本主义市场经济的弊端，既要"有效的市场"，也要"有为的政府"。① 正确认识有效政府与有为市场的统一性，是我们对社会主义市场经济规律认识的一个新突破，具有十分重要的意义。

第四节 坚持正确的工作策略和方法

坚持正确的工作策略和方法是做好一切经济工作的前提和基础。2017年中央经济工作会议指出，坚持正确工作策略和方法，稳中求进，保持战略定力、坚持底线思维，一步一个脚印向前迈进。这是新时代我国经济发展的保障，也是部署我国经济发展战略的关键一招，对我国经济社会发展变革有着深远的影响。

一、重视工作策略和方法是我们党的宝贵经验

党在领导中国革命和改革的过程中，十分重视工作策略和方法，并把它归为党的宝贵经验。

（一）共产党领导的革命的政治工作是革命军队的生命线

抗日战争时期，毛泽东同志提出了"政治工作是革命军队的生命线"的著

---

① 习近平：《在十八届中央政治局第二十八次集体学习时的讲话》，《人民日报》2015年11月23日。

名论断。这一论断的来源是毛泽东同志为中央军委原总政治部副主任谭政修改其草拟的《关于军队政治工作问题的报告》时加入的两句话中的其中一句。另一句为"中国共产党从它参加与领导中国民族民主革命以来，从它参加与领导为这个民族民主革命而战的革命军队以来，就创设了并发展了军队中的革命的政治工作"。政治工作作为党领导革命过程中不可或缺的军事策略，发挥了重要作用，毛泽东同志凭借对革命政治工作的重视，不仅成功领导了中国革命，也为我国的改革开辟了道路。

（二）坚持"点、线、面、体"依次递进的改革战略

改革开放应遵循"点、线、面、体"依次递进的改革战略。作为我国改革开放和现代化建设的总设计师，邓小平同志在改革开放之初，对中国经济的发展战略一边仔细地实践摸索一边及时地总结经验。当时邓小平同志认为交通运输是影响全局的薄弱环节，改革应从交通运输这一"点"着手，徐州的交通问题便成为改革的突破"点"。随后，在徐州铁路实现了重大突破后，邓小平同志决定把在这个"点"上取得的整顿经验"由点到线"地推向其他铁路枢纽，紧接着由铁路系统扩充至煤炭行业、钢铁行业、商业、财贸和农业。最后，当改革从一个"点"发展到一整"面"后，邓小平同志又决定由经济部门改革转向文教部门改革，从国防科技改革转向整个科技部门的改革，从军队改革转向整个地方政府改革，形成改革一体化。①

（三）稳中求进，保持战略定力、坚持底线思维

"得其法者事半功倍，不得法者事倍功半"。党的十八大以来，以习近平同志为核心的党中央在面对我国经济发展过程中出现的各种风险和挑战，能够牢牢把握经济发展方向，坚持科学的治国理政方略，稳中求进，保持战略定力、坚持底线思维，一步一个脚印向前迈进，② 离不开正确的工作策略和方法。举网以纲，千目皆张。在正确的工作策略和方法的指导下，以习近平同志为核心的党中央把握我国经济发展大势，积极克服各种不利因素带来的负面影响，一方面做最坏的准备，另一方面力争最好的结果，保持战略定力，不但有"一步一个脚印向前迈进"的信心和决心，也有"撸起袖子加油干"的奔头和激情，

---

① 参见张国玉：《邓小平"点、线、面、体"的改革策略》，《学习时报》2015 年 8 月 31日。

② 《2018 中央经济工作会议公报》，《人民日报》2017 年 12 月 11 日。

加快带领全国各族人民实现社会主义现代化的伟大目标。

二、保持战略定力，坚持底线思维

战略定力就是为实现战略意图和战略目标，所具备的眼光、睿智、自信、意志力和行动力，是基于全局性、根本性、长远性的谋略与实力。① 底线思维是以底线为基准，力争最好结果，防止最坏情况，积极预案的战略思维。底线思维坚持实事求是原则，能够有效化解风险，是集精准性、预判性、自觉能动性于一体的科学思维方式。②

（一）我国的基本国情孕育了战略定力、底线思维的形成

"安而不忘危，存而不忘亡，治而不忘乱。"中华民族伟大复兴，绝不是轻轻松松、敲锣打鼓就能实现的。经过中华人民共和国成立以来70余年的社会主义建设，我国的综合国力稳步提升，国际地位也日趋提高，人民的生活水平有了翻天覆地的变化。尽管如此，我国处于并将长期处于社会主义初级阶段这一基本国情没有改变，我国是世界最大发展中国家的国际地位也没有变。我国社会生产力发展水平还比较低，科学技术水平发展有限，社会主义制度还不完善，体制也有待健全。对我国国情做出正确判断是推动党和国家各项事业持续发展的逻辑前提，照搬照抄、盲目乐观和鲁莽冒失都有可能陷入万丈深渊，因此，在推进我国治理体系和治理能力现代化的过程中，要紧紧把握我国现阶段国情，时刻保持战略定力和底线思维，正如习近平总书记告诫的："前进道路不可能一帆风顺，越是取得成绩的时候，越是要有如履薄冰的谨慎，越是要有居安思危的忧患，绝不能犯战略性、颠覆性错误。"③ 只有始终保持战略定力，树立和运用底线思维，对我国国情有着深刻而正确的认识，才能攻坚克难，行稳致远。简言之，战略定力是谋求国家长远利益和实现发展目标，所具有的战略布局与战略决心。党的十八大以来，习近平总书记多次强调要保持"战略定力"，保持战略定力是我们党在面对世界和平与发展问题的严峻考验及国内亟待解决的发展矛盾问题时，保持清醒的头脑、在变局中化解危机、抓住发展机遇的必然选

---

① 张婧：《领导干部必须增强战略定力》，《唯实》2016年第8期，第44页。

② 参见周亚东：《底线思维：习近平治国理政的重要方法之一》，《理论视野》2017年第2期。

③ 习近平：《在学习贯彻党的十九大精神研讨班开班式上发表重要讲话》，新华网，2018年1月5日，http://www.xinhuanet.com/photo/2018-01-05/c_1122218349.htm。

择，是我们全面建成小康社会，基本实现社会主义现代化的宝贵经验。

（二）保持战略定力、坚持底线思维是我国沿着正确发展方向做出科学决策的根本要求

中国特色社会主义进入新时代，社会主要矛盾发生了变化，在面对艰巨繁重的国内改革发展稳定任务和决胜全面建成小康社会第一个百年奋斗目标的关键之年，必须坚守中国特色社会主义制度的发展方向和以经济建设为中心这条工作底线。保持战略定力、坚持底线思维，朝着正确的改革方向继续前进，绝不能在根本性问题上出现颠覆性错误。一方面，我国是一个大国，不会轻而易举就实现中华民族伟大复兴，在新时代的征程中，要做好迎接激流险滩、荆棘深渊的考验。在面对重大挑战时，我们党要时刻保持战略定力，沉着冷静、谨慎行事、谋定而后动、科学决策，坚定不移地坚持和发展中国特色社会主义，坚定不移地走中国道路，坚定四个自信。正如习近平总书记所指出的："战略问题是一个政党、一个国家的根本性问题。战略上判断得准确，战略上谋划得科学，在战略上赢得主动，党和人民事业就大有希望。"① 另一方面，尽管我国当下处于一个全新的历史方位，但是社会发展依旧存在多方面的突出矛盾和问题，为此，我国经济各项工作要立足最低点，"在最坏的可能性上"建立各项应对政策和策略。"守乎其低而得乎其高"。善于运用底线思维，凡事从坏处准备，努力争取最好的结果。这样才能披荆斩棘，提高我国治国理政的能力，扫除社会主义改革道路上的障碍，坚定不移地为实现党的十九大确定的目标任务而奋斗，确保实现我国成为富强民主文明和谐美丽的社会主义现代化强国的目标。

（三）保持战略定力、坚持底线思维是基于日趋复杂的国际环境而提出的必然要求

国际关系在新世纪继续发生着深刻且复杂的变化，这些变化具有一些规律性的特点和趋势。一方面，中国的崛起让世界的目光转向东方。作为东方大国，中国经济的稳定增长成为促进世界经济增长的重要驱动力之一，同时，中国以长远宽广的视野、谋求共赢的理念、开放包容的姿态，积极主动承担大国责任，推动构建国际新秩序。另一方面，西方资本主义国家不希望中国迅速崛起，中

---

① 习近平：《在纪念邓小平同志诞辰 110 周年座谈会上的讲话》，新华网，2014 年 8 月 20 日，http：//www.xinhuanet.com//politics/2014-08/20/c_1112160001.htm。

国的发展正面临着不断增加的国际挑战。面对这种复杂的外部环境考验，习近平总书记指出："不论国际形势如何变幻，我们要保持战略定力、战略自信、战略耐心，坚持以全球思维谋篇布局，坚持统筹发展和安全，坚持底线思维，坚持原则性和策略性相统一，把维护国家安全的战略主动权牢牢掌握在自己手中。"① 强大的战略定力和底线思维是我们党在处理国际关系和外交战略的必然要求，坚持走和平发展道路，绝不牺牲国家的核心利益，靠自身的发展提升自身的实力，在国际格局调整演变中赢得战略主动，积极引导国际格局演变和国际关系变革，继续努力贡献中国智慧和中国方案。

三、牢牢把握稳中求进工作总基调

习近平总书记多次强调："稳中求进工作总基调"是治国理政的重要原则，要长期坚持。"② 坚持稳中求进是深刻把握我国经济发展阶段性特征的客观要求，也是做好经济工作和其他各项工作的方法论，有利于深刻把握我们党对社会主义经济发展规律的认识，继续推进经济健康持续发展，对坚持和发展中国特色社会主义具有重要指导意义。

（一）坚持稳中求进是经济发展新常态下的必然选择

党的十八大以来，我国经济的发展转型呈现出的最大特点是经济由高速增长阶段转向高质量发展阶段。首先，经济增长速度正从高速增长转向中高速增长，增速由过去的8%—9%变为6%—7%的增速，并且今后一段时间的潜在增长率也会保持在这一区间。其次，经济结构不断优化升级，由能源消耗大、环境污染严重的粗放型发展模式转向追求高质量和高效益的发展模式。最后，从要素驱动、投资驱动转向服务业发展及创新驱动，降低第一产业农业和第二产业工业的比重，增加第三产业服务业占比，使经济发展动力从传统增长点转向新型增长点。在经济发展新常态这一背景下，党中央确立提高经济发展质量和效益的战略方针，是稳中求进工作总基调的具体表现。在推动社会经济发展的过程中，既要有知难而上的勇气和魄力，也要有沉着应对风险的强大战略定力；既要有未雨绸缪的忧患意识，也要有起底反超的思想准备；既要看当前经济显绩，又要看未来经济潜绩；在注重 GDP 发展的基础上，民生建设、社会发展、

---

① 《在国家安全座谈会上的讲话》，《人民日报》2017 年 2 月 18 日。
② 习近平：《在中央经济工作会议上的讲话》，《人民日报》2017 年 12 月 21 日。

生态效益更不容忽视。总之，坚持稳中求进的工作总基调，是经济持续健康增长、改革开放向纵深迈进、民生福祉持续改善、社会大局总体稳定的必然选择。

（二）坚持稳中求进要准确把握"稳"和"进"的辩证关系

"稳中求进工作总基调是治国理政的重要原则，也是做好经济工作的方法论"。① 想要准确把握稳中求进的科学内涵，就要从哲学的高度理解和感悟"稳"和"进"是辩证统一的。稳中求进，进中取稳。"稳"和"进"像是在平衡木的两端，缺一不可、互为条件、共同发挥作用，促进经济运行中各种关系的协调与平衡。首先，稳是主调，稳是大局。改革开放40多年来，中国经济的发展取得了令世界瞩目的成绩，我国早已成为世界第二大经济体。正因如此，中国的经济想要继续保持良好的发展态势，必须要保证"稳"字当头。"稳"既指平稳的经济增长，更包括稳定的就业、物价以及社会经济环境，所以要做到稳定社会秩序，保证人民群众的利益，坚持中国特色社会主义道路和方向不动；要稳定宏观经济政策，促进经济增长，确保供给侧结构性改革持续深化；要稳定经济运行环境，把握好经济改革的力度和节奏。党的十八大以来，中国经济总量从2012年的53.7万亿元稳步增长到2017年的81.8万亿元，这五年间总共增长28.1万亿元，平均每年增长5.62万亿元。2017年，中国经济增量超过8万亿元人民币，约等于一个中等规模发达国家一年的经济总量。这一惊人的经济增速时刻告诫经济发展要"稳"字当头，坚持底线思维、保持战略定力，把握好社会主义发展方向和速度。其次，进是方向，进是目标。尽管我国目前是世界上第二大经济体，但是依然要保持强劲的发展劲头。古人云："逆水行舟，不进则退"，没有进步就得不到发展。"进"要讲究科学的前进，"进"既指经济质量的提升、效率的提高、新动能的增强等，也包括资源环境得到更好的保护和民生改善等。具体来说，要立足我国国情和发展阶段，把握客观规律，追求高质量高效率的经济发展、化解产能过剩、扩大有效供给，实现经济可持续；要讲究协调的前进，把握"五位一体"总体布局，协调经济建设、政治建设、文化建设、社会建设、生态文明建设齐头并进。最后，要把"稳"和"进"有机统一起来。"稳"决定着社会在发展过程中的节奏、基调、走势，而

---

① 中国中央文献研究室：《习近平关于社会主义经济建设论述摘编》，中央文献出版社2017年版，第332页。

"进"就决定这一过程的决心与方向。"稳"和"进"是社会发展过程中相当重要的两个角色，尤其是在社会主义改革进程中，切忌"稳"到不动，也切忌"进"到盲目。

（三）继续坚持稳中求进总基调指导经济工作

将稳中求进工作总基调继续深入推进到我国经济发展的方方面面，就是要做到：一是树立新发展理念。以创新、协调、绿色、开放、共享为主要内容的新发展理念是一种以均衡理念为发展的战略决策，落实新发展理念体现着稳中求进的均衡发展态势。"协调"和"绿色"作为新发展理念的内容之一，体现着经济社会发展中的"稳"。因为，部门之间、城乡之间、产业之间甚至国内外之间的均衡协作，是以保护自然资源和生态环境为基础，在追求经济效益的前提下"稳"步前行，在发展过程中彼此呼应，不能在经济单向突进的时候造成生态环境破坏。而"创新""开放"和"共享"体现着经济发展过程中的"进"，表现为发展的方式和目标，即要用创新的力量带领经济一路向前，用开放的心态接纳不同的声音，将经济的成果共享于广大人民群众，回答了为什么发展以及为谁发展的问题。在这一过程中，要始终保持稳中求进的发展总基调，不可盲目跌宕，保持均衡的"度"，达到最健康的发展状态。二是在新发展理念的指导下构建现代化经济体系。坚持稳中求进的工作总基调，需要在新发展理念的指导下构建现代化的经济体系。构建现代化的经济体系，是落实中国特色社会主义经济建设布局的内在要求和实现国家发展的战略目标。为了落实新发展理念，实现稳中求进的发展，需要有经济体系和国家经济治理结构作为保障，构建一个合理的经济结构和一个合理的经济制度与运行机制显得尤为重要，只有这样才能够保持结构均衡，使得宏观经济和微观机制运行协调，也才能实现在发展和体制意义上的经济稳定持续增长，体现稳中求进。

延伸阅读

1. 葛扬：《中国特色社会主义基本经济制度》，经济科学出版社 2018 年版。

2. 厉以宁、林毅夫、周其仁，等：《读懂中国改革：新一轮改革的战略和路线图》，中信出版社 2017 年版。

3. 林毅夫：《解读中国经济：解读新时代的关键问题》，北京大学出版社 2018 年版。

4. 张维迎：《市场与政府：中国改革的核心博弈》，西北大学出版社 2014 年版。

5. ［英］罗纳德·哈里·科斯（Ronald H. Coase）：《变革中国——市场经济的中国之路》，中信出版社 2013 年版。

第四章

新时代我国经济发展的目标

马克思、恩格斯指出："无产阶级的运动是绝大多数人的、为绝大多数人谋利益的独立的运动"，在未来社会"生产将以所有的人富裕为目的"。邓小平同志指出，社会主义的本质是解放生产力，发展生产力，消灭剥削，消除两极分化，最终达到共同富裕。党的十八届五中全会明确提出，要坚持人民为中心的发展思想，把增加人民福祉、促进人的全面发展、朝着共同富裕方向稳步前行作为经济发展的出发点和落脚点。①

第一节　提高保障和改善民生水平

党的十九大报告指出，必须始终把人民利益摆在至高无上的地位，让改革发展成果更多更公平惠及全体人民，朝着共同富裕的目标不断迈进。提高和改善民生是国家发展的核心目标，中国共产党始终坚持以人民为中心，不断提高人民生活水平，统筹做好各项民生工作，完善社会治理体系，坚持总体国家安全观。

一、不断满足人民对美好生活的追求是党的奋斗目标

新时代我国主要矛盾转换为人民日益增长的美好生活需要和不平衡不充分的发展之间的矛盾。新时代人民美好生活定义更加广泛，不仅仅在社会总产品的质量和多元化需求方面提出了新的要求，而且在公平、正义、法制和民主等

---

① 中共中央文献研究室：《习近平关于社会主义经济建设论述摘编》，中央文献出版社2017年版，第31页。

方面有了新的期待。

（一）新时代人民日益增长的美好生活需要的新内涵

改革开放的中国已经解决了"落后的社会生产"问题。十一届三中全会以来，中国共产党人找到一条符合中国国情的道路，那就是中国特色社会主义道路。邓小平同志指出："一定要致力于大力发展生产力，并在这个基础上逐步提高人民的生活水平"。① 1992 年他又提出"是否有利于生产力的发展"判断标准，表明对以经济建设为中心的基本方针的充分肯定，强调发展生产力是改善我国贫困问题最有力的途径。"改革开放是决定中国命运的一招"，② 是发展生产力最为有效的实践。经过 40 多年的发展，国家经济建设取得了辉煌成就。2018 年国内生产总值达到 90 多万亿，经济平均增速达 9%，对世界经济增长贡献率超过 30%。经济结构逐渐优化升级成效显著，新兴产业蓬勃发展，农业现代化不断进步。基础设施不断完善，桥梁、高速公路、高铁、机场等设施建设稳步推进。人口城镇化率接近 60%，我国已经成为以城市人口为主的国家。区域协调发展，东中西部、长江珠江三角洲、京津冀协同规划和建设获得长足进展。对外经济规模逐年扩大，开放型经济模式已经形成。"一带一路"持续推动，我国对于全球经济发展和经济秩序改善的贡献越来越大。40 多年的改革开放带来的生产力变革是根本性和开创性的，"落后的社会生产"问题已经得到彻底的解决。

人民需要逐渐由生活性向美好性转变，呈现多元化和全面性。马克思、恩格斯把人的需要分为"生活资料""享受资料"和"发展资料"，并且指出人们生活和生产不会只停留在生活资料的需求阶段，在发展过程中很大程度上是追求享受资料和发展资料。改革开放解决"落后的社会生产"问题的实质是人民不再局限于底线性和保障性的需要，而新时代人民追求的"享受资料"和"发展资料"是实现自我全面发展。后者是美好生活的核心内涵和价值追求，是人民不断追求生活品质和丰富生活内容的现实需要。当前，我国已基本实现全面建成小康社会，人民更加向往美好生活，对美好生活的需求逐渐呈现多元化和全面性，提出了更高的要求，"物质文化生活"已经不能全方位概括当下人民多层次的需要。人民期盼更高的收入、更好的教育、完善的社会保障、更高质量

---

① 《邓小平文选》第 3 卷，人民出版社 2005 年版，第 28 页。
② 韩庆祥：《决定当代中国命运的关键一招》，《人民日报》2017 年 5 月 23 日。

的医疗卫生、宜居的住房条件、优美的生态环境和丰富的精神文化生活。新时代社会主要矛盾的特点是人民的需要逐渐由生活性向美好性转变，呈现多元化和全面性。

美好生活必须符合中国国情。马斯洛在《人类激励理论》中提出五种需求理论，指出任何社会需求都离不开社会的发展，而人的本性需求是无止境的。但是，我国是社会主义国家，中华文化崇尚勤劳节俭，满足人民日益增长的美好生活需要必须符合我国发展的实际情况。第一，防止超越社会生产力的奢靡之风。国家有责任也有能力给予人民幸福生活，但不是满足人们无止境的"过度需求"。有些文艺和影视作品为迎合市场，无视道德和法律底线，绝非美好生活需要的范围。习近平总书记指出："低俗不是通俗，欲望不代表希望，单纯感官娱乐不等于精神快乐。"① 一些地区售卖吉祥手机号码和车牌号码，购买者蜂拥而至，这就是对炫富和炫耀行为的纵容。对于低级庸俗的消费行为必须抵制，国家的"富有"也只有上升到思想文化和精神方面，才是人民美好生活需求的应有之义。第二，社会主义民主、自由和法制不同于西方民主、自由、私有和市场化。人们任何需求的前提是社会主义制度、道德和法制，坚持党的领导和国家的稳定统一，而不是西方式的民主和自由。历史和实践证明，一些国家和地区一味追求市场化、自由化、私有化和民主化，不仅陷入中等收入危机无法自拔，而且出现政治经济等方方面面的严重问题，甚至造成国家分裂和社会动荡。第三，国家发展立足"两个没有变"的基本国情和基本世情。只有了解我国所处的阶段，才能更好地理解新时代"追求美好生活继续发展"的新起点，把主要矛盾的"变化"与"两个没有变"相统一，看到我国生产力快速发展的同时也看到与发达国家的差距。当下的中国只有坚持习近平新时代中国特色社会主义思想，立足我国国情和世情，统筹新发展理念、五位一体和"四个全面"的新战略，才能如期实现伟大的中国梦。

（二）新时代党的历史使命

"永远把人民对美好生活的向往作为奋斗目标"，"不断满足人民日益增长的美好生活需要"。② 党的十九大报告共有 14 处提及"美好生活"一词，这充分表明党始终把满足人民对美好生活的向往作为历史使命，把提高和保障民生作

---

① 习近平：《习近平文艺座谈会的讲话》，《人民日报》2014 年 10 月 25 日。

② 《中国共产党第十九次代表大会报告》。

为奋斗目标，体现了党"不忘初心，牢记使命"的宗旨。新时代，党只有不断进行伟大斗争、建设伟大工程、推进伟大事业，才能带领全国人民实现伟大梦想。

实现伟大梦想，必须进行伟大斗争。伴随着经济社会的快速发展，我国各个领域和行业发生了广泛而深刻的变革，不同利益群体的诉求出现多样化趋势，社会内部矛盾趋于复杂化。党要高度重视和善于化解各种社会矛盾，抵御各种风险，进行伟大斗争。第一，要坚持和维护党的领导和社会主义制度。历史和实践证明，只有共产党才能救人民于水深火热之中，只有社会主义制度才能挽救、发展和复兴中国。第二，要自觉维护国家领土完整和主权统一。坚决遏制台独、港独势力，坚决反对国外反华势力干预西藏、新疆和南海事务。第三，必须坚持深化改革，进一步破除束缚发展的体制机制障碍，把改革作为经济发展的源泉动力。第四，必须坚持进一步扩大对外开放，坚决破除一切"闭关锁国"的顽瘤痼疾。中华民族必须在世界一体化的进程中崛起。第五，必须坚持社会主义的理想信念。坚决反对任何破坏主流意识形态、反党、分裂祖国的言论和行为。第六，必须积极应对"四大危险"和"四大挑战"，努力破解在社会进程中出现的诸多矛盾和难题，不断夺取经济社会全面发展的新成就。①

实现伟大梦想，必须建设伟大工程。管党治党不仅关系党的前途命运，而且关系国家和民族的前途命运。当前，在我国经济发展进入新常态的背景下，党面临的执政环境和影响国家稳定的因素复杂多变，党内存在的腐败问题、思想问题和作风问题等也未得到充分和根本解决。第一，党必须勇于自我批评、自我批判和自我革新，坚持从严治党，严格管理干部，严明党纪国法和严肃党内作风。第二，党要加强思想文化建设和意识形态建设，坚持马克思主义指导地位。坚定中国优秀传统文化和社会主义核心价值，保持党的先进性和纯洁性。第三，必须坚持反腐全覆盖和零容忍，坚定不移扎紧反腐的笼子，坚持反腐高压的持续性。第四，党必须坚持群众路线，坚持党的宗旨，把人民群众放在至高无上的地位。中国共产党是勇于创新、勇于担当和理想信念坚定的党，新时代的中国共产党一定会用新的面貌、新的目标和新的要求，实现新的辉煌。②

实现伟大梦想，必须推进伟大事业。推进中国特色社会主义建设伟大事业

---

① 《中国共产党第十九次代表大会报告》。

② 《中国共产党第十九次代表大会报告》。

是"执政主题",是执政的历史责任。首先,坚持社会主义的旗帜毫不动摇。社会主义改变了我国经济文化落后的面貌,彰显出无可比拟的竞争优势和发展潜力,创新性地建构了中国特有的发展体系和模式。中国特色社会主义理论是党最宝贵的政治和思想财富,是中国革命、建设和改革实践的理论成就,是全国各民族共同的思想基础。中国特色社会主义道路,既坚持马克思的科学社会主义原则,又符合我国国情,坚持以经济建设为中心,用发展解决我国实际问题。中国特色社会主义先进文化是民族永续发展的灵魂和核心。中国特色社会主义制度,包括基本政治制度、经济制度和法律制度等是社会主义发展的有效保障,有利于社会的全面发展。其次,坚持时代航标的基本方略。党的十九大报告提出的以"十四个坚持"为基本内容的新时代基本方略,贯穿于我国政治经济发展和社会建设的各方面,彰显了中国共产党以人民为中心、以复兴中华为己任的初心,向世界昭示了道路自信、理论自信、文化自信和制度自信这"四个自信",展现了党领导人民实现伟大梦想的宏伟愿景。①

知识链接

"十四个坚持"基本方略

2017 年 10 月 18 日,习近平总书记在十九大报告中指出,全党要深刻领会新时代中国特色社会主义思想的精神实质和丰富内涵,在各项工作中全面准确贯彻落实。一、坚持党对一切工作的领导。二、坚持以人民为中心。三、坚持全面深化改革。四、坚持新发展理念。五、坚持人民当家做主。六、坚持全面依法治国。七、坚持社会主义核心价值体系。八、坚持在发展中保障和改善民生。九、坚持人与自然和谐共生。十、坚持总体国家安全观。十一、坚持党对人民军队的绝对领导。十二、坚持"一国两制"和推进祖国统一。十三、坚持推动构建人类命运共同体。十四、坚持全面从严治党。

——选自《中国共产党第十九次代表大会报告》

二、统筹做好各项民生工作,让改革成果惠及全体人民

中国共产党的初心和使命,就是为中国人民谋幸福。党的十八大以来,习

---

① 《中国共产党第十九次代表大会报告》。

近平总书记在教育、就业、社会保障、社会治理和国家安全方面做出详细的阐述，从战略上做出科学的部署，要求统筹做好各项工作，让人民群众共享国家经济发展的红利。

（一）民生建设的重大意义

党的十九大报告强调："必须多谋民生之利、多解民生之忧。"对于民生问题的重视彰显了我们党以人民为中心的发展思想。人民群众是否满意，是党工作成败的唯一判断标准。民生建设必须注重实际情况，突出实践要求，直面社会矛盾，紧紧抓住人民群众最关心和最迫切的生活问题，预防"两大陷阱"。

民生建设跨越中等收入陷阱。当中等收入国家迈向向高收入国家时，往往会出现经济停滞，无法在人力成本方面与其他发展中国家竞争，尖端核心技术无法与发达国家竞争，难以跨入高收入国家行列。我国经济发展在经历了40多年的高速增长后，似乎也出现了中国式的中等收入陷阱的表象特征：经济增长由高速增长向中高速转变，经济下行压力增大。对外贸易不断受到国际经济波动的冲击，贸易单边主义和保护主义等"逆全球化"问题对我国的影响逐渐增大。我国原来比较优势明显的劳动力密集型产业随着劳动力成本和原材料等资源价格不断上涨，逐渐失去优势。当前民生建设的任务是推动公平正义，跨越中等收入陷阱，主要包括提高居民收入，缩小收入差距，推动消费的转型升级，推动形成经济增长的持续动力。人民群众合理的收入水平和消费占 GDP 比例是产业升级和跨越中等收入陷阱的重要基础，也是推动消费转型升级的重要动力。

民生建设规避塔西佗陷阱。当政府部门或某一组织失去公信力时，无论说真话还是假话，做好事还是坏事，都会被认为是说假话、做坏事。西方一些国家在选举时向选民乱开支票，选后无法兑现，会在一定程度造成失信于民，影响政府公信力。我国是共产党领导下的社会主义国家，始终坚持群众路线，保持同人民群众血肉联系。[①] 但是我国也不同程度地存在一些官僚主义、形式主义和突发性生产安全事件，影响政府形象，损害党与人民群众的关系。当前，党非常重视民生建设，把实现经济型政府向服务型政府的转变，建设勤政高效、廉洁务实的政府作为深化党和政府改革的重要目标，应该高度重视规避塔西佗陷阱。首先，要实现政府职能的转变。推动政府不断下放管理权限，让市场在

---

① 汪玉凯：《以人民为中心赢得信赖》，《人民日报》2017 年 12 月 17 日。

资源配置中起决定性作用。确保政府做提供高质量的公共服务和公共产品，提高民生服务质量，更好地满足人民美好生活需要。其次，实现服务方式的转变。转变服务理念，树立法制思想，建立服务型政府，推动政府信息公开，提高服务效率，实现经济效率和社会公平同步提高。最后，努力建成诚信型政府。建立政府信用体制和签字背书制度，理清责任划分，增强责任观念，坚决落实党中央的为民服务的政策方针。加大对党员干部的监督力度，形成权责明晰、服务民生的诚信型政府。

（二）民生建设的重要举措

优先发展教育事业。教育事业关系到国计民生，党把"教育现代化"作为小康社会建设目标之一，提出优先发展教育事业，实现教育强国的发展战略。第一，着眼于教育发展的不平衡矛盾，推动教育均衡化发展。在普及义务教育全面免费化的基础上，对农村地区教育给予政策性倾斜，鼓励有条件的地区普及高中教育。重视学前教育和特殊教育，实现教育的普惠化和公平化。第二，以创新推动教育事业发展。鼓励支持教育工作者的理论创新和成果转化应用，促进教育事业高效发展。第三，不断完善教师管理体系。规范教师资格管理，从考核、证书发放、职称晋升等环节强化管理。规范教师继续教育管理体制，改革和扶持重点师范院校的发展和人才培养机制。第四，增加政策和经费支持力度，促进人才培养质量提高。各级政府加大财政性教育经费投入和管理，鼓励民间资本投入教育领域，支持民办教育和职业教育的发展。落实以学生为本和素质教育相结合的教育教学方式，促进学生动手能力、德育能力、创新能力和实践能力等方面共同发展，针对不同学生的不同特点为其个性和特色发扬创造条件。第五，不断提高高等教育质量和国际竞争力。加快"双一流"建设，鼓励国家重大项目、高新技术、先进企业和学校等多方面强强联合，加快产学研一体化发展和产品一体化生产建设。第六，建立健全高校学生资助制度，坚持社会主义教育方针。强化思政教育和理想信念教育，强化马克思主义的指导思想作用。促进教育公平，提高教育发展质量，是教育发展问题，也是民生问题。

完善社会保障体系。社会保障体系是人民享有国家发展红利最直接有效的途径，也是社会稳定和经济发展的保障。建立完善的社会保障体制，发挥社会主义制度优势是当前民生工作的重要内容。建立全覆盖多维度的社会保障体制，以城乡居民社会养老保险为主体，实行政府支持、个人缴费和社会统筹相结合，坚持"保基本、广覆盖、有弹性、可持续"① 的基本原则，实现社会保障的全覆盖。同时提供多层次和梯度性的社会保险服务产品，满足更高的保险需求，实现全国范围内的异地结算与报销。坚持提供经济适用房和共有产权住房等公共产权住房，采取租购并行的举措，保障人民住房权利。统筹管理养老保险基金，提高养老保险服务水平。健全失业保险和工伤保险，坚持保障基本生活，激励积极就业，确保工伤人群生活的质量和恢复生产的能力。完善社会救助、福利和慈善事业，重点关注农村留守人群的基本生活。保障残疾人的基本生活，鼓励他们积极参与国家建设。

实施健康中国战略。随着人民生活质量提高和人口老龄化的到来，人民群众更加注重医疗卫生水平，需要更加多样化和差异化的健康保障体系。早在20世纪很多发达国家就已启动国民医疗卫生的改革，西欧国家甚至建成了全民参与的医疗卫生社会福利。习近平总书记指出："要把人民健康放在优先发展的战略地位，坚持问题导向，抓紧补齐短板，加快推进健康中国建设。"② 建立中国特色的基本医疗卫生服务和管理体制，需要借鉴国外先进医疗管理理念和技术，结合我国经济发展现状和医疗卫生事业的基本国情，建设现代化的健康服务体系。加强基础医疗设施和医护人员队伍建设，促进医疗资源下沉，提高基层医疗服务能力和水平。加大医疗卫生事业管理体制改革，取消以药养医制度，增加社保覆盖的医药品种和报销经费幅度，鼓励医疗基础设备的技术研发和成果转换。建立突发疾病预防管理系统，提高处理和防范重大传染性疾病的能力。加大食品和药品安全管理力度，对于重大食品药品安全事故，及时公开公示相关问题和处理意见。坚持和发扬古老中医艺术，用现代制药技术发展中药行业。支持和鼓励社会资本进入医疗行业，发展医疗健康产业。

改善就业质量和提高居民收入。就业是民生之本，关系到千家万户，直接影响国家经济发展和社会稳定。当前，我国经济进入新常态，供给侧改革的去库存、去产能、调整经济结构措施，势必会带来更大的就业压力。习近平总书记强调："就业是最大的民生工程、民心工程、根基工程，是社会稳定的重要保

---

① 《国务院关于开展农村社会养老保险试点的指导意见》（国发〔2009〕32号），2009年9月1日。

② 闻言：《坚持以人民为中心的发展思想　努力让人民过上更加美好生活》，《人民日报》2017年10月11日。

障，必须抓紧抓实抓好。"① 发展经济是解决就业的根本手段。一方面，通过发展生产力，增加就业机会；另一方面提高劳动人口素质和技能水平，从就业人口方面适应和匹配经济发展的阶段。重点关注高等教育毕业生的就业问题，鼓励毕业生自主创业，引导毕业生到基层、到西部就业。开展转岗就业技能培训服务，高度重视军人退伍后的就业安置，增加公安、消防等岗位配置，对于主动吸纳退伍军人的企业给予适当税收政策优惠。构建和谐的社会主义劳动关系，严格按照法律法规和政策保护劳动者合法权利，强制性规定企业缴纳工资滞纳金，强制用人单位缴纳"四险一金"。建立合理的分配制度，"初次分配和再分配中兼顾效率和公平"②，"坚持经济增长和居民收入同步增长，劳动生产率增长和劳动者报酬同步提高"③，"深化企业和机关事业单位工资制度改革，推行企业工资集体协商制度，多渠道增加居民财产性收入"④。

三、完善社会治理体系，建设平安中国

党的十九大报告提出打造共建共治共享的社会格局，形成良好的社会秩序，使人民享有良好的社会风气。高效的社会治理方式是国家现代化建设的重要内容，良好的社会治理能力是社会和谐与人民获得安全感的重要前提和保障。

（一）新时代我国社会治理的新内涵

共建共治共享是社会治理的核心理念。共建共治共享是党的宗旨最好形式的体现，是人民当家做主和参与国家建设最有效的实践途径，共建是人民共同建设社会主义事业，共享是共同享有经济发展带来的社会福利，共治是共同参与我国的社会管理。首先，社会治理制度的现代化建设离不开社会协同和公众参与。一方面，建立政府和群众联防共治的互动格局，相互协调共同化解社会矛盾，预防化解重大安全生产风险，打击食品药品制假售假行为，打击黑恶势力和经济犯罪，维持良好社会秩序。另一方面，实现政府治理与社会调节的良性互补。坚持政府是传统治理主体，引导和开放社会资源和社会组织参与现代社会治理的格局，让市场配置资源的理念贯穿在社会治理和服务当中，形成治

① 《有信心让亿万百姓端稳"饭碗"》，《人民日报》2019年7月2日。
② 《中国共产党第十八次代表大会报告》。
③ 《中国共产党第十八次代表大会报告》。
④ 《中国共产党第十八次代表大会报告》。

理主体多元化格局。其次，基层组织也是各种社会矛盾和各种利益关系的交汇点，是解决社会问题的先锋队和桥头堡。居委会和村委会等基层组织，在服务公众、化解矛盾、政策宣传、社会治安等方面发挥着极其重要的作用。

民生为本是社会治理的本质体现。"以人民为中心"是形成社会治理体系创新必须遵循的原则，社会治理体系的现代化建设必须坚持民生为本的思想。首先，社会治理的根本目的是增进人民福祉，谋求人民利益最大化，让人民拥有更大获得感和幸福感，更好地满足人民群众美好生活的需要。其次，社会治理是人民各项基本权利的保障。法制是社会治理最有效的途径。它维护人民权利，划分社会责任，规定社会义务，保护国家政权和社会主义制度。社会治理最有效的约定是传统文化和社会主义核心价值观。它传承思想和美德，主张爱党爱祖国，注重家风和家教，打造积极向上的社会治理新局面。

体制创新是社会治理的动力源泉。党的十八大科学论述了改进社会管理和加强社会建设的理论思想，习近平总书记在十八届三中全会进一步论述："加强和创新社会治理，关键在体制创新。"[①] 一是用新发展理念引领社会治理。贯彻创新理念，在社会治理的制度、理念、方式和评估等方面不断创新，逐渐转变以行政力量为主的粗放型管理为现代化的集约管理模式，降低社会运行成本，提高社会运转效率。贯彻协调理念，在社会治理过程中兼顾国家、社会和人民，经济和社会，物质文明和精神文明的全面发展，实现国家治理和基层治理的多元化治理体系的相互协调，从而防止"木桶短板"效应引发社会发展的不平衡问题。贯彻绿色理念，在社会治理中重点整治损害群众健康的生态环境问题，加强城乡环境的治理能力，建设美丽乡村和生态城市，实现经济发展与生态保护相互和谐。贯彻共享发展理念，在收入分配格局中兼顾效率和公平，促进公平正义和共同富裕。贯彻开放理念，借鉴国外社会治理的先进经验，加强对外交流与合作，促进我国社会治理现代化和智慧化进程。二是改进社会治理方式。从社会管理转变为社会治理，实现行政权威的管理模式向民生为本的治理模式转变，以政府为主体向社会多元主体共同治理转变，从单一方式向综合协同的治理转变。构建信息化、智能化、系统化、科学化的治理体系，促进大数据、物联网和人工智能手段的应用，提高社会治理水平。促进社会治理的专业化水

---

① 习近平：《推进中国上海自由贸易试验区建设，加强和创新特大城市社会治理》，《人民日报》2014 年 3 月 6 日。

平，培养一批具有社会治理专业知识和现代服务理念的高素质从业人员。

（二）新时代我国社会治理面临的深层次挑战

近年来我国从顶层设计层面对社会治理做出了符合我国国情的改革，提出共建共享共治的社会治理理念，为国家经济建设和社会平稳发展做出了重要贡献。同时，我国社会治理仍然面临着深层的次挑战。

首先，社会政策公平性有待进一步提高。社会治理是确保公民的权利和共享经济发展的成果。2018年我国基尼系数仍然维持在0.46左右，处于0.4的警戒线以上，说明我国的贫富差距较大（见表4-1）。究其原因，一是社会保障制度不健全。我国社会保障制度虽然有了较大程度的发展，但是同国家经济发展速度和程度相比，明显较为落后。社会保障支出和收入比例不均衡，2018年养老、失业和工伤合计57089亿元，支出49208亿元。存在少量非受益人群，非正规就业和少量贫困人群等仍旧存在，将近1亿多人未受到社保覆盖。① 二是国家公务员和企事业编制、户籍制度、城市管理制度等因素限制了公平正义。体制或编制内人员享受的保险、工资和补助等待遇更加优厚，特别是教育、医疗、休假和住房等隐性福利更加丰厚。户籍制度和城市管理制度也在一定程度上限制了进城务工农民福利。三是社会治理投入资金不足。无论与发达国家相比，还是与我国经济发展程度相比，我国社会治理方面的投入都明显不足。城乡社会治理方面存在巨大的差距制约着城乡一体化进程。

表4-1 2012—2018年我国基尼系数

年份	基尼系数
2012	0.474
2013	0.473
2014	0.469
2015	0.462
2016	0.465

① 数据来源：人力资源和社会保障部官网。

年份	基尼系数
2017	0.467
2018	0.474

数据来源：国家统计局官网。

其次，基层社会组织功能性和权责不清。居委会和村委会本应该分别承接政府和居民的行政权威和权利诉求，但实际情况只是在单方面承担政府行政权威，实现群众自治和自我服务的功能发挥不足。基层社会组织是维护公共利益和评判社会治理效果的重要载体，它的功能缺失会造成社会治理体系缺乏完整的管理链条，影响公共服务的供给。基层组织之间的职能划分不清影响社会治理效果。业主委员会和居委会的矛盾常常成为社会热点问题，业主委员会存在法律地位不明、职责不清、运作不规范等问题，居民委员会缺乏行政权力难以解决实际问题，两者有时会在职能方面出现重合、矛盾甚至是利益冲突，在一定程度上影响了社会治理效果。

最后，缺乏政府和社会的衔接机制。政治权利来自人民，受到宪法和法律的保护，而社会权利来自社会共同的协商和契约精神，有一定的诉求性。在中国特色社会治理发展道路中，"政府行政治理的纵向秩序整合机制和社会力量参与治理的横向秩序协调机制各自暗含着一些相互矛盾的诉求，并在各自运作的领域中自发地排斥另一套机制的涉入。任何想把政府治理和社会治理相互融合，即治理能力横向和纵向的协调都会面临巨大的挑战，当下的中国社会治理也正是缺乏这种完善协调的衔接机制。究其原因，一是因为社会发展尚未达到参与国家治理的程度和水平，全面强制的推行社会参与国家治理反而会造成秩序混乱和不稳定。二是因为国家制度和政策的引导不足，没有相关政策细则出台，社会治理的理论和政策法规仍然处于初步的探索时期。例如政府的简政放权和政府社会的良性互动，划分各个治理主体在法律上的权责范围和边界线等。三是因为市场经济的改革还需要进一步深化"[1]。

---

[1] 李友梅：《中国社会管理新格局下遭遇的问题：基于中观机制分析的视角》，《学术月刊》2012 年第 7 期，第 15 页。

（三）新时代我国社会治理的创新路径

坚持党委领导的多元化社会治理主体。党的十九大报告明确指出，"完善党委领导、政府负责、社会协同、公众参与、法制保障的社会治理体制"。第一，坚持党对社会治理工作的领导，是实现人民自治权利和社会和谐稳定的重要前提。党能够及时学习和借鉴现代治理体系下先进的治理模式，创新社会治理路径，做好顶层设计，实现社会治理体系的现代化。第二，政府是社会治理的重要载体，应当强化社会治理责任，健全政府组织架构，提倡现代服务理念，防范重大安全事故和突发自然灾害，依法严厉打击各种经济违法犯罪活动，鼓励支持公众参与社会治理，提高政府运行效率。第三，社会协同包括政治协商和社会协同。政治协商是中国特色社会民主决策的重要环节，是党提高执政能力和完善社会治理现代化建设的重要途径。各个民主党派在中国共产党的领导下对政治、经济和文化等重要问题提议和协商。社会协同是政治协商在新时代的新突破，在法律和政策上体现了政治组织和社会组织协商对话。第四，公众参与国家治理既是治理主体的一部分，也是维护自身监督权和治理权的有效体现。第五，法律是社会治理的重要保障，党和国家依法行使社会治理的权力，政治组织和社会组织依法合理协商，公民依法表达自身诉求。社会治理所依靠的法律也会伴随着经济和社会治理格局的变化做出相应调整，为解决具体现实问题提供法律依据。

建立现代化的社会治理体系。社会治理体系需要不断完善，需要兼顾长远和眼前利益，关注整体和局部结构，协调政府和社会公众关系。社会治理理念作为全国性社会治理体系建设的理论指导，为具体问题的解决提供指导性意见。社会治理法规是全国性社会治理体系建立的指导原则和运行的制度保障。社会治理方式需要兼顾国家发展的基本国情、政府的政治权威、社会组织的发展状况、公民的素质以及国家法律法规的健全程度。现代化系统化的治理体系需要网络信息平台的支撑，通过平台联通促进治理主体间信息共享、反馈、对话和协商，共同寻找和精准识别社会治理问题，做出有针对性的决策和方案。现代化治理体系需要建立应对突发事件的防灾减灾体制机制，提升突发事件的应变和处理能力。

形成有效的社会治理政策。社会治理政策是国家运用法律和行政手段制定的有效进行社会治理的行为准则和基本方针，是提高社会福利、维护社会秩序和完善社会保障，使社会治理手段行之有效，促进社会安全稳定的制度保障。首先，政策要以解决社会问题为导向，提升决策的科学化和民主化水平，实现具体问题具体分析，确保社会政策的合理有效。其次，应该建立社会政策的公开和意见反馈平台，积极听取社会不同群体的反馈意见，加强沟通，提高政策的适用性和科学性。再次，建立社会政策的评估机制。通过评估机制对社会政策的影响力和实际效用做出客观的评价，修正不合理因素，提升社会政策的有效性。最后，要坚持市场经济的改革方向。在制定社会政策的过程中始终坚持市场的决定性作用，发挥经济政策和经济机制的作用，使社会政策更加匹配市场经济和社会主义制度的需要。

创新发展社区治理模式。城乡社区是政府和社会最为直接的重合点，是社会服务和公共管理的承载体。党的十八届三中全会提出改进社会治理方式，在源头治理中使社会治理关口向前，以网络化治理、社会化服务为方向健全基层综合服务管理平台。[1] 党的十九大指出，必须加强社区治理体系建设。习近平总书记指出，社会治理核心在人，重点在城乡社区，推动社会治理重心和各种资源要素下沉，发挥社会组织、社会调节和居民自治在城乡社区的作用。[2] 首先，要改变社会组织审批和监管机制，探索公益性质的社会组织免检准入制度和法人登记制度，简化政府监管和审查流程，发挥社会组织的公益性质，关注解决民生问题和困难。其次，要强化社区自治和服务功能，健全新型社区管理和服务体制。[3] 在法律和政策层面确定社区自治的权利和义务，提供更多社区服务项目，简化服务流程，扩大服务对象的范围。

四、坚持总体国家安全观，提高人民幸福感和安全感

面对复杂的国内外形势，习近平总书记站在战略全局的高度在科学研判国内外发展大势的基础上提出："要准确把握国家安全形势变化新特点新趋势，坚持总体国家安全观，走出一条中国特色国家安全道路。"[4] 总体国家安全观以人

---

① 十八届三中全会《中共中央关于全面深化改革若干问题的决定》。

② 向春玲：《十九大关于加强和创新社会治理的新理念和新举措》，理论网，2017 年 12 月 11 日，http://theory.people.com.cn/n1/2017/1211/c40764-29697335.html。

③ 《中国共产党第十九次代表大会报告》。

④ 习近平：《中央国家安全委员会第一次会议强调 坚持总体国家安全观，走中国特色国家安全道路》，《人民日报》2014 年 4 月 16 日。

民安全作为核心，是提高人民幸福感和安全感的根本保障。

（一）总体国家安全观是维护国家长治久安的根本保障

总体国家安全观延伸了国家安全观的核心内涵，确保国家长治久安。总体国家安全观是在新时代系统提升国家安全工作治理能力的重大理论成果，是马克思主义安全观与中国国情相结合的最新体现。对内在发展变革的基础上保持经济社会和人民生产生活环境的稳定，对外建立互惠互利和睦邻友好的国家关系，创造和平的外部环境。既重视传统安全，不断完善国家安全体系和法制建设，又重视非传统安全，构建政治安全、国土安全、信息安全和科技安全的国家综合安全体系。总体安全观注重生态资源的安全，强调正确处理国家发展和生态环境的保护。总体安全观注重和强调国防科技的创新和应用，建立安全可靠的数据传输平台和信息保护网络，实现国家大型数字数据储存的安全性和独立性，确保公民和国家信息安全不受侵犯。

总体国家安全观坚持走中国特色国家安全道路。习近平总书记强调，"必须坚持总体国家安全观，以人民安全为宗旨，以政治安全为根本，以经济安全为基础，以军事、文化、社会安全为保障，以促进国际安全为依托，走出一条中国特色国家安全道路"①。第一，确保政治安全。总体国家安全观始终强调中国共产党是国家制度的根基和唯一决定性力量，中国共产党是维护国家长治久安的重要保障。第二，确保经济安全。经济是国家社会进步和人民幸福的重要基础。总体国家安全观把保护国家生产力发展作为国家安全体系的重要内容，坚持党对经济工作的领导，坚持国有经济的主体地位，坚持对外来经济势力和资金流动的监管和防范，确保社会主义市场经济的稳定运行。第三，确保军事、文化和社会安全。总体国家安全观强调军队是党领导的人民的军队，始终把人民群众的利益摆在至高无上的地位。文化软实力是国家综合国力提升的体现，总体国家安全观强调弘扬中华传统文化，借鉴和学习西方有益的文化成果，防范和抵制错误文化思潮。社会安全稳定可以确保社会总体结构和社会群体之间利益的交替融合。总体国家安全观强调运用现代化的社会治理方式，兼顾经济发展和人民群众的直接需求，使社会总体结构合理有序。第四，确保外部国际安全。"中国共产党积极倡导构建人类命运共同体，提倡合作共赢的安全观，提

---

① 习近平：《在中央国家安全委员会第一次会议的讲话》，《人民日报》2014 年 4 月 15 日。

出建立新型的大国关系和睦邻友好的周边外交关系原则，以亲诚惠容的周边外交理念、真实亲诚的对非政策理念和正确义利观开展对非援助，有力改善了国家安全的外部环境。"①

（二）总体国家安全观是实现人民幸福感和安全感的有力回应

人民安全是总体国家安全观的核心价值。2014 年习近平总书记在中央国家安全委员会第一次会议上提出以人民安全为宗旨的国家安全观，2017 年习近平总书记在全国安全会议上进一步明确指出："国家安全工作归根结底是保障人民利益，要坚持国家安全一切为了人民、一切依靠人民，为群众安居乐业提供坚强保障。"② 首先，总体国家安全观实现了国家安全和人民安全的有机统一。人民群众是国家的构成主体和财富，只有坚持人民群众的历史创造者和生产力发展的决定因素的地位，只有紧紧依靠人民群众的智慧和创造才能，国家安全才会有坚实的后盾，国家安全才能从根本上得到巩固。总体国家安全观厘清了人民群众在国家安全中的主体和核心地位，为国家安全找到了最有力的支撑。其次，总体国家安全观正确处理了国家安全和公民自由权利之间的关系。总体国家安全观赋予国家安全机关和执法机构充分维护国家安全的有效职能，又对这些职能依法做出约束和监督，防止过度侵犯公民自由权利和民主权利。同时，国家安全观强调公民必须遵守宪法和法律规定的国家安全义务，坚持社会主义法制原则，公民始终在宪法赋予的国家安全准绳中行使自身的合法权利。最后，总体国家安全观以维护世界和平为己任，既重视自身安全和发展的问题，又重视共同安全。中国始终强调对外和平发展道路和坚持和平共处五项原则，秉持共商共享共建的全球治理观，倡议建立人类命运共同体。

总体国家安全观提出国家安全工作的科学方法，提高安全工作的成效，保障人民群众的切身利益。习近平总书记多次提出要运用科学的思维方法和工作方法③，把马克思主义安全观和中国具体安全环境相结合，从而科学地发现问题、分析问题和切实解决问题。总体国家安全观是新时代安全工作的科学指南，

---

① 高飞：《走出一条中国特色国家安全道路——深入学习习近平总书记关于总体国家安全观的重要思想》，《人民日报》2016 年 11 月 16 日。

② 陈文清：《牢固树立总体国家安全观在新时代国家安全工作中的指导地位》，《求是》2019 年第 8 期。

③ 易会满：《努力学习掌握科学的思维方法和工作方法》，人民网，2017 年 11 月 1 日，http://theory.people.com.cn/n1/2017/1101/c40531-29620004.html。

也是安全工作方法的科学总结。一是准确判断了我国的安全环境和国际形势。认清我国所处的阶段和环境形势是一切安全工作的出发点，习近平总书记做出"三个前所未有"和"四大危险"的重大战略判断，系统地回答了我国所处的历史方位和面临的历史困境，阐明无论怎样动荡的国际局势，党都有能力有信心带领人民实现中华民族伟大复兴。二是把马克思主义哲学方法运用于安全工作的实践当中。总体国家安全观坚持从整体和全面多维度看问题，把握战略全局，正确处理整体和局部、内部和外部、领土和意识形态、传统和非传统安全以及国内问题和全球问题的关系。同时居安思危，防微杜渐，增强忧患意识，对于任何战略决策要考虑最坏结果和最优效率的方法。同时，在国家安全工作上时刻做到辩证思维和创新思维的有效结合，做到逻辑分析和历史分析方法的有效结合，做到具体环境和科学抽象方法的有效结合，形成有效的安全工作方法和良好的社会秩序。

（三）总体国家安全观是构建新型国家关系的科学指南

总体国家安全观是构建新型国家关系的科学指南，"强调建立以合作共赢为核心的新型国际关系，提出和贯彻正确义利观，倡导共同、综合、合作、可持续的安全观，推动构建新型大国关系，提出和践行亲诚惠容的周边外交理念、真实亲诚的对非工作方针"①。

首先，总体国家安全观倡导构建新型大国关系。后金融危机时期，大国之间由于利益关系和力量变化而进行国际关系的新一轮调整，坚持总体国家安全观的科学指导原则积极构建新型大国关系、努力化解矛盾冲突成为维护地区和世界和平的时代命题。第一，中美经济政治等方面冲突不断，但合作仍是主旋律。特朗普总统上台后顽固坚持"美国优先"原则，发动贸易战，全力打压遏制中国发展。党中央审时度势，在同美国的贸易摩擦中坚持从全局出发，既不主动升级摩擦，又能适时适度做出反制，坚决捍卫我国根本利益。中美在国际事务、贸易往来和文化交流方面有着良好的合作基础，经过开展多轮友好贸易会谈，在中美元首会谈磋商的基础上，积极解决贸易争端寻找最大公约数，②就可以达成共识，走出"修昔底德陷阱"，维护世界和平。第二，不断深化中俄全面战略合作伙伴关系。2013 年习近平主席在莫斯科国际关系学院提出："要坚

---

① 习近平：《中央外事工作会议的讲话》，《人民日报》2014 年 11 月 30 日。
② 荣民：《中美贸易相向而行才有"最大公约数"》，《中美贸易报》2018 年 5 月 22 日。

定不移发展面向未来的关系"，"要坚定不移发展合作共赢关系"，"要坚定不移发展两国人民友好关系"①。同时寄语青年一代，希望和期待青年学生接过友谊的接力棒，继续发展两国美好未来。第三，积极发展中欧全面战略伙伴关系。尽管欧盟主要国家在意识形态方面站在以美国为首的北约阵营，但是冷战时期的对立已经不复存在，中欧在贸易文化交流等方面的合作日益深化。2014年习近平主席在比利时布鲁日欧洲学院发表重要演讲，向欧洲介绍中国的文化、历史和社会制度，阐述中欧未来发展的潜力以及中欧关系的重要地位，双方合作关系再次达到顶峰，习近平主席寄语中欧人民共建"增长繁荣之桥、改革进步之桥和文明共荣之桥"。②

其次，打造稳定安全的地区合作关系。党的十九大报告指出，要按照亲诚惠容和与邻为善、以邻为伴的原则深化同周边国家的关系，秉持正确义利观和真实亲诚理念加强同发展中国家的合作，坚持共同开发的原则构建稳定安全的地区合作。③ 一是坚持发展互惠互利的中日关系。作为世界第二和第三大经济体，中日之间不仅是地缘邻居，更是重要的经济合作伙伴。中日之间一方面虽有历史积怨，但另一方面也有反对美国贸易单边主义的共同立场。中日之间经济互补性强，两国合则两利，斗则俱损。④ 二是坚持发展同舟共济的中国东盟关系。2010年，中国牵头带动成立了中国—东盟自由贸易区，其经济总量占世界贸易的30%以上。2018年以来，中国与东盟国家在"南海行为准则"磋商方面取得了重要进展，展现了地区国家齐心构筑地区规则、合力维护南海和平稳定的坚定信念。三是努力发展中非传统友谊。中非传统友谊是在争取民族独立的斗争中形成的。习近平主席用"同呼吸、共命运、心连心的兄弟情谊"⑤ 来形容中非友好关系。新时代中非合作迎来了新的历史机遇，非洲有着丰富的矿产、人力资源和巨大市场，我国处于产业转型和结构升级的关键时期，双方通过落实"十大合作计划"，深化贸易合作关系，必将给中非经济发展带来新的历史机遇。

---

① 习近平：《习近平在莫斯科国家关系学院的演讲》，人民网，2013年3月24日，http：//politics. people. com. cn/n/2013/0324/c1024-20892661. html。

② 习近平：《习近平在比利时布鲁日欧学院发表演讲》，《人民网》，2013年3月23日，http：//politics. people. com. cn/n/2013/1001/c1024-23094323. html。

③ 《中国共产党第十九次代表大会报告》。

④ 《中日关系合则两利斗则俱损》，《新加坡联合早报》2013年1月17日。

⑤ 《习近平谈治国理政》第1卷，外文出版社2014年版，第304页。

第二节　逐步实现全体人民共同富裕

实现全体人民共同富裕，是社会主义本质要求。党的十八大报告指出，"必须坚持走共同富裕道路"，"逐步实现全体人民共同富裕"。以习近平同志为核心的党中央，面对新的机遇和挑战，始终坚持以人民为中心，把增进人民福祉作为党和国家一切工作的出发点和落脚点，创造性地提出精准扶贫、区位协调和新发展理念等符合我国新时代国情的新理论，进一步丰富和发展了共同富裕的理论内涵，开拓了党的共同富裕理论的新境界。这必将凝聚中华儿女砥砺奋进的前进力量，凝心聚力实现民族复兴。

一、新时代赋予共同富裕新内涵

历史唯物主义表明资本主义社会不可能承担起人类共同富裕的历史使命，只有共产主义制度才能实现人类解放和社会全面发展。习近平总书记提出共享发展理念、全体中国人民共同富裕的中国梦这两阶段论断，赋予了共同富裕新的科学内涵。

（一）共享发展是共同富裕的具体体现

共享发展是共同富裕理想下从非均衡发展到均衡发展的必然历史选择。[①]党的十一届三中全会吹响了改革开放的号角。邓小平同志提出优先发展生产力解放生产力，"先富带后富"的发展理论。共同富裕不是同步富裕，也不是共同贫穷，而是要使一部分地区先富起来。我国从此进入了非均衡发展阶段。经过几十年的发展，我国建设取得举世瞩目的成就，经济总量跃居世界第二位，即将跨过"中等收入陷阱"。但与此同时，我国社会发展也暴露出许多问题，如贫富差距、城乡差距、贪污腐败等。非均衡发展带来的各种内在矛盾逐渐成为制约经济社会可持续发展的瓶颈。面对新情况新问题，党在发展过程中开始逐渐考虑改革开放的成果应该怎样更多地惠及群众，让人民获得物质和精神激励，更加主动地投入国家经济建设中。我国的非均衡发展政策导向逐渐转向注重公

---

① 叶国文：《从非均衡到均衡：当代中国发展的政治逻辑》，《观察与思考》2013 年第 2
期。

平的均衡发展道路。进入新时代后，共享发展理念应运而生。从解决人民最关心、与人民利益关系最直接的现实问题入手，以共享理念做出了更好的制度改革，让人民在共享共建的过程中共同享有经济发展的物质和精神财富，在住房、教育、医疗、社会保障和就业方面深刻体会和感受到社会主义制度优势，实现发展成果由人民享有，共同迈入全面小康社会。共享发展理念丰富和赋予了共同富裕新的内涵，是我国经济发展模式的必然选择，是社会主义制度对于公平正义的要求，也是共同富裕目标的价值体现。

共享发展是共同富裕理想在文化价值层面的客观体现。[1] 共同富裕理念是人类社会上层建筑发展到一定程度后所产生的正义和崇尚未来的社会文化，是在社会发展过程中重视人的权利，在历史发展过程中追求正义，消灭剥削和两极分化，最终实现人的全面自由发展。共享发展中的文化价值层面正是共产主义文化理想的具体阶段性体现，其价值目标与共同富裕在根本上是一致的。共享发展反对个人主义，强调集体主义，通过共享共建凸显社会公平正义、道德和法制建设，形成尊重人的尊严、自由、平等和权利的文化价值体系。共享发展包含和谐社会关系的内在规定性，包括个人自身的和谐、人与人之间的和谐、社会各系统各民族各阶层的和谐以及个人与社会、自然之间的和谐，形成和谐有序的生产关系和生活富裕的良好社会局面。共享发展包含历史传承的理念，反映出我国历史文化和经济社会发展的脉络，站在新时代的历史高度审视新问题和新规律，稳步推进到新的历史阶段。共享发展包含着人的主体性，坚持以人民为中心的发展原则，强调人的主动性和创造性，发展依靠人民，成果由人民享有，人民在共享中共建，在共建中享有更多的发展成果。共享发展通过自身的文化价值诠释了共同理想社会未来的内在要求和规定性。

（二）中国梦是全体人民共同富裕的梦

中国梦归根结底是实现共同富裕的梦。习近平总书记在十二届全国人大会议讲话中指出，"实现中华民族伟大复兴的中国梦，就是要实现国家富强、民族振兴、人民幸福，既深深体现了今天中国人的理想，也深深反映了我们先人们不懈奋斗追求进步的光荣传统"。马克思奋斗追求的梦想就是实现共同富裕。中国共产党使马克思的思想由理论变成现实，建成社会主义制度，为共同富裕的

---

[1]　韩步江：《共同富裕：中国特色社会主义共享发展理念的目标指向》，《云南民族大学学报》2017 年第 4 期。

实现提供了制度保障。首先，中国梦具有历史性、现实性和未来性特征。历史是现实的源头活水，未来是现实的延续，三者共同构成了人类社会历史文化发展脉络。中国梦承接历史，承接中华优秀传统文化、马克思主义基本理论和中国革命的实践经验。中国梦立足现实，立足国家处于社会主义初级阶段和最大的发展中国家的国情，立足新时代的历史阶段。中国梦引领未来，激励全国人民迈向小康社会和共同富裕。其次，中国梦是中国的，也是世界的。马克思曾说，无产阶级的历史使命是解放全人类，中国共产党适时提出共建人类命运共同体的倡议，主动肩负起引领人类社会发展的历史使命，解决人类社会所面临的共同难题。中国梦是发展的梦，是人民共享的梦，不是霸权主义和帝国主义的梦，给世界带来的是机遇而非挑战，是与世界各国人民的共同利益和美好梦想相通的梦。

（三）"两个阶段"是共同富裕阶段性的体现

"三步走"到"两个阶段"反映了党实现共同富裕的信心和规划，深刻体现了党基于现实基础和发展状况的高瞻远瞩，通过阶段性目标的达成，把前进的步子迈得更加稳定更加坚实。党的十九大报告指出"到 2035 年，基本实现社会主义现代化"，实际上把第三步的目标即"到本世纪中叶基本实现现代化"，提前了整整 15 年，这是符合我国国情的科学决定。首先，是基于现代化建设取得的成就。我国现代化之路在短短几十年时间就走过了西方发达国家几百年的道路，尤其是党的十八大以来，解决了一大批长期积压的历史性问题，办成了许多直接关系到人民群众利益的大事，宣告中国特色社会主义进入了新时代，这就是我们对阶段性目标进行战略性调整的能力和底气。其次，是基于主要矛盾的变化。当前，建成全面小康社会的目标基本实现，人民过上了比较富裕的生活。对物质和精神产品的诉求逐渐从"多不多"变为"好不好"，从"有没有"变为"行不行"，人民追求的不仅是"丰富"，而且包括"质量"，不平衡不充分的生产力发展严重制约着经济社会和人民对美好生活的向往。所以，顺势调整目标，使之更加具体和符合我国实际情况，表明党对现代化建设的规律理解更深，强化了党对带领全国人民走向共同富裕的道路自信。

"两个阶段"是在全面建成小康社会的基础上，对未来美好生活的具体阐述，让共同富裕从梦想变成阶段性具体目标。展望未来，我国经济实力发展到新的高度，现代化经济体制完全建成，形成高级阶段的社会主义市场经济体制；

国家成为创新型国家的典范，基础物理、化学和生物领域技术得到进一步发展，云数据、计算机和人工智能得到广泛应用；国家建成现代化的治理能力和治理体系，人民政治权利和人身权利得到充分的保障；实现国家法制化和文明化，公民权利得到更高的保障，文化需求得到更好满足；城乡差距、区域差距、收入差距得到消除，国家富强，人民富裕，医疗卫生、教育和基础设施等公共服务全民享有；国家生态环境得到恢复和修复到位，经济发展和环境保护的矛盾得到有效化解；完全建成和谐社会，国家、社会、自然和人的发展完全融为一体，整个社会充满活力又和谐有序。

二、统筹建设城乡一体化格局，不断缩小城乡经济发展差距

（一）我国工资决定劳动力供给量的"刘易斯拐点"尚未出现

非均衡发展模式必然带来二元化经济，即城市和乡村的割裂和分离，工业部门和农业部门的分离。经济发展的初期，当工业部门的工资大于农村必要生活资料的价值时，农村劳动力向工业部门流入。但是当经济发展到一定阶段时，只有工业部门提高工人工资，才会吸引劳动力的转移，这时到了所谓的刘易斯拐点时期，即古典经济学的工资决定劳动力供给量的一元化时期。早在 2007 年中国社科院发布报告认为，我国正在由劳动力过剩向劳动力短缺的时代转变，这个转变的拐点将在"十一五"期间出现。2009 年左右开始，我国珠三角地区用工出现缺口，每年有一千多万农民工外出打工的安徽省也出现了"用工荒"，似乎证明了刘易斯拐点的到来。① 但是随后经济危机爆发，出口贸易萎缩，大批农民工失业，让刘易斯拐点已经到来的说法不攻自破。与此同时，就劳动者边际生产率来说，虽然由于农业专业化和机械化的发展，农村边际生产率提高，但是与现代城市工业相比仍相差甚远，加上城市先进的医疗、教育和基础设施等服务体系的优势，城市仍是劳动力净流入地区。最后，社会资本和技术仍旧处于促进城市工业化和信息化阶段，农业等传统部门的发展仍然需要时间，而且受传统文化和传统社会制约，资本投入农业区域仍然较少。综上，说刘易斯拐点已经到来为时过早。

二元化的城乡经济模式已经成为新时代经济社会全面发展的障碍，成为农

---

① 《社科院报告称两年后我国劳动力将现短缺》，人民网，2007 年 5 月 11 日，http：//politics. people. com. cn/GB/1026/5716583. html。

村劳动力短缺的主要原因，城乡一体化进程迫在眉睫。面对新的历史条件下城乡融合发展和一体化进程出现的新趋势、新特点、新机遇和新挑战，必须改革户籍、土地管理制度，完善社会公共服务体系，促进资本、人才等市场要素有效流动，保障农民工权利，促进城乡一体化均衡发展。

知识链接

刘易斯"二元经济"发展模式

诺贝尔经济学奖获得者、发展经济学的领军人物、经济学家威廉·阿瑟·刘易斯发表了题为《劳动无限供给条件下的经济发展》的论文。在这篇论文中，刘易斯提出了自己的"二元经济"发展模式。他认为，经济发展过程是现代工业部门相对传统农业部门的扩张过程，这一扩张过程将一直持续到把沉积在传统农业部门中的剩余劳动力全部转移干净，直至出现一个城乡一体化的劳动力市场时为止（这时到来的即为刘易斯第二拐点，传统部门与现代部门的边际产品相等，二元经济完全消解，经济开始进入新古典主义体系所说的一元经济状态）。此时劳动力市场上的工资，便是按新古典学派的方法确定的均衡的实际工资。

刘易斯的"二元经济"发展模式可以分为两个阶段：一是劳动力无限供给阶段，此时劳动力过剩，工资取决于维持生活所需的生活资料的价值；二是劳动力短缺阶段，此时传统农业部门中的剩余劳动力被现代工业部门吸收完毕，工资取决于劳动的边际生产力。由第一阶段转变到第二阶段，劳动力由剩余变为短缺，相应的劳动力供给曲线开始向上倾斜，劳动力工资水平也开始不断提高。经济学把连接第一阶段与第二阶段的交点称为"刘易斯转折点"。

——中国经济网，http：//intl. ce.cn/zhuanti/data/lewis/index. shtml。

（二）统筹城乡融合发展的有效途径

1. 构建一元化户籍管理制度

我国目前的"户人分离"的流动人口管理模式已经逐渐无法适应经济社会

发展，甚至导致了一系列的社会问题，如造成城乡二元化和社会割裂、城市人口和流动人口收入差距拉大、流动人口无法享有城市基本公共服务。在新常态下，必须深化户籍制度改革，消除户籍制度障碍，从更深层次推动社会福利制度改革。

明确户籍制度改革的方向和道路。理想的户籍制度，就是当一个人居住在某地时，可以立即取得当地的户籍，并享有当地基本的社会权利和服务。而当下的户籍制度却成为阻挡外来人口获得户籍的一道屏障，其根本原因是一些城市政府无力承担甚至不愿意承担外来人口和流动人口的公共服务和社会福利。地方政府往往设置年龄、学历和住房等作为落户的标准。即使一些放宽落户条件的城市，也会将住房和子女教育挂钩，社会福利和工作性质挂钩。户籍制度的改革应该切实落实宪法赋予公民的各项权利，重视人的全面发展。户籍制度要朝着科学化、合理化和普惠化的方向迈进，无差别提供公共服务产品，实现居民落户地的权利和义务的均等化。户籍制度要构筑全面性、系统性和科学化的社会保障体系，"按照兜底线、织密网、建机制的要求，建成覆盖全民、城乡统筹、权责清晰、保障适度、可持续的多层次社会保障体系"[1]。户籍制度改革应该推动人口自由迁徙，建成全国性的人才市场，实现人才资源的优化配置和自由流动。[2]

户籍制度改革是直接关系到人民群众切身利益的民生工程，应循序渐进、因地制宜地有效推进。从历史纵向来看，户籍改革主要以解决历史积压的存量非户籍人口问题，其中一部分流动人口愿意留在城市生活和养老，另一部分人口属于暂居城镇务工人员。对于前者，户籍改革要进行消化和吸收，要按照一定的速度和比例放宽户籍限制，既要考虑城市容纳能力，也要兼顾社会效益。对于后者，采取临时发放居住证的方式管理，保障流动人口的基本社会权利。从地理横向来看，把超大城市和一般性城市区别对待。对于北上广深等地区，由于人口已经超出地区资源环境的承载能力，落户政策应该严格要求，以房屋、投资、纳税和积分制等方式进行限制，防止城市人口过多导致的社会和政治问题。对于一般性城市，放宽城市落户限制，鼓励有能力在城镇生活和就业的人

---

① 参见《中国共产党第十九次代表大会报告》。

② 中共中央文献研究室：《习近平关于社会主义经济建设论述摘编》，中央文献出版社2017年版，第162页。

口举家进城落户，优先解决农村地区的高考生源和参军人群的落户，全面放开对一般技术工人、职业院校、留学人员的落户限制。①

2. 构建科学的土地流转和管理制度

破除城乡二元化，统筹管理城乡土地既是重点又是难点。一方面是进城务工人员的土地大量闲置，对土地的集约化利用和现代农业的发展产生制约。另一方面是城市激增大量人口，土地使用紧张，经常性触碰耕地红线和侵犯农民利益。面对土地管理的内在矛盾，党的十八大、十九大和中央农村工作会议，都对统筹管理城乡土地提出了指导性的意见，指明了在制度和政策层面消除二元化问题的方向。

创新农村经营体系，放活土地经营权，推动土地经营权优先流转。② 党的十八届三中全会把土地权利分为所有权、承包权和经营权，实行"三权分置"。首先，在土地所有权上属于国家，这是坚持公有制的主体地位和社会主义方向的重要前提。其次，在土地承包权上，属于集体和农民个人，农民进城务工后不会要求退还土地，国家依法保护农村土地承包关系稳定并长久不变，即耕地承包期届满后再延长三十年。最后，在土地经营权上，土地经营权和承包权的分离是现代农业发展的基本条件，可以使得进城农民在不丧失土地承包权的前提下，把土地流转给他人经营。一方面提高农村土地的使用效率，让务工农民可以增加租地收入。另一方面农村土地的规模化和集中化，是企业降低生产成本和使用机械化大规模生产的普遍前提。让乡村成为新的投资热点，发展生态、绿色企业，吸引城市技术、资金和人才资源流向农村。土地"三权分置"，有助于农村的劳动力流入城市，为城市建设做出巨大的贡献，也有助于农村和乡镇农业产业获得发展机会，形成以城带乡、良性互动和共同发展的格局，使得农民和城市居民共同享有经济发展的成果。

建立健全城乡土地管理制度。土地管理制度应该符合经济发展的需要，有利于劳务、资金等要素的优化配置，有利于增加居民的财产性收入。第一，完善土地登记制度。以法律形式确定全国土地归属和用途，无论是农村林地、耕地，还是城市工业用地，都应统一登记录入全国土地信息系统。不再划分城乡

---

① 中共中央文献研究室：《习近平关于社会主义经济建设论述摘编》，中央文献出版社2017年版，第162页。

② 《十八大以来重要文献选编》（上），中央文献出版社2014年版，第671页。

土地管理权限和分治格局，城乡土地统一由城市土地主管部门进行管理和规划使用，国有林地、草地和耕地由国家统一管理。第二，建立科学的土地统筹规划制度。把乡村土地纳入整个城市建设发展规划中，做好基础交通、水利电力、医疗卫生和教育的提前规划和协调安排，从整体上规划城乡一体化发展的有利格局。在用地过程中，按照功能的划分可以分为居住用地、商业用地、工业用地和政府公共服务用地等，根据不同功能和土地区位优势，把经济效益和社会效益发挥到最大。第三，鼓励和支持形成土地交易平台。在确定产权归属的基础上，将农民耕地、林地的经营权纳入统一的国家土地交易平台，根据国家政策依法依规进行土地流转，签订流转协议，促进城乡生产要素有效流转。

3. 构建均衡化公共服务体系

公共服务体系是政府为城乡全体居民提供的和经济发展相适应的最基本的可以体现公平正义的公共产品。当前我国经济发展依旧以城市为主，公共服务体系也偏向城市，完全是双轨运行，农村地区相比之下不仅水平低，还存在着覆盖不全的严重问题。建立城乡公共服务的统一标准，构建可持续、均等化和公平化服务体系，是当下政府工作的侧重点。

推进基本公共服务均等化。基本公共服务应该有普惠性和公平性。我国农业人口占比高，是否真正达到全面小康，关键在于农村地区能否享受到国家发展的红利。第一，就服务对象来说，公共服务应该覆盖全体城乡居民，着力实现城乡公共产品和服务体系无缝接轨，做到全国统筹和全面覆盖。第二，就服务内容来看，公共服务应涵盖政治投票权利、劳动就业权利、社会保障权利和子女教育权利等领域。第三，就服务水平来看，公共服务应该随着科技化的发展，为城乡居民提供更加便利的体验，大力推广"互联网+公共服务"服务。第四，就服务主体来看，应提倡多元化服务主体。仅仅靠政府作为单一供给主体，短时间内不可能解决供需矛盾，应该考虑政府和企业、政府和社会组织、政府和个人等多元化合作体系。一方面加大政策、资金和税收的支持力度，另一方面把市场的激励机制放在首位，优化吸引更多供给主体参与建设。第五，就其发展速度来讲，公共服务体制的创新成为重中之重。破除已有的一元化机制的障碍，落实工业支持农业、城市支持乡村的政策方针，加快体制机制融合创新。

构建服务型政府。公共服务理论突出强调了政府的服务职能。根据我国社会主义初级阶段的国情，政府实施公共服务均等化的重点和关键在于建设服务型政府。首先，应进一步转变政府职能。政府职能的转变关键在于正确处理政府和市场的关系。政府一方面要坚持公共服务体系的建设，发挥社会主义制度优势，兜底线保障人民权利，另一方面要让市场在公共服务资源配置中发挥重要的作用，维护和创造良好的服务市场发展环境，提供更加优质的服务资源。其次，要创新服务管理，提高政务服务质量。以群众需求为导向，升级政务办事大厅，采取集中办公、简化流程、增加线上服务等措施，不断提高服务质量。最后，要进一步降低政府运行成本，提高政府运行效率。降低政府运行成本最有效的实践途径是权责明确，明确划分中央和地方对公共事务的管理权限和服务项目，明确责任主体和服务审批的运行流程，严格依照法定权限和程序履行职责。

三、继续完成扶贫攻坚历史重任，提高贫困群众生活水平

（一）精准扶贫提出的现实基础

习近平总书记指出，扶贫的"粗放型模式是不可取的"①，它有着众多的弊端和不足。改革开放后我国先后在 500 多个国家级贫困县采取多种措施开展扶贫工作，获得了宝贵的历史经验，对扶贫工作产生了深刻的启示。以往的大水漫灌、一刀切的扶贫模式，往往导致扶贫效果不佳，扶贫投入边际效应较低的局面。

生产力发展的不平衡不充分也带来东部与中西部发展的巨大差距，中西部扶贫任务变得更为艰巨。革命老区、民族地区和边疆地区成为扶贫的关键。这些发展现状倒逼国家必须调整扶贫政策，实施精准攻坚扶贫计划。

为克服粗放型扶贫模式的种种弊端，面对东西部巨大的经济发展差距和我国扶贫现实基础的转变，从扶贫思想到扶贫理念再到扶贫政策和措施，在新历史环境和新时代背景下，以习近平同志为核心的党中央审时度势，提出"精准扶贫"战略，对扶贫模式的创新做出了新的伟大探索。

（二）我国精准扶贫已经取得了历史性成就

扶贫制度基本建立。2014 年国务院办公厅印发了《关于创新机制扎实推进农村扶贫开发工作的意见》，为我国扶贫工作提出指导意见，标志我国精准扶贫

---

① 中共中央文献研究室：《习近平关于社会主义经济建设论述摘编》，中央文献出版社2016 年版，第 236 页。

工作制度建设的开始。建立精准扶贫工作基本制度，为保障民生和持续脱贫工作发挥了重要的作用。第一，建立了合理的扶贫工作绩效考核标准和制度。在中央统一部署下，将扶贫工作纳入干部考核指标体系，同时建立健全了扶贫工作考核指标体系，为确保2020年实现全面脱贫提供了制度保障。第二，建立了财政扶贫资金专项管理制度。一方面简化资金的拨付流程，公开资金的使用情况，规范扶贫资金管理，确保扶贫资金专款专用和公开透明。另一方面，财政部、各级人大常委会、审计、纪检和监察部门加大了对扶贫资金使用情况的监督和监察。第三，建立了金融扶贫服务机制。我国已基本建立了以市场为导向、以政府为主导的金融服务扶贫体系。政府以财政贴息贷款和金融产品的价格补偿机制引导银行、保险和各级金融理财机构设置和投放非盈利或低盈利专项扶贫金融产品、服务和信贷等惠农产品，完善了对农村家庭农场、林场、合作社和扶贫基地的特殊配套金融服务机制。

新时代扶贫脱贫的大格局已经形成。在各级党委和政府主导下，企事业单位、社会团体共同参与，形成了统一领导、上下联动的扶贫攻坚格局。首先，中央和地方各级党委和政府作为主导力量充分发挥引领作用。党中央负责扶贫战略的制定和扶贫领导体制的顶层设计，建立扶贫信息交流和应用管理平台，引导社会力量参与扶贫。地方政府和中央直属机关严格执行中央关于精准扶贫的规划纲要，落实精准扶贫的战略目标任务。国有企业充分发挥其在产业扶贫方面的独特优势，建立了和农村相结合的产销合作长效机制。其次，鼓励和支持社会力量广泛参与。民主党派、全国工商联、民营企业、海外华人华侨以及港澳台同胞也构成了全国扶贫格局中的重要力量。他们通过技术支农、产业扶持、金融支持、基础设施援建等方式，有力地支撑了脱贫攻坚任务的完成。

扶贫治理能力不断提升，民生问题得到有效解决。精准扶贫工作开展以来，各级党委和政府积累了宝贵经验，极大地提高了扶贫治理能力和水平，解决了一大批贫困地区人民群众最关心的民生问题。第一，实施了道路村村通民生工程。根据《"十三五"交通扶贫规划》确定的目标和任务，不断加强对农村地区道路的修建修缮力度，增强安全防护建设，新建、改造和加固中小型桥梁。目前，除西藏外我国基本上实现了建制乡和建制村沥青道路的村村通目标。第二，实施了饮水安全工程。2019年基本完成全国范围内的农村居民和农村在校师生自来水接入工程，新修新建水利设施延伸项目基本完工，新批大型水利设施工程陆续开建，全国水利系统网络覆盖所有贫困地区。第三，提高贫困地区电网建设水平。依据规划在贫困地区修建电力基站，加强对农村电力基础设施的升级改造，扩大贫困地区电网的覆盖范围和深度。第四，实施了农村危房改造工程。按照国家贫困地区危房改造计划，将于2020年前期完成贫困群众全部危房改造工作。与此同时不断调整住房改造的最低建设标准，不仅仅确保贫困群众有房住，而且适度提高住房品质（见表4-2）。

表4-2　2012—2018年精准扶贫取得的历史成就

	2012年	2018年
贫困发生率	10.2%	2.1%
全国农村贫困人口	9899万人	1660万人
贫困县数量	832个	399个
贫困地区农村居民人均可支配收入	5860元	10371元
贫困地区农村居民人均消费支出	4684元	8956元
建档立卡贫困村	12.8万个	2.6万个
贫困地区每百户拥有冰箱、洗衣机和彩电数量	47.5台、52.3台、98.3台	87.1台、86.9台、106.6台
贫困地区通电、通电话、通有线电视比重	93.3%、69%、38.2%	99.2%、88.1%、81.8%
贫困地区主干道硬化处理比重	59.9%	82.6%
贫困地区文化活动室行政村比重	74.5%	90.7%
贫困地区拥有卫生员和合法行医医证医生的行政村比重	83.4%	92.4%

数据来源：国家统计局官网。

（三）精准扶贫模式的实践路径

构建了以产业扶贫为主的多元扶贫模式。产业扶贫是在政府主导下以市场为导向，结合当地优势资源，引导贫困农民以产业化发展脱贫致富的脱贫模式。

在习近平总书记"五个一批"扶贫路径中，产业扶贫是核心和重点。首先，在农业种植业方面，形成了"企业+贫困户"模式，促进了农业科技传播和应用，解决了销售渠道问题。其次，在畜牧业方面，形成了"公司+合作社+农户"模式，村集体成立新型合作社引进养殖企业带动贫困户共同富裕。这种模式促进了规模化经营，解决了养殖技术难题，通过建立深加工和冷冻仓储基地，延长了产业链，在促进贫困地区畜牧业发展的同时，在带动贫困农民脱贫致富方面发挥了重要功能。

构建新型旅游扶贫模式。在国务院扶贫办和国家旅游局的大力推动下，各地因地制宜发展特色旅游业，通过多种经营不断拓宽农民增收渠道，不断创新旅游扶贫模式。第一，直接从事旅游经营业务。农家大院乡土文化体验等特色经营项目，既丰富了游客旅游体验，又增加了农民收入。第二，增加旅游产业就业，增加农民收入。旅游产业为农民提供了接待、景区维护、旅游向导等多种就业岗位，通过就业促进脱贫。第三，经营农副土特产品。以多种方式经营当地农副产品，促进农民增收。第四，以土地流转形式获得租金收入。第五，入股分红。村集体成立旅游管理公司，对集体开发的乡村旅游项目统一管理，农民按股份分红。

创新易地搬迁脱贫模式。从 2013 年开始，易地搬迁承担了近 20%的扶贫攻坚任务，是扶贫资金花费最大、贫困群众思想最难做的民生工程，但习近平总书记反复强调："一定要把易地移民搬迁工程建设好，保质保量让村民们搬入新居。"① 首先，要完善政策支持。有了顶层设计的政策支持，就有了易地搬迁扶贫工作的方法和原则。其次，坚持完善配套的基础设施，保障迁入农民有效就业，确保"稳得住，住得下"。安置社区内必须配套建设标准化幼儿园、小学、老年活动中心和卫生服务中心等基础公共服务设施。最后，坚持"区域统建"，确保安置小区的市政建设和配套设施相对完善，安置居民享受的公共服务政策和城市普通市民一样，甚至会进行政策性的倾斜，确保安置居民融入社区。

打造互联网扶贫模式。电子商务在脱贫攻坚中起着越来越重要的作用。近年来，电子商务平台进入农村取得了初步阶段性成果，也在摸索中形成了电子商务扶贫模式。首先，培育新型农村电商主体。农村青年是电商平台的主要培

---

① 《习近平考察青海：易地扶贫搬迁要实现可持续发展》，光明网，2016 年 8 月 24 日，http://politics. gmw. cn/2016-08/24/content_ 21607090. htm。

养对象，是在电商平台经营特色农产品和手工制品的重要主体。其次，建立产销一站式平台，实施"扶贫品牌"培育行动。从农民采摘收货到线上销售，采取一站式服务模式，打造知名农产品品牌。京东塑造的山东樱桃、鄱阳湖大闸蟹和山西红富士苹果，都成为消费者争相追捧的品牌。

四、不断完善以新型工业化为动力的发展道路

2020 年我国将基本实现工业现代化，2030 年前后将全面实现工业化（见表4-3）。① 新时代的新型工业化道路吸取世界各国工业化发展的经验和教训，立足国家科技创新战略，立足新时代高质量发展的要求，要"走出一条科技含量高、经济效益好、资源消耗低、环境污染少和人力资源优势能充分发挥的新型工业化道路"。②

表4-3　新型工业化所处历史时期③

时间	阶段	工业增加值
1978—1991	改革前行阶段	1621.5 亿元—8138.2 亿元
1992—2001	开放奋进阶段	10340.5 亿元—43855.6 亿元
2002—2012	优化升级阶段	47776.3 亿元—208906 亿元
2013—2020	创新驱动阶段	222337.6 亿元—305160 亿元（2018）
2021—2030	全面建设阶段	

（一）新型工业化是我国新时代加快建成现代化的必由之路

发展新型工业化是当前我国基本国情的必然要求。同不断提高的人民群众对美好生活的需求相比，我国工业发展还存在比较严重的不平衡的问题。一是传统产业和新兴产业发展不平衡。钢铁、煤炭、机械等传统产业过度发展，出现严重的产能过剩和库存积压问题。大型装备制造、航空航天工程、生物科技、人工智能和信息产业等新兴产业发展滞后，依赖进口，甚至在关键技术上受制于人。二是区域发展不平衡。我国东部地区已经进入后工业化时代，中西部还

---

① 《走好新时代的新型工业化之路》，《人民日报》2017 年 11 月 26 日。
② 中共中央文献研究室：《习近平关于社会主义经济建设论述摘编》，中央文献出版社2017 年版，第 185 页。
③ 卢福财：《中国工业发展演进与前瞻：1979—2018 年》，《经济纵横》2018 年第 11 期。

处于工业化初期和中期，急需进行工业产业转型升级。三是实体经济和虚拟经济发展不平衡。由于土地、劳动成本上升，资源、环境约束趋紧，实体经济的回报率下降，制造业企业的经营遇到一些困难，我国经济出现了"脱实向虚"的倾向。四是经济发展速度和环境保护恢复力度不平衡。改革开放以来，我国长期采取的"先污染后治理"的工业发展模式，付出了极大的资源和环境代价。同时西方国家产业结构升级所导致的高耗能、高污染产业转移到我国，加重了我国生态和环境的污染程度。五是经济结构转型所产生的结构性人才需求与供给的不平衡。随着国有企业和经济体制改革的不断深入，国有企业员工面临严重的失业问题，再加上青年学生的就业需求，每年将近千万人次的就业问题需要解决，这些都迫切需要发展新型工业化作为保障。

发展新型工业化是顺应科技和经济全球化竞争的必然选择。当前，以计算机、互联网为代表的信息技术的迅速发展，使科学技术逐渐取代资本等其他要素成为经济发展的第一动力，并且加速了全球市场化的形成过程。首先，信息技术已经渗透到各个领域和各个行业，影响着政治、军事、文化等方面的力量对比，信息技术也有力地带动汽车、餐饮和物流等其他行业的快速发展，为经济增长提供了新的动力。相比之下，传统产业已经不能适应现代化科学技术快速发展的要求，必须顺应时代发展的潮流，走优化升级的新型工业化道路。"这条道路是与科学技术的有效结合，产品生产效率高，经济效益好，占领世界技术前沿的道路"[1]，是与信息网络化相互融合，信息化程度高，管理高效和资源匹配好，产品价格低、质量好的道路。其次，经济全球化发展也对工业化提出了新的要求，使全球性产业链快速形成，国际贸易规模不断扩大。我国在2001年加入世界贸易组织后，与世界经济的联系越来越紧密，新型工业化道路成为适应全球经济一体化的重要举措。新型工业化道路让我国产业发展以国际市场需求为导向，以国际行业标准为准则，以跨国公司为竞争主体，积极参与国际竞争。同时，限制高耗能、高污染的企业产业准入，坚持提高自主创新能力，掌握核心和关键技术，促进我国工业化的可持续发展。

发展新型工业化是百年目标的必由之路。党的十八大把"工业化的基本实现"作为完成两个百年目标的重要基础。这表明基本实现工业化是当前党和国

---

① 中共中央文献研究室：《习近平关于社会主义经济建设论述摘编》，中央文献出版社2017年版，第185页。

家的关键任务，而新型工业化道路是党和国家实现百年目标的必由之路。依据国家新型工业化道路，从横向来看，预计到 2030 年，国内生产总值、人均GDP、城镇化率、装备制造业所占比例、现代农业服务业和三次产业结构等都会达到全面建成工业化水平，我国将迈入工业化国际行列。同时，按照产业发展规划预计，我国东部地区将成为世界高科技制造产业的领头羊，中西部实现产业转型升级，产业发展不平衡的问题基本得到解决。从纵向来看，按照我国工业发展的规划，将完成从基本实现工业化逐步向全面实现工业化的推进，实现工业产品从重数量到重质量、工业化模式从粗放型到集约型、国家制造向国家创造、投资驱动向创新驱动、经济虚拟化向实体制造为主兼顾虚拟经济的转变，实现互联网、人工智能和大数据等深度融合，在 2030 年前后全面实现工业化，为我国 21 世纪中叶实现全面现代化提供基本保障。

（二）新时代背景下新型工业化的路径

供给侧改革助推新型工业化科学发展。供给侧结构性改革的目的在于提高产品供给质量和优化经济结构，使各种市场要素得到最优的配置，实现经济高质量发展。首先，以增量改革促存量调整。推行供给侧改革就要不断培育新的经济主体、新兴产业，培育经济增长新动能，促进、倒逼国有企业的进一步的改革。在增加投资过程中优化投资结构、产业结构开源疏流，在经济可持续高速增长的基础上实现经济可持续发展与人民生活水平不断提高。其次，进一步完善产权制度。建立权责明晰和流转顺畅的现代产权制度，加大企业产权保护力度，坚决打击知识产权侵权行为，健全保障财产性收入的法律和制度，为新型工业化道路提供制度保障。再次，不断优化投资结构。落实产业发展政策，促进重点和关键产业的发展，推动产业结构升级，实现劳动密集型产业向知识密集型转化。完善税收和财政政策，加强国家宏观调控对投资结构的引导，强化基础产业建设。复次，优化要素流通结构。深化流通体制机制改革，完善流通政策，促进生产要素和商品流通渠道现代化、标准化、集约化和信息化发展，实现要素流通的提质增效，为新型工业化的建设提供物质基础。最后，优化消费结构。实现消费品不断升级，不断提高人民生活品质，实现创新、协调、绿色、开放、共享的发展，为新型工业化提供不竭动力。

新发展理念引领新型工业化健康发展。党的十八届五中全会提出的创新、协调、绿色、开放、共享发展理念，是新型工业化道路应该坚持的基本原则。

新发展理念促进我国工业化的理念变革，实现更高效率和更好质量的新型工业化。首先，创新是新型工业化发展的重要动力。推动科技创新，以新技术培育新产业和新业态，为经济发展提供新动能。推动资源和环境消耗为主的经济增长模式向能耗低、科技含量高的新型产业体系转变。其次，协调是新型工业化的有效措施。正确处理高新技术产业和传统产业的关系，增加高新技术产业投资，大力发展装备制造业，推动基础和传统产业升级，建成以高新技术引领的现代装备制造产业体系。再次，绿色是新型工业化的基本理念。绿色发展最核心的问题是处理好经济发展与环境保护的关系，坚持低碳、节能、环保的环境友好型发展模式。坚持以发展绿色新兴产业为导向，在保持经济稳定增长的同时，促进技术创新，创造就业机会，降低经济社会发展对资源能源的消耗及对生态环境的负面影响。复次，开放是新型工业化的实现路径。统筹利用好国内国外两个市场，提高对外开放的水平，是实现新型工业化的重要途径。提高中国-东盟自由贸易区的合作层次，加快"一带一路"建设速度，不断完善自由贸易试验区项目，积极参与全球产业分工，提高我国经济发展质量。最后，共享是新型工业化的发展目标。"共享理念实质就是坚持人民为中心的发展思想"，①新型工业化坚持全民共享、共建共享的原则。共享体现了我国新型工业化的社会主义本质。

工业化、信息化、城镇化和农业现代化同步发展。我国的现代化不同于西方国家的现代化，并未按照工业化、城镇化、农业现代化和信息化的顺序依次发展，而是一种"并联式"的发展过程，"四化"之间相互交融、相互叠加发展。坚持四化同步的新型工业化道路是我国经济发展的必然选择。② 第一，坚持以信息化带动工业化。③ 加快信息产业基础设施建设，推动信息产业发展，拓展工业化发展的新空间。大力发展微电子和光量子为先导的电子通信产业，培育新的增长点。以信息化推动对我国重点产业转型升级，提高社会服务能力和生产效率，打造现代化的先进工业体系。第二，协调农业现代化和新型工业化的发展关系。工业与农业的协调发展是我国现代化建设取得成功的关键。要

---

① 习近平：《习近平关于社会主义经济建设的论述摘编》，中央党史文献出版社 2016 年版，第 41 页。

② 习近平：《习近平关于社会主义经济建设的论述摘编》，中央党史文献出版社 2016 年版，第 159 页。

③ 参见《中国共产党第十六届全国代表大会上的报告》。

坚持十八亿亩红线不动摇，确保粮食安全；要坚持以新型工业体系支撑新型农业发展的原则，提高农业生产效率和科技含量；要确保现代农业具有支撑新型工业化发展能力，促进农业和新型工业的有效结合。第三，城镇化和新型工业化相辅相成。城镇化为新型工业化提供稳定的高素质劳动力和消费需求。新型工业化促进城市产业体系发展，增强城市人口的承接能力，营造良好的就业和生活环境。

第三节　不断完善中国特色经济发展模式

党领导全国各族人民把马克思主义基本原理与我国基本国情和时代特征相结合，建立了社会主义基本制度，走出了一条中国特色社会主义改革开放和现代化建设道路，形成了中国特色经济发展模式。党的十八大以来，习近平总书记继承和创新马克思主义基本原理和中国特色社会主义理论，发扬解放思想和实事求是的精神品质，始终坚持独立自主、自力更生的对外开放道路，不断完善中国特色经济发展模式，不断完善以新型工业化为动力的发展道路，持续推动国家经济体制的渐进式改革。中国特色经济发展模式是改革开放的深刻总结和高度概括，是指引中国人民走向小康社会和顺利实现两个百年目标的科学指南。中国特色经济发展模式为世界经济发展提供了中国经验和中国方案。

一、持续推动国家经济体制的渐进式改革

回顾改革开放的四十多年历程，坚持社会主义基本经济制度，坚持发展市场经济，坚持"两个毫不动摇"的基本方针，是我国持续推动国家经济体制的渐进式改革的基本经验。

（一）中国特色社会主义市场经济体制的逐步建立

社会主义市场经济体制的建立是党对中国特色社会主义道路做出的科学探索。党的十一届三中全会开启了社会主义市场经济的改革历程。1979 年陈云同志提出了社会主义必须有"计划经济和市场经济"两种经济形式的观点，随后1981 年党的十一届六中全会正式提出"计划经济为主，市场调节为辅"的经济模式。1984 年党的十二届三中全会破除了"商品经济同计划经济和社会主义制

度相对立"的观念,提出我国社会主义经济是公有制基础上的商品经济。1987年党的十三大提出了社会主义有计划的商品经济体制应该是"计划与市场内在统一的体制"。邓小平同志1992年讲道:"计划和市场都是经济手段。""计划多一点还是市场多一点,不是社会主义与资本主义的本质区别。"① 党的十四大明确提出我国经济体制改革目标是建立社会主义市场经济,转换国有企业的经营体制。党的十四届三中全会通过的《关于建立社会主义市场经济体制若干问题的决定》,明确了建立社会主义市场体制的基本框架,把"三个有利于"作为判断市场经济改革成败和方向的标准。2002年党的十六大提出"两个毫不动摇"的论断,进一步确定了市场经济的改革方向。2003年党的十六届三中全会提出了完善社会主义市场经济体制的目标和任务。2007年党的十七大提出从制度上要更好地发挥社会主义市场经济基础性作用,形成有利于科学发展的宏观调控体系。至此,我国社会主义市场经济建设的目标基本完成,市场化程度和宏观调控能力达到较高水平,我国经济发展上升到了一个新的高度。

新时代社会主义市场经济体制的进一步完善将会更好地满足人民美好生活的需要。在经济发展进入新常态的背景下深化社会主义市场经济体制,在更大范围内发挥市场的资源配置作用成为经济体制改革的主要问题。党的十八大重申了社会主义市场经济体制的改革目标,即坚持社会主义市场经济的改革方向,完善各种制度,更大程度、更广范围发挥市场在资源配置中的基础性作用。2013年党的十八届三中全会通过的《中共中央关于全面深化改革若干重大问题的决定》指出,要使市场在资源配置中起决定作用和更好地发挥政府的作用,从"基础性作用"到"决定作用"充分反映了党对社会主义市场经济规律认识的不断深化,标志着我国社会主义市场经济进入了新的发展阶段。党的十九大提出加快完善社会主义市场经济体制,经济体制改革必须完善产权制度和以要素市场化配置为重点,实现产权有效激励、要素自由流动、价格反应灵活、竞争公平有序和企业优胜劣汰的市场秩序。② 历史发展经验表明,市场是资源配置最有效的形式,坚持社会主义市场经济改革的方向,结合政治、经济、文化、生态问题和党的建设的各个领域和各个方面,协调推进社会经济的全面发展,增强改革的整体性和协调性,让改革成果更好地惠及亿万人民是社会主义市

---

① 《邓小平文选》第3卷,人民出版社1995年版,第110页。

② 《中国共产党第十九次代表大会报告》。

经济的必然选择。

（二）中国特色社会主义经济制度的逐步完善

基本经济制度的建立充分释放了非公有制经济的活力。1981 年党的十一届六中全会通过的《关于建国以来党的若干历史问题的决议》提出，根据我国生产力发展的现状建立适合的生产关系，即个体经济作为国有经济和集体经济的补充。1982 年党的十二大阐明我国生产力水平低，需要多种经济形式并存。1987 年中央出台《关于把农村改革引向深入的决定》，第一次允许私营经济的存在。1987 年党的十三大报告指出城乡合作经济、集体经济、私营经济、中外合资经济和外商独资企业都可以作为公有制必要的和有益的补充。1992 年党的十四大明确提出我国经济体制改革的总目标是建立社会主义市场经济体制，实现社会主义市场经济和社会主义基本经济制度相结合。1993 年党的十四届三中全会通过《中共中央关于建立社会主义市场经济体制若干问题的决定》，进一步描绘了经济体制的总体框架，强调了国家宏观调控的重要作用。1997 年党的十五大明确了个体、私营等非公有制经济是社会主义市场经济的重要组成部分，公有经济包括混合所有制中的集体成分和国有成分，还首次提出"基本经济制度"的确切概念和内容。1999 年全国人大二次会议修订了《中华人民共和国宪法》，明确提出我国初级阶段的基本经济制度和非公有经济是社会主义市场经济的重要组成部分。2006 年党的十六大首次提出"两个毫不动摇"，提出公有制和非公有制都要统一到社会主义现代化建设中来。2007 年党的十七大提出"两个平等"，实现法律上的"平等"保护和经济上的"平等"竞争，标志着我国已经形成以公有制为主体的多种所有制经济共同发展的基本经济制度，实现了社会主义的本质要求和初级阶段的国情相结合，充分发挥了非公有制经济的活力，推动了社会主义经济的快速发展。

新时代基本经济制度的进一步完善，将会促进经济的高质量发展。党的十八大强调巩固和发展公有制经济，推行公有制多种实现形式，推动国有资本投向关系民生、国家安全和国家经济命脉的领域，不断增强国有经济的控制力和影响力。鼓励、支持和引导非公有制经济的发展，保障各类市场主体平等使用生产要素和参与市场竞争，受到宪法、法律和行业条例的保护。党的十八届三中全会提出"两个都是"的重要论断，强调公有制和非公有制都是社会主义市场经济的重要组成部分，都是我国经济社会发展的基础。党的十八届四中全会提出建立产权保护制度，加强对各种所有制主体和自然人的产权保护，破除各种有违市场规律单一保护非重要行业和关键领域国有企业的法律条款。党的十八届五中全会指出要鼓励民营经济依法进入更多的行业和产业之中，引入更多民营资本参与国有企业改革，引入先进的管理理念和经验，激发国有企业活力。党的十九大报告提出要加快完善国家的宏观调控能力，发挥国家的战略规划导向作用，健全财政、货币、税收等调控机制。同时支持和鼓励民营经济的发展，推动生产要素的有效流通，保证各类市场主体公平竞争。40 多年改革开放的成功经验表明我国社会主义基本经济制度具有科学性和合理性，极大地解放了社会生产力，建构了和谐的生产关系，是社会主义制度的重要支柱和社会主义市场经济的重要根基。

（三）社会主义基本经济制度和市场经济有机结合的必然性

社会主义基本经济制度和市场经济有机结合、公有制和非公有制经济的共同发展，是中国特色社会主义的伟大创举。社会主义基本经济制度和市场经济的有机结合并不是完全匹配，而是矛盾统一的有机体。首先，二者是相统一的。社会主义基本经济制度的兼容性使市场经济的发展成为可能。两者的结合在制度和法律层面确定了非公有制经济的合法地位，实现了生产社会化和生产资料共同占有基础上的多种所有制共同发展，为市场在资源配置中起决定性作用提供了制度保障。同时，社会主义市场经济既承认市场在资源配置中的决定性作用，又强调更好地发挥政府的作用。我国基本经济制度中的公有制为主体和国有经济在国民经济中的主导地位是国家宏观调控的根本保障，市场经济始终在公有制的主导下坚持社会主义发展道路。其次，社会主义基本经济制度和市场经济是相矛盾的。社会主义基本经济制度的目标是实现共同富裕，而市场经济却以优胜劣汰的相互竞争导致巨大的贫富差距。社会主义基本经济制度下的生产要求计划性，而市场经济的自发性必然导致整个社会生产的盲目性。这些矛盾充分表明我国实行社会主义市场经济的合理性和必要性，只有社会主义基本经济制度才能避免市场经济的贫富差距和生产的盲目性，最终实现全体人民的共同富裕，只有市场经济才能调动各个经济主体的活力和生产积极性，最终实现资源的有效配置。[1]

---

[1]　周叔莲：《把社会主义和市场经济更好地结合起来》，《经济研究》2004 年第 2 期，第 9 页。

社会主义基本经济制度是社会主义市场经济的根基。坚持基本经济制度是我国社会主义初级阶段的基本国情所决定的。我国是社会主义国家，首要目标是实现人民群众的共同富裕，而公有制经济是国家引导、发展和实现共产主义的主要力量。但我国社会主义初级阶段的生产力还存在发展不平衡和不充分的问题，需要非公有制经济作为公有制经济的补充力量，促进国民经济的发展。所以，基本经济制度是社会主义的生命线，发展社会主义市场经济必须坚持社会主义基本经济制度。首先，社会主义基本经济制度下的多种所有制经济可以为市场经济提供多元竞争主体。单一公有制经济的实质是单一计划经济。中华人民共和国成立初期，我国经济建设虽然取得了重大的成就，但从长远来看却形成了国有企业的垄断问题，导致国家经济失去活力，人民群众生产积极性严重受挫。而社会主义基本经济制度鼓励支持民营经济的发展，推行国有经济的混合所有制改革。其次，社会主义基本经济制度为资本和原材料等生产要素的流通提供了可能，实现了多种所有制经济的平等竞争，极大地提高了社会生产效率和资源配置效率。

市场经济符合社会主义基本经济制度的利益实现形式。社会主义的本质是解放生产力和发展生产力。只有生产力发展，才能为社会主义基本经济制度提供发展的空间，才能解决人民日益增长的美好生活需要，最终实现共产主义。而市场经济是当下社会主义初级阶段发展和解放生产力最有效的手段，是社会主义基本经济制度利益的有效实现形式。首先，市场经济具有高效的激励机制。社会主义市场经济既坚持基本的分配制度，承认公有制和非公有制企业的利益，同时也承认社会的整体利益，通过供需矛盾和价格机制优化资源配置，提高社会生产效率。其次，市场经济提供了促进公有制和非公有制经济共同发展的机制。公有制是社会主义主导力量，在基础设施建设、国防科技等关乎国计民生的重要领域发挥着重要作用，引导和支持非公有制经济朝着社会主义道路前进。非公有制经济在非关键领域和特殊行业与公有制经济相互补充，非公有制企业的人才培养机制、企业文化和信息化发展、产品研发机制等方面都可以为公有制经济的发展提供借鉴。"公有制经济和非公有制经济都是社会主义市场经济的重要组成部分，都是我国经济社会发展的重要基础。"①

---

① 《中共中央关于全面深化改革若干重大问题的决定》，十八届三中全会审议通过，2013
年11月15日。

混合所有制是基本经济制度的有效实现形式。"国有资本、集体资本、非公有资本等交叉持股、相互融合的混合所有制经济，是基本经济制度的重要实现形式。"① 首先，公有制经济通过混合所有制可以增强国有经济的影响力和扩大国有经济的发展潜力。国有企业可以吸纳民营企业的资本、技术等，在民生、公共服务等领域和行业确保公有制是基本经济制度的主体，更好地服务国家发展战略。其次，国家支持和鼓励非公有资本通过出资入股、收购股权和股权置换等方式参与国有资本企业的项目，一方面平等获得国家经济快速发展的红利，另一方面积极参与到国家的建设当中，推动国家产业结构的转型升级。同时国家允许混合所有制企业的员工获得企业股份，建立股权约束的长效激励机制，特别是研究所、高新技术企业和科技服务型企业的技术员工和优秀人才持股，有利于调动科研人员和管理人员的积极性和创造性，形成资本所有者和劳动者利益者的共同体。最后，混合所有制有效实现了所有权与经营权的分离，更加有利于促进企业发展。董事会、股东大会拥有所有权有利于约束和激励管理者共同谋求企业的发展，有利于在基本经济制度中不断建立现代企业制度和规范的委托代理模式以及流转顺畅的产权运行机制。②

二、始终坚持独立自主、自力更生的对外开放道路

经济全球化是一把"双刃剑"，包含着复杂的矛盾和巨大挑战。我国改革开放和社会主义市场经济成功的原因在于在积极参与全球化的过程中，始终坚持独立自主、自力更生的原则。

（一）新时代我国对外开放的新历程

对外开放是决定当代中国命运的关键抉择。1978 年党的十一届三中全会以巨大的决心和政治魄力把工作重心转移到经济建设上，开启了改革开放的历程。这一决定中国命运的战略抉择具有特殊的历史背景。从国内来看，以阶级斗争为纲的政治路线给人民生活和社会主义建设带来了巨大的灾难，长期闭关锁国的政策使我国处于封闭的状态，经济发展水平落后。从国际来看，第三次科技

---

① 《中共中央关于全面深化改革若干重大问题的决定》，十八届三中全会审议通过，2013年 11 月 15 日。

② 庄聪生：《混合所有制所有权和经营权要真正分离》，中国混合所有制与国企改革研究网，2018 年 10 月 27 日，http：//www.yccn.org/newsshow.asp？big＝2&id＝513。

革命兴起，西方国家迅速进入了后工业时期，实现了产业发展水平的飞跃。面对巨大的发展差距，要实现我国经济的快速发展，提高人民的生活水平，赶上西方国家的发展水平，必须实施对外开放。党在综合分析国内外发展形势的基础上，果断开启了对外开放的道路。经过40多年的快速发展，改革开放取得了举世瞩目的伟大成就。从1978年到2018年，我国国内生产总值从3645.2亿元上升至90多万亿元，经济总量达到世界第二位，年均增长9.8%，占全球经济总量的15%，增长近25倍。开放型经济逐步形成，我国贸易总量由世界第29位上升到世界第2位，贸易总额从206.4亿美元增加到4.62万亿美元。人均国民收入不断提高，由190美元上升到9732美元，按照世界银行的标准，我国已经进入中等收入国家行列。历史和实践表明，坚持对外开放的基本国策是中国取得辉煌成就的有效举措。[1]

新时代我国进入了全面对外开放的阶段。党的十八大提出，为适应经济全球化的新挑战，要实行更加积极主动的开放战略，建立互利共赢、多元平衡和安全高效的开放型经济体系，充分利用国内资源、基础设施和社会主义市场经济制度等优势，推动对外开放向更高层次发展，协同推进与其他国家特别是发展中国家的经济贸易往来。自2013年以来，"一带一路"建设取得了明显的成效，我国企业对沿线国家直接投资超过900亿美元，在沿线国家完成对外承包工程营业额超过4000亿美元。我国与40多个国家签署了产能合作协议，与法国、意大利、西班牙、日本、葡萄牙等国签署了第三方市场合作文件。[2] 党的十八届三中全会强调"引进来"和"走出去"并重，用好国内、国外两种资源，加快构建更高水平的开放型经济新体制，加快自由贸易试验区建设，形成面向全球的自由贸易网络。党的十九大提出积极发展全球伙伴关系，寻求与各国经济利益交汇点，构建新型大国关系和睦邻友好的周边国家关系，继续推进和深化对外开放的步伐，构建人类命运共同体，用中国方案推动经济全球化朝着更加开放和普惠的方向发展。

（二）独立自主、自力更生是对外开放取得成功的保障

在经济全球化的过程中，虽然众多殖民地国家在第二次世界大战后实现了

---

① 数据来源于国家统计局官网。

② 参见《共建"一带一路"倡议：进展、贡献和展望》，中华人民共和国中央人民政府网，2019年4月22日，http://www.gov.cn/xinwen/2019-04/22/content_5385136.htm#1。

民族独立，但在经济上仍然依附于西方发达国家。发展中国家在世界经济体系中处于产业链底端，而发达国家则处于产业链的绝对支配地位，攫取了高额利润。面对全球化经济的两极格局，只有坚持党的领导，坚持中国特色社会主义道路，始终坚持独立自主、自力更生的对外开放基本原则，才能实现经济持续稳定发展，提高防范和应对重大金融风险的能力。

知识链接

依附理论

从发展社会学的观点来看，依附理论是国际经济和政治关系中影响重大的一种理论。这一理论经历了从悲观的古典依附论到具有乐观色彩的依附发展论的演变。霍布森、普雷维什、弗兰克和阿明对古典依附论的创立和发展做出了贡献。卡多索和埃文斯的观点则是依附发展论的代表。依附发展论可以作为研究中国发展问题的理论视角。依附论从一种经济与政治的相结合的角度出发论证当代发展中的边缘国家与西方发达中心国家之间的发展问题，因而，从一种学科角度上讲，依附论应划归为西方国际政治经济学的一种理论流派。

第二次世界大战后，先前欧洲中心国家所殖民的广大亚非拉国家先后获得了政治上的独立，建立了拥有独立主权的民族国家。但从经济上分析，这些国家要么是不发达，要么是在经济上附属于西方发达国家。对于世界经济格局中的这种现状的经济学上的解释就应运而生，不发达与依附理论（the Dependency Theory）由此产生。在20世纪60至70年代，依附论得到了广泛的发展，可以说，它已经成为当代西方发展经济学理论流派中的一种激进的学说。

依附理论由阿根廷学者劳尔·普雷维什（Raúl Prebisch）在20世纪60—70年代最先提出。该理论认为广大发展中国家与发达国家之间是一种依附与被依附、被剥削与剥削的关系。在世界经济领域中，存在着中心—外围层次关系。发达资本主义国家构成世界经济的中心，发展中国家处于世界经济的外围，受着发达国家的剥削与控制。该理论是新马克思主义的一个重要理论学派之一。

坚持独立自主、自力更生，最关键的就是坚持党的集中统一领导。党是对外开放的倡导者、组织者和领导者，我国 40 多年对外开放的巨大成就表明党的领导是经济建设取得成功的关键。中国共产党领导的对外开放从传统的因循守旧到开放共赢，从闭门搞建设到敞开国门走向世界市场，从总结开放改革试点到确立全面对外开放，坚持有步骤地逐步推进，既有"敢为天下先"的勇气和魄力，又有确保稳步推进的耐心和定力。党充分发挥总揽全局的作用，统筹国内外两个市场，引导和激励各种经营主体积极参与社会主义市场经济建设。坚持对外开放，重视对外开放的战略布局。党面对复杂的执政环境，不断改进自身的领导方式和执政方式，坚持自我革新和自我完善，既不走封闭僵化的老路，也不走改旗易帜的邪路。新时代党面对严峻的国际贸易形势，坚持独立自主、自力更生就是要同时发挥好市场的决定性作用和政府宏观调控作用，开创新时代我国对外开放的新格局。

坚持独立自主、自力更生，最重要的是坚持中国特色社会主义道路。中国特色社会主义道路是实现社会主义现代化、创造人民美好生活的必由之路，是实现中华民族伟大复兴的必由之路。中国特色社会主义道路，坚持以经济建设为中心，坚持四项基本原则，坚持改革开放，统筹推进"五位一体"和"四个全面"的战略布局，不断解放生产力和发展社会生产力，逐步实现全体人民共同富裕、促进人的全面发展。党的十八大以来，党始终坚持以人民为中心，在中国特色社会主义道路上，独立自主，自力更生，积极应对国内外不断出现的新情况新问题，有效化解各类风险和挑战，不断取得新时代伟大斗争的胜利。① 当代中国历史性变革和历史成就，都无可争辩地证明，中国特色社会主义道路是一条通往伟大民族复兴的人间正道，是一条屹立于民族之林的宽广大道，必须在中国共产党领导下坚定不移沿着这条正确道路努力前行。

坚持独立自主、自力更生，最有效的策略是实施创新驱动的发展战略。习近平总书记提出："全党全社会都要充分认识科技创新的巨大作用，把创新驱动发展作为面向未来的一项重大战略。"② 首先，要做好顶层设计。立足我国科技发展现状，把经济发展水平和人民需要同长远发展目标统筹考虑，制定出切合实际的科技发展规划，营造良好的科技创新环境，加大配套的科技创新政策支

---

① 中共中央宣传部：《习近平新时代中国特色社会主义思想三十讲》，学习出版社 2019 年版，第 23 页。

② 习近平：《在十八届中央政治局第九次集体学习时的讲话》，人民网，2013 年 10 月 1 日。

持力度，加强知识产权保护。其次，要注重科技人才培养。建立健全人才管理和评价体制机制，激发各类科研人员的创新活力。深化教育制度改革，贯彻党的教育方针，创新教育理论和教学方法，促进教育均衡化发展，加快高等教育改革步伐，提高我国教育整体发展水平。最后，要深化科研机构改革。瞄准国家建设重大项目和重大民生工程的需求，以国家重大技术攻关为主线，统筹人力、物力和资金等资源，加快科技成果转化速度，同时加大对基础领域研究的支持力度，给予科研人员更大的技术决策权、资源调动权和经费支配权。坚持创新驱动战略是我国独立自主地开展对外开放的重要原则，也是贯彻自力更生原则的重要策略。

延伸阅读

1. 范从来：《探索中国特色社会主义共同富裕道路》，《经济研究》2017 年第 5 期。

2. 卫兴华：《〈资本论〉的当代价值》，《光明日报》2017 年 7 月 27 日。

3. 郑永年：《中国模式：经验与挑战》，中信出版社 2016 年版。

4. 迟福林：《建设现代化经济体系》，工人出版社 2018 年版。

第五章

新时代我国经济发展的布局

　　"五位一体"的总体布局和"四个全面"的战略布局是在深刻总结国内外经验教训和分析国内外发展大势的基础上形成的，也是针对我国所面临的实际问题和突出矛盾所做出的顶层设计。把发展需要和现实能力统筹起来，把长远目标和近期工作联系起来，做出实现更高质量、更有效率、更加公平和更可持续发展的顶层设计，是继续推动我国全面深化改革，进一步促进城乡融合、区域协调发展，实现我国经济高质量发展的迫切要求。①

第一节　坚持"五位一体"的总体布局

　　不谋全局者，不足谋一域。中国特色社会主义的布局，经历了从单一到多元、从线性到整体、从重点到全面的发展思维和理论构想。中国特色社会主义是全面发展的社会主义。经济建设、政治建设、文化建设、社会建设、生态文明建设作为一个有机整体，勾勒出富强民主文明和谐美丽的社会主义现代化强国的壮丽景象。"五位一体"总体布局，是党对"实现什么样的发展、怎样发展"这一重大战略问题的科学回答。

一、"五位一体"总体布局的历史进路：社会主义建设认识规律的深化

　　中国特色社会主义总体布局是对中国特色社会主义道路认识的深化，是对新时代我国社会主要矛盾认识的深化。"五位一体"总体布局为新时代我国社会

---

　　① 中共中央宣传部：《习近平新时代中国特色社会主义思想三十讲》，学习出版社 2019 年版，第 3 页。

主义发展指明了方向。

（一）中国特色社会主义总体布局的理论逻辑和时代逻辑

马克思全面生产理论是总体布局生成的理论基础。马克思把原始社会到共产主义社会由低级到高级社会形态演变过程划分为五个阶段，而物质生产对社会形态的演变起决定性作用。马克思指出"动物的生产是片面的，而人的生产是全面的"。① 马克思的全面生产理论认为物质生产对社会发展起决定性作用，但是社会发展的进步必须是全面发展的进步，不仅包括生产力和经济基础，还包括生产关系和上层建筑。也就是说除了物质生产还有精神文明、生产关系、人口和生态等方面的进步，是一种社会全面发展的总生产。在这个社会总生产体系中，五种社会生产均有不同的功能和作用。五种社会生产相互协调和彼此依存，任何一种生产都不可或缺，共同推动着人类社会的生存和繁衍。物质生产之外的生产对物质生产具有反作用，当其适应生产力的发展则推动物质生产的进步，反之，当其落后于生产力的发展时就会出现短板效应，阻碍社会物质生产和社会进步，甚至会造成社会的解体或崩溃。恩格斯曾阐述道："如果有人在这里加以歪曲，说经济因素是唯一决定性的因素，那么他就是把这个命题变成毫无内容的、抽象的、荒诞无稽的空话。"② 人类社会的进步是各种因素和力量共同作用的结果。马克思全面社会生产理论对我国社会主义现代化和民族复兴有着十分重要的现实意义，是中国特色社会主义总体布局的核心理论基础。中国特色社会主义的建设和发展是一个有机体，其中经济建设是根本，决定着国家综合国力和物质丰裕程度，是人民生活水平不断提高的根本保障。人民群众在基本物质条件得到基本保障以后就会提出新的更高的要求，充分行使当家做主的政治权利，享有积极向上和丰富多彩的精神文化，对更高的社会治理效率和良好的生活环境等方面的期待不断提高。所以，"五位一体"的总体布局是回应人民群众最根本利益和最美好生活期望的根本举措，是从现代化建设的角度和社会发展全局应对新矛盾和新问题，处理好效率和公平、眼前利益和长远利益、局部利益和整体利益的关系，化解生产力和生产关系、经济基础和上层建筑之间矛盾的理论创新。

新时代我国社会主要矛盾的变化是总体布局的时代逻辑。总体布局是马克

① 《马克思恩格斯选集》第 1 卷，人民出版社 2012 年版，第 57 页。
② 《马克思恩格斯选集》第 1 卷，人民出版社 2012 年版，第 57 页。

思全面生产理论和我国国情相结合，对新时代中国特色社会主义发展做出的顶层设计。社会主要矛盾的变化对中国特色社会主义总体布局提出了更高的要求。党的十九大做出了我国社会主要矛盾已经转变为人民日益增长的美好生活需要同不平衡、不充分的发展之间的矛盾的重要论断。随着我国全面建成小康社会目标的基本实现，人民对美好生活的需求已经更多地转变为对民主法制、精神文化和公平正义，特别是关系到人民群众的切身利益的生态环境有了更高期待。党的十八大适时提出把中国特色社会主义事业的总体布局由经济建设、政治建设、文化建设、社会建设的"四位一体"拓展为包括生态文明建设在内的"五位一体"。党的十九大进一步提出，到2035年基本实现"美丽中国"的建设目标，实现生态环境的良好恢复，到21世纪中叶，把我国建成富强民主文明和谐美丽的现代化国家，能否实现包括生态文明建设在内的"五位一体"总体布局已经成为新时代中国特色社会主义事业成败的关键。同时，我国发展不平衡不充分的问题，不仅表现在地域发展的差距方面，还表现在生态文明建设和社会治理等影响中国特色社会主义事业发展的短板方面，这就要求中国特色社会主义事业必须坚持"五位一体"的总体布局。

（二）中国特色社会主义事业总体布局的发展演变

改革开放初期，党的优先目标是实现国家工业化和保持经济快速发展。但以牺牲环境和资源为代价的传统发展模式对生态环境造成了极大的污染，制约了经济发展效率的提高和社会主义事业的全面发展。

中华人民共和国成立初期我国对现代化建设的探索初步形成了总体布局的思想。1957年毛泽东同志提出："将我国建设成为一个具有现代工业、现代农业、现代科学文化的社会主义国家。"① 1959年他又提出"建设社会主义，原来要求是工业现代化，农业现代化，科学文化现代化，现在要加上国防现代化"的"四个现代化"观点。1964年，第三届全国人民代表大会正式提出了建设"四个现代化"的任务，拉开了现代化建设的序幕。按照"四个现代化"建设的目标，我国仅用了二十多年时间，就把一个落后的农业国转变为初步实现工业化和农业机械化的国家。

从精神文明和物质文明并重的"两位一体"到富强、民主、文明的"三位

---

① 毛泽东：《关于正确处理人民内部矛盾》，《人民日报》1957年6月19日。

一体"的发展。党的十一届三中全会以后，邓小平同志强调我国要走出一条中国式的现代化道路，指出"党的政治路线就是一心一意地搞四个现代化建设"。① 党的十一届六中全会确定了以现代化经济建设、民主政治建设和精神文明建设为标志的全面建设社会主义的总任务，在理论和思想上首次突破"四个现代化"的束缚，首次把精神文明提高到国家建设的总体目标的高度。党的十二大提出实现工业、农业、国防和科学技术现代化，把我国建设成为高度文明和民主的社会主义国家，正式将精神文明和物质文明的建设并列，作为社会主义建设的重要方针确定下来。1986 年，党的十二届六中全会首次使用"总体布局"的历史性概念，提出不仅要继承"两个文明"的建设，还要推动政治体制的改革。党的十三大正式提出了社会主义初级阶段的基本路线，确定了富强、民主和文明的"三位一体"总体布局。从"四个现代化"到"两位一体"再到"三位一体"，表明党在深刻把握我国国情的基础上，对"什么是社会主义""怎样建设社会主义"有了更加深入的认识。

社会主义经济建设、政治建设、文化建设和社会建设构成了"四位一体"的总体布局。党的十四大确定了发展社会主义市场经济、社会主义民主政治和社会主义精神文明的三大目标。党的十五大确定了包括社会主义经济纲领、政治纲领和文化纲领的社会主义初级阶段基本纲领。2002 年，党的十六大首次把"社会更加和谐"纳入全面建设小康的宏伟蓝图，十六届五中全会提出"开创社会主义经济建设、政治建设、文化建设、社会建设的新局面"，初步构建了"四位一体"的总体布局。党的十七大明确提出"把我国建设成为富强民主文明和谐的社会主义现代化国家"，丰富和发展了社会主义初级阶段的基本纲领。强调"四位一体"的建设布局，说明党对中国特色社会主义建设事业有了比较深刻的认识。

"五位一体"的总体布局是新时代不断开创中国特色社会主义事业新局面的重要保障。党的十七大不仅明确了"四位一体"的总体布局，同时还第一次提出生态文明的建设理念。进入新时代以来，习近平总书记基于对我国经济发展进入新常态的判断，于 2012 年明确提出要把生态文明建设纳入社会主义事业总体布局之中，使生态文明建设的地位更加突出。党的十九大强调了新时代中国

---

① 中共中央文献研究室：《中共十一届三中全会以来大事记（上）》，人民网，2003 年 10 月 10 日。

特色社会主义事业总体布局是"五位一体",指出总体布局是新时代社会建设的路线图。"五位一体"总体布局从理论和实践上系统地回答了新时代发展什么样的社会主义、怎样坚持和发展社会主义的问题,是实现中国特色社会主义现代化和全面建成富强民主文明和谐美丽的社会主义现代化强国目标的重要保障。

二、"五位一体"总体布局的核心要义:布局新时代全面深化体制改革

党的十八届三中全会通过的《中共中央关于全面深化改革若干重大问题的决定》指出,全面深化改革必须遵从"五位一体"的总体布局,强调深化体制改革必须坚持以经济体制改革为重点,发挥经济体制在改革中的引领和先导作用,同时注重协同推进政治、文化、社会和生态文明等各方面的体制改革,实现国家体制和结构的整体发展和联动进步。

(一)深化经济体制改革,建立现代化经济体系

在当前我国经济发展进入新常态的背景下和"三期叠加"的关键时期,不断深化经济体制改革是国家跨越经济隘口的唯一手段。党的十九大报告对于建设现代化经济体系做出了全面的部署。第一,要深化供给侧结构性改革。把提高供给体系质量作为主攻方向,显著增强我国经济质量优势。第二,要完善国家创新体系建设。创新是经济发展的第一动力,创新体系是国家、企业和人民不断创新的制度保障和有力支撑。第三,实施乡村振兴战略。坚持农业农村优先发展,按照产业兴旺、生态宜居、乡风文明、治理有效、生活富裕的总要求,建立健全城乡融合发展体制机制和政策体系,加快推进农业农村现代化。第四,促进区域协调发展。建立更加有效的区域协调发展新机制。第五,加快完善社会主义市场经济体制。建立产权制度完善和激励有效,要素市场灵活流通和优化配置,企业公平竞争和优胜劣汰的现代化市场经济体制。第六,推动形成全面开放新格局。以"一带一路"建设为重点,坚持引进来和走出去并重,遵循共商共建共享原则,形成陆海内外联动、东西双向互济的开放格局。加快建设协调发展的产业体系,着力构建市场机制有效、微观主体有活力、宏观调控有度的经济体制,不断增强我国经济创新力和竞争力,是当前深化经济体制改革,建立现代经济体系的迫切任务。①

---

① 《中共中央关于全面深化改革若干重大问题的决定》,十八届三中全会审议通过,2013年11月15日。

（二）健全人民当家做主制度体系，发展社会主义民主政治

发展社会主义民主，就是要体现人民的意志、保障人民的权利、激发人民群众的创造活力，用制度体系保证人民当家做主。根据党的十九大报告的部署，第一，要坚持党的领导、人民当家做主、依法治国有机统一。三者统一于我国社会主义民主政治伟大实践。第二，加强人民当家做主的制度保障。要建立更加高效的人大专门委员会的组织制度，完善人大常委会和委员会的设置。第三，发挥好社会主义协商民主的重要作用。"推动协商民主更加合理、广泛、多层和制度化的发展"①，统筹推进多元化主体的协商制度建设，建立健全人民政协的民主监督体制机制。第四，深化依法治国实践。全面依法治国是国家治理的一场深刻革命，要加强全面依法治国的统一领导。第五，深化党政机构和行政体制改革。统筹设置党政机关，科学配置部门和内设机构权力，明确责任，强化事业单位改革。第六，巩固和发展爱国统一战线。要高举爱国主义、社会主义旗帜，牢牢把握大团结大联合的主题，坚持一致性和多样性统一，找到最大公约数，画出最大同心圆。

（三）坚定文化自信，推动社会主义文化事业繁荣兴盛

文化兴国运兴，文化强民族强。要坚持中国特色社会主义文化发展道路，激发全国各族人民的文化创新创造活力。第一，要牢牢掌握意识形态工作领导权。坚持正确舆论导向，高度重视传播手段建设和创新，提高新闻舆论传播力、引导力、影响力和公信力。第二，培育和发扬社会主义核心价值观。发挥社会主义核心价值观对精神文明建设的引领作用，把核心价值观融入社会建设的各方面，构建和谐有序的经济建设环境。第三，加强思想道德建设。深入实施理想和信念教育，弘扬民族精神和时代精神，加强爱国主义、集体主义和社会主义教育。第四，繁荣社会主义文艺。要坚持以人民为中心的创作导向，倡导有品位、讲原则和重格调的创作原则。第五，推动文化事业和文化产业发展。坚持社会效益和经济效益相统一的原则，完善文化产业管理政策、创新文化业态，建立现代化文化产业体系。

（四）创新社会治理体系，保障社会稳定有序健康发展

社会治理体系和制度的现代化是新时代我国现代化建设的重要组成部分，

---

① 《中国共产党第十九次代表大会报告》。

也是全面落实新发展理念、实现跨越式发展的重要切入点。首先，加强社会治理制度的建设。完善党委领导、政府负责、社会协同、法治保障的社会治理体制。坚持问题导向，坚持专项治理、依法治理、综合治理和源头治理的有效结合，实现治理体制各要素相互协调和相互支撑。建立参与主体多元化的治理模式，加强城乡社区自治组织的建设，破解社会治理难题，有效化解社会矛盾。其次，创新社会治理的方式方法。以信息化建设推进社会治理体系的智能化和专业化，转换社会治理理念，推进治理措施和需求的动态平衡，实现治理资源的高效配置。创新社会治理模式，引入社会治理项目管理机制，打造一体化的项目治理格局，实现责任清晰、治理有效的社会治理格局。最后，完善社会治理防控体系的建设。建立安全生产责任制和负责签字背书制度，树立安全生产理念，从源头遏制重大安全生产事故。加快社会治安防控建设，加大扫黄打黑工作力度，保护良好的城乡社会环境。建立社会心理服务和教育工作机制，弘扬爱国主义和集体主义风尚，形成崇尚理性、团结友爱、爱国奋进的社会氛围。

（五）加快生态文明体制改革，不断改善人居环境

中国特色社会主义生态文明观倡导建立以节约资源和保护生态环境为前提的发展模式，树立绿色发展理念。首先，树立"绿水青山就是金山银山"的发展理念。"绿水青山就是金山银山，保护生态环境就是保护生产力，改善生态环境就是发展生产力。"① 要始终把有效保护环境的基本原则贯穿于经济社会发展的始终，打造绿色低碳的产业体系，把经济高质量发展和"绿水青山就是金山银山"的理念相统一。要倡导绿色健康的生活方式和消费理念。要规范环境保护和治理体制，加大环境保护力度。其次，着力解决重大环境污染问题。在大气污染防治方面，坚持源头防治，加大严重排污企业整治力度，降低环境污染程度。在预防土壤污染方面，要加强对违规使用农药、塑料等生产污染的有效治理，提高化工企业排污标准。在水污染防治方面，要加大沿江、沿河、沿海企业排污监测和排查力度，严惩重罚环境违法企业。最后，加大生态环境系统的保护力度。要开展生态环境的修复工作，坚持自然恢复和人工修复相结合的理念，建造生态防护林，打造生态防护屏障。保护生物多样性，提高防沙固土综合治理水平，提高生态保护和修复能力。

---

① 中共中央文献研究室：《习近平关于社会主义经济建设论述摘编》，中央文献出版社2017年版，第37页。

三、"五位一体"总体布局的发展特征：强调绿色发展理念

"五位一体"的总体布局反映出生态文明建设是我国转变经济发展方式，实现高质量发展的关键因素。必须坚持经济发展与生态环境保护并重的发展理念。

（一）生态文明建设的历史必然性

重视生态文明建设是深刻理解和把握社会主义建设规律的必然选择。马克思指出："社会是人同自然界完成了的本质的统一，是自然界的真正复活，是人实现了的自然主义和自然界的实现了的人道主义。"① 马克思和恩格斯认为人和自然是辩证的统一体，人可以发挥主观能动性利用自然和改造自然界，但人的生存和生产生活始终离不开自然界。党的十八大以来，习近平总书记继承和发展了马克思主义经典作家关于生态环境的思想，指出当前我国处于跨越产业结构、能源结构和区域城乡调整的关键期，处于满足人民精神生活和美好生活期望的攻坚期，处于解决生态环境问题的窗口期。他多次强调："要像保护眼睛一样保护生态环境，像对待生命一样对待生态环境。"② 并且提出人与自然的和谐共生、绿水青山就是金山银山等重要理论。习近平总书记关于中国特色社会主义生态文明建设的理论立足于我国发展现状，深刻回答了为什么要保护生态环境、建设什么样的生态环境和怎样建设生态环境的重要问题，丰富和发展了马克思主义生态文明理论，指明了我国生态文明现代化建设的方向。

重视生态文明建设是中华传统文化应有之义。博大精深的中华文明孕育包含丰富的生态文化。《孟子》中的"斧斤以时入山林，材木不可胜用也"表达了取用有节、重视人与环境和谐相处的观点。我国是最早把生态保护纳入管理制度的国家，《周礼》载有"山虞掌山林之政令，物为之厉而为之守禁""林衡掌巡林麓之禁令，而平其守"，这种虞衡制度可看作我国最早的生态管理制度，秦汉时期虞衡制度分为林官、湖官、陂官、苑官、畴官等，一直延续至清代。周文王的《伐崇令》颁布了保护自然的律令并对违令者重惩。③ 中华传统文化尊重自然、顺应自然和保护自然的观念，体现了我国重视生态文明建设的优良传统，有助于推动生态文明建设，有效落实"五位一体"的中国特色社会主义

① 马克思：《1844 年经济学哲学手稿》，人民出版社 2000 年版，第 83 页。
② 习近平：《推动我国生态文明建设迈上新台阶》，《求是》2019 年第 3 期。
③ 习近平：《推动我国生态文明建设迈上新台阶》，《求是》2019 年第 3 期。

总体布局。

生态文明建设是实现民生发展和构建人类命运共同体的重要保障。基于对国内和国际两个大局的认知，基于对现实和未来态势的把握，习近平总书记提出了坚持民生发展的绿色属性和引领全球生态环境治理的绿色使命。第一，良好生态环境是最普惠的民生福祉。随着经济社会的发展，我国资源环境已经不堪承受高速增长带来的巨大压力。与此同时，随着社会主要矛盾的变化，人民对生态环境的要求也越来越高。习近平总书记强调，"要大力推进生态文明建设，提供更多优质生态产品，不断满足人民群众日益增长的优美生态环境需要"①。其次，良好的生态环境是构建人类命运的题中之义。当前的生态环境问题早已跨越国界成为全球问题，工业大生产使得自然界遭受严重的破坏，大自然对人类的报复也越来越频繁，气候变暖、核辐射、森林砍伐等都成为人类社会发展共同面临的严峻考验。中国秉持共商共建共享的全球治理观，积极承担与自身相符合的生态保护任务，不断加强同世界各国的合作，共同应对全球生态环境的恶化，从全球生态文明建设引领者的高度，为构建人类命运共同体提供保障。

（二）生态文明建设和经济发展相同的内在逻辑性

生态文明建设和经济发展都遵循新发展理念。第一，以科技创新为主的新技术应用注重解决经济发展的动力转换问题，实现高质量的发展。以创新为动力的发展旨在打造低能耗、环境友好型的发展模式，也是生态文明建设的出发点。第二，绿色发展着眼于打造人和自然的和谐关系，满足人民群众良好生态环境的需求，是发展理念，也是生态文明建设的理念。第三，经济发展与生态文明建设关系的实质是正确处理眼前利益和长远利益矛盾的问题。正确处理这一矛盾，必须遵循协调发展的理念，既要金山银山，又要绿水青山。第四，新时代的开放追求引进来和走出去并重，注重解决经济发展的内外联动问题。"一带一路"背景下的生态文明建设追求实现全球共同的生态保护，推崇治理污染、保护环境的跨国合作，共同应对人类面临的环境问题。第五，经济发展和生态文明建设的根本目标都是提高人民生活水平，让人民群众共同参与、共享经济发展和生态文明建设的成果。

---

① 习近平：《推动我国生态文明建设迈上新台阶》，《求是》2019 年第 3 期。

生态文明建设和经济建设的长远目标都是在全面建成小康社会的基础上实现社会主义现代化。首先，不断提高生产效率，确保在当前基本实现全面建成小康社会的基础上到 2035 年如期实现社会主义现代化的发展目标，是新时代经济建设的长远目标。其次，推动生态文明建设，建成资源节约型和环境友好型社会既是全面建成小康社会、实现社会主义现代化重要指标，也是长远指标。生态文明建设和经济建设都是"五位一体"总体布局的重要组成部分，必须协调发展，同步推进。

（三）转变经济发展方式，实现绿色发展

加快构筑绿色产业体系。打造绿色产业体系是实现经济可持续发展的必然选择，是有效缓解资源环境承载压力的必然之举。第一，要加快对传统落后产业的升级改造。加快淘汰落后的高耗能、高污染企业，推动生产工艺落后和技术含量较低的企业升级改造，提高资源利用效率。第二，不断壮大节能环保型产业。推动节能环保型产业和清洁能源生产产业的快速发展，降低工业发展的单位能耗和环境污染程度，加大对节能灯具、新能源汽车、光伏产品、风能发电等环保材料行业的扶持。第三，发展战略性新兴产业。大力发展生物、航天、新材料和人工智能技术，提高研发、设计和品牌管理能力，培育有市场潜力、高附加值和竞争优势的战略新兴产业。第四，建立新型现代农业。坚持生态化发展的道路，培育新型农业经营主体，推广农业科技，发展循环农业、乡村旅游等绿色产业。①

不断完善绿色发展制度。首先，要创新生态环境监管体制机制。在国家自然资源部的统一领导下，加快推动地方自然资源部门改革步伐，规范自然资源普查和监管工作，提高自然资源监管科技化水平和监管效率。完善主体功能区的配套政策，强化国家级生态公园、湿地和自然保护区为主体的自然保护和生态恢复体系机制。其次，健全绿色发展的法律制度。加快立法步伐，完善法制体系、条款，进一步提高绿色发展的法律保障能力。最后，严格执行资源有偿使用和生态补偿制度。加快自然资源及其产品价格改革，全面反映市场供求、资源稀缺程度、生态环境损害成本和修复效益。坚持使用资源付费和谁污染环

---

① 《发改委：完善绿色发展价格机制　加快绿色环保产业发展》，人民网，2018 年 7 月 2日。

境、谁破坏生态谁付费原则，逐步将资源税扩展到运用占用各种自然生态空间。①

积极推动生活方式的绿色化。党的十九大报告中指出："倡导简约适度、绿色低碳的生活方式，反对奢侈浪费和不合理消费。"首先，树立绿色消费观念。尊重、保护自然，在生产生活中兼顾长远利益和眼前利益，积极倡导绿色的消费观念，引导消费行为的绿色化。其次，倡导绿色生活方式。建立全民崇尚勤俭节约和绿色低碳生活方式的社会风尚，使绿色生活方式深入人心，以绿色消费带动绿色产业发展。

第二节　坚持协调推进"四个全面"战略布局

党的十八大以来，以习近平同志为核心的党中央坚持从中国特色社会主义战略全局的高度，确立了全面建成小康社会、全面深化改革、全面依法治国、全面从严治党的"四个全面"战略布局。"四个全面"战略布局是以新时代我国经济发展布局为依托，推动我国社会主义现代化建设和"两个一百年"战略目标实现的重要战略部署。

一、全面建成小康社会是新时代我国经济发展的必然要求

"小康"一词从古至今都在表达着老百姓对美好生活的期盼。中华人民共和国成立后，特别是改革开放以来，"小康"已经不再是憧憬和期盼，而是可以实现的奋斗目标。全面建成小康社会要从社会发展的经济建设、政治建设、文化建设、社会建设、生态文明建设五方面进行，其中重中之重是经济建设。

（一）全面建成小康社会要求转变经济发展方式

在我国实现全面建成小康社会的重要收官时期，经济建设的重要任务是转变经济发展方式实现高质量的发展。

一是要推动经济结构战略性调整。党的十八大报告指出，推动经济结构战略性调整是转变经济发展方式的主攻方向，必须以改善需求结构、优化产业结

---

① 《中共中央关于全面深化改革若干重大问题的决定》，十八届三中全会审议通过，2013年11月15日。

构、促进区域协调发展、推进城镇化为重点，着力解决制约经济持续健康发展的重大结构性问题。首先，在消费、投资和出口这三大需求中，我国经济的发展长期依靠投资和出口拉动，经济发展动力不足。扩大内需特别是扩大国内消费需求，促进经济增长由依靠投资、出口拉动向依靠消费、投资、出口协调拉动转变。提高中低收入者收入，充分发挥消费促进经济增长的动力功能，为经济可持续发展提供持久动力。其次，协调推进三大产业之间的协调升级，推动传统农业、工业向现代化转型，淘汰落后产能，加快发展现代第三产业服务业，使第三产业在国民经济中发挥更大作用。最后，缩小我国东、中、西部的经济发展差距，推动城市与农村协调发展，提高经济发展的整体素质和水平，为实现全面建成小康社会和可持续发展创造条件。

二是要实施创新驱动发展战略。习近平总书记指出，创新驱动发展是加快转变经济发展方式的必然选择。我们必须认识到主导国家发展命运的决定性因素是社会生产力发展和劳动生产率提高。只有不断推进科技创新，不断解放和发展社会生产力，不断提高劳动生产率，才能实现经济社会持续健康发展。当前，我国大多数产业处于国际产业链的中低端水平，生产过程资源消耗大、核心技术少、利润率低，提高科技自主创新能力是迫在眉睫的任务。我国实施创新驱动发展战略促进转变经济发展方式，最根本的是要增强自主创新能力，最紧迫的是要破除体制机制障碍，最大限度释放和激发科技作为第一生产力所蕴藏的巨大潜能。① 到 2030 年时使我国进入创新型国家前列，到中华人民共和国成立 100 年时使我国成为世界科技强国。②

三是要着力发展绿色经济。"小康全面不全面，生态环境很关键。"③ 绿色经济是同时兜住生态和发展的底线，是供给侧结构性改革和新时代经济转型的需要，为全面建成小康社会提供了节约环保的经济发展理念。着力发展绿色经济，一方面，要通过科技进步和创新提高绿色全要素生产率，以增加研发投

① 习近平：《在中国科学院第十七次院士大会、中国工程院第十二次院士大会上的讲话》，（2014 年 9 月），人民出版社单行本 2014 年版，第 8 页。

② 习近平：《为建设世界科技强国而奋斗——在全国科技创新大会、两院院士大会、中国科协第九次全国代表大会上的讲话》，新华网，2016 年 5 月 30 日，http：//www.xinhuanet.com/politics/2016-05/31/c_1118965169.htm。

③ 习近平：《在参加十二届全国人大二次会议贵州代表团审议时的讲话》，《人民日报》2014 年 3 月 8 日。

入降能耗、提效益，实现经济发展和资源环境保护相协调。倡导市场参与主体的多元化，促进资本等要素自由流动，共同打造绿色经济的健康发展环境。另一方面，牢固树立"绿水青山就是金山银山"的理念，政府机关大力引导、新闻媒体大力宣传、模范企业带头示范，多方位营造绿色经济的发展环境氛围，使绿色发展深入人心，让祖国的山川河流更加美丽，让人民的生活更加富足。

（二）全面建成小康社会要求优化经济结构

党的十三五规划提出，"到 2020 年国内生产总值和城乡居民人均收入比 2010 年翻一番"。这是我国经济社会发展、全面建成小康社会的主要目标之一。完成这一目标，需要优化经济结构、实现经济转型升级。

首先，产业结构转型升级。党的十八大以来，习近平总书记多次强调推动经济高质量发展，要把重点放在推动产业结构转型升级上。具体来说，一是要加快改造提升传统产业。通过新兴技术改造传统产业，重点是对工业的转型升级，使之更具有创新发展能力，能够不断适应市场的发展变化。二是要着力培育战略性新兴产业。战略新兴产业是以高精尖技术为主攻方向的创新型驱动产业，是经济发展稳定的主推力量，有利于优化经济结构，转变经济发展方式。三是要大力发展服务业特别是现代服务业。服务业是产业结构调整和优化升级的战略重点，要不断提高服务业的比重和质量，扩大服务业的规模范围，加快健全以现代物流为代表的现代生产性服务业和以旅游养生为代表的生活性服务业。

其次，调整优化收入分配结构。经济结构优化的目标之一是实现收入分配合理、缩小收入分配差距、促进社会更加公平正义。调整和优化收入分配结构应该把着力点放到"再分配"上来。一是政府通过税制税率的调整，提高个税起征点，促进建立起"低中收入者低税负、高收入者高税负"模式，合理调节劳动者收入报酬。二是推进和完善社会保障制度，建立更加公平合理的社会保障体系，扩大保障服务范围，合理确立社会保险基金的统筹层次，提升城乡社会救助体系规模，健全社会最低保障制度，稳住社会救治体系的"托底"功能。三是国家普惠政策倾斜于我国欠发达地区或乡镇的同时，加强欠发达地区的公共设施建设及科教文卫事业发展，保障人民生活更加幸福、社会更加公平公正、社会事业更加进步。真正把"努力实现居民收入增长和经济发展同步、劳动报酬增长和劳动生产率提高同步、提高居民收入在国民收入分配中的比重、提高劳动报酬在初次分配中的比重"变为现实。

最后，促进消费结构转变升级。随着我国经济的发展，居民生活水平不断提高，消费结构也呈现出不断升级的态势。但是我国大部分居民的收入水平依旧较低，仍需不断加快消费结构升级，继续推进中国经济向高质量发展转变。一是增加就业机会、扩宽就业渠道，提高居民可支配收入，形成合理的收入分配格局，提升人民消费信心，增加消费能力。二是鼓励企业通过提升生产效率、加大科技创新、优化产品结构，不断生产出质量高价格优的产品，做到将产品结构调整与居民消费升级的有机统一，形成可持续的良性互动，持续创造出有效的供给，满足居民多样化的消费需求。三是国家应加大对医疗、教育、养老、失业等保障力度，健全社会保障体系，从源头建立起居民的消费信心，消除居民消费后顾之忧，不断释放城镇居民的消费需求。

（三）全面建成小康社会要求完善社会保障制度

完善基本养老保险、医疗保险和最低生活保障制度，是人民获得感、安全感、幸福感的重要组成部分，更是我国全面建成小康社会的内在要求。

第一，完善基本养老保险制度。国家统计局数据显示，截至 2017 年，我国 65 岁及以上人口为 1.5 亿，占我国总人口数的 10.8%，而老年人口抚养比为 15.9%，2010 年为 11.9%。这意味着 14 岁至 65 岁的青中年除了抚养儿童以外，每 100 个人要赡养 16 位老人。庞大的老年人队伍和不断增长的人口老龄化规模对我国基本养老保险制度提出了更高层次的要求，只有不断完善基本养老体系才能为老年人提供无忧无虑的养老生活。首先，优化基本养老保险制度，优化基础养老金、职业年金和私人养老金三支柱之间的结构，做"稳"第一支柱，做"强"第二支柱，做"活"第三支柱。其次，在国家各项税务征收政策的规定下，实现全国养老保险基金的统一征收，并建立中央政府能够有效管理的养老保险资金池。在此基础上，通过全国统一实施相对公平均衡的养老金发放标准，来加快实现基本养老保险的全国统筹。最后，不断细分老年群众日益增长的养老保险需求，通过制度保障、经济支持等提升养老服务，使老年群体具有更多的满足感获得感。[1]

---

[1] 席恒：《新时代、新社保与新政策——党的十九大之后中国社会保障事业的发展趋势》，《内蒙古社会科学》（汉文版）2019 年第 40 期，第 29-30 页。

第二，完善基本医疗保险制度。党的十九大报告中指出，要"实施健康中国战略"，就是要完善国民健康政策，重点是完善基本医疗保险制度，切实提高人民健康水平。首先，通过制定和完善医疗保险相关的法律法规来加强、补充、监督城乡居民基本保险的落实与发展。其次，完善大病保险制度，提高城乡居民大病报销比例，扩大医保保障范围，进一步提高医疗保险的保障水平。最后，鼓励多元主体参与医疗改革事业，减轻政府财政负担，提高医疗服务能力，降低医疗费用，提升医疗保障能力。

第三，完善最低生活保障制度。首先，要规范城乡低保覆盖范围，贯彻城镇低保制度，扩大低保范围；摸排农村低保户实际情况，完善低保管理制度和退出机制。其次，低保制度的制定与实施都离不开政府的主导作用，在政府的主导作用下自觉形成社会组织参与、受助群体配合的良好模式，充分保证低保工作的高效率运作。最后，根据社会经济的平均发展情况与各个地区的经济实际发展水平完善低保标准，做好低保制度与其他社会救助制度的有效衔接，补齐社会保障领域短板弱项。

二、全面深化改革是新时代我国经济发展的活力之源

全面深化改革对于新时代我国经济建设具有重要意义，要准确把握全面深化改革进入新阶段的新要求，推动经济社会发展全面提高。

（一）全面深化改革要求完善财税体制改革

党的十九大报告强调，"加快建立现代财政制度，建立权责清晰、财力协调、区域均衡的中央和地方财政关系。建立全面规范透明、标准科学、约束有力的预算制度，全面实施绩效管理。深化税收制度改革，健全地方税体系"。这一要求凸显了全面推进以建立现代财政制度为标志的新时代财税体制改革的重要性与紧迫性。

第一，调整中央和地方财政关系。党的十八届三中全会首次提出"建设现代财政制度"这一财税体制改革的总目标，并提出了"财政是国家治理的基础和重要支柱"的论断。党的十九大则在此基础上进一步要求"加快建立现代财政制度"，并且强调"建立权责清晰、财力协调、区域均衡的中央和地方财政关系"。调整中央和地方财政关系，一是应该在加快建立现代财政制度上优化营商环境，加快建立专门的财政管理机构。二是在调整中央和地方财政关系上，必

须建立一个平衡融洽的中央与地方政治组织关系，这是政府运行效率的重要体现。

第二，深化预算管理制度改革。财税体制改革的关键和基本要求就是预算管理制度改革。随着我国社会主义市场经济的不断发展和全面深化改革的推进，2014 年 8 月，全国人大审定并通过了《新预算法》。《新预算法》的实施是国家治理体系和治理能力现代化的具体落实，体现了四大创新性亮点。一是打通了公共财政预算、政府性基金预算、国有资本经营预算、社会保障预算四大预算体系；二是从法律层面规范各级政府债务管理，把风险关进"笼子"里，加强地方政府债务"闭环管理"制度，促进经济健康可持续发展；三是从财政转移支付的种类、原则和目标以及一般性转移支付、专项转移支付和管理制度这五方面做了细致的规定；四是要求从公开内容、公开时间、公开主体三个层次对政府预决算事务做出了明确规定，实现有效监督，建立全面规范、公开透明的预决算制度。

第三，深化税收制度改革，健全地方税体系。在过去的几年间，国家几乎所有的财税改革都体现在以"营改增"为主的间接税上，导致直接税改革进展缓慢、裹足不前。党的十九大报告提出，深化税收制度改革，健全地方税体系，逐步提高直接税，目标是形成税法统一、税负公平、调节有度的税收制度体系，促进科学发展、社会公平和市场统一。政府要适应从企业取得税收向以家庭或个人为单位的税收改变，重点改革包括增值税、消费税、资源税、环境保护税、房地产税、个人所得税在内的六大税种。推进增值税改革，降低税率，激发市场主体活力；调整消费税征收范围，调节税率结构及征收环节，提高消耗资源的一次性餐具、彰显品位的高档消费品、奢华享受的高消费项目的税率；推动资源税改革和环境保护费改税，尤其是要加快房地产税和个人所得税改革，健全地方税体系。

（二）全面深化改革要求建立现代市场体系

建立现代化经济体系是全面深化改革和实现社会主义现代化强国的必然要求和必由之路，也是着眼于实现"两个一百年"奋斗目标、顺应中国特色社会主义进入新时代的新要求做出的重大决策部署。

第一，全面实施市场准入负面清单制度。2018 年 12 月 25 日，国家发展改革委、商务部发布《市场准入负面清单（2018 年版）》，清单主体共 151 个事项、581 条具体管理措施，包括禁止准入类事项 4 项、许可准入类事项 147 项、新版负面清单缩减事项 177 项，具体管理措施减少了 288 条。① 对于负面清单中规定的"禁止准入类"和"许可准入类"事项，市场主体按照规定的条件划分是否属于可入内范围，对于负面清单以外的市场主体，则实施"非禁即入"，即国企、民企、外资企业及中小企业等各类市场主体皆可依法平等进入，政府不再审批，真正实现了一视同仁、权利平等。市场准入负面清单制度的全面实施，有利于构建现代市场体系，打破各种歧视和隐性壁垒，营造公开透明、诚信开放的营商环境。

第二，完善落实产权保护制度。产权制度是关于产权界定、运营、保护的一系列体制安排，是社会主义市场经济存在和发展的根本。2016 年 11 月 27 日，中共中央、国务院发布的《关于完善产权保护制度依法保护产权的意见》，是完善产权保护制度的纲领性文件，是党和国家保护各种所有制经济组织和公民财产权的重大宣示和庄严承诺，是建设社会主义市场经济、社会主义法治经济的重大改革举措。② 尽管当前我国大力推进产权制度改革，全社会产权保护意识逐渐增强，产权保护力度也不断加大，但依旧存在较大进步空间。一方面，要进一步完善各种所有制经济组织产权和合法权益，保证依法平等使用生产要素，公平参与市场竞争，公正享受法律保护。另一方面，加大力度健全公民财产保护制度，让公民的权益依法受到保护，增强人民群众的财产安全感，营造社会公平公正的良好环境以及国家长治久安的和谐局面。

第三，建立健全社会信用体系。诚信问题不仅是衡量个人品格的重要因素，也是经济社会持续健康发展的基石，是良好的经济秩序和社会秩序的根基，是一切文明的立足点。在市场经济中，为防止企业间恶性竞争，确保市场信用环境稳定有序，必须建立健全社会信用体系。一方面，应集中各部门、各领域相关利益主体，共同搭建社会信用体系平台，实现社会信用体系共建共治共享的良好社会氛围；另一方面，应利用社会信用体系所具有的记忆功能、揭示功能及预警功能，加强对诚实守信和违约失信的信用主体分别履行奖惩措施，鼓励守信群体越来越守信，严惩失信群体，使之不敢再失信，从而解决市场经济发

---

① 《新版市场准入负面清单缩减 177 项事项 增设地方性许可措施》，新华网，2018 年 12 月 26 日，http://www.xinhuanet.com/2018-12/26/c_1123904371.htm。

② 人民日报评论员：《完善产权保护制度 严格依法保护产权》，人民网，2016 年 11 月 28 日，http://cpc.people.com.cn/pinglun/n1/2016/1128/c78779-28900757.html。

展中"诚信缺失"的问题，为我国社会主义市场经济不断走向成熟开拓出一条平坦大路。

（三）全面深化改革要求建立开放型经济新体制

习近平主席在博鳌亚洲论坛2018年年会开幕式上的演讲中指出："中国将继续扩大开放、加强合作，坚定不移奉行互利共赢的开放战略，坚持引进来和走出去并重，推动形成陆海内外联动、东西双向互济的开放格局。"①

第一，继续推行"一带一路"建设。2013年习近平主席提出的"新丝绸之路经济带"和"21世纪海上丝绸之路"合作倡议，得到了世界上绝大多数国家的支持与响应。《中国财经报道》资料显示，截至2018年，我国已与100多个国家和国际组织签署了共建"一带一路"合作文件，与沿线国家已建设80多个境外经贸合作区，为当地创造了24.4万个就业岗位。尽管"一带一路"建设取得了显著的成效，但是由于沿线国家经济发展程度及政治文化背景差异较大，也为我国继续加大力度推行"一带一路"倡议提出了挑战。为此，我国在把握"一带一路"建设的方向时，更应注重发挥市场和企业的作用，努力形成政府、市场、社会有机结合的合作模式，形成政府主导、企业参与、民间促进的立体格局。同时，"一带一路"建设既要确立国家总体目标，也要发挥地方积极性。地方的规划要符合国家总体目标，服从大局和全局。在制定合作规则和方案时，要彰显大国智慧，用中国方案造福沿线国家，形成一个相互欣赏、相互理解、相互尊重的人文格局。②

第二，推进自由贸易试验区建设。当前，全球自贸区建设如火如荼。党的十七大把自由贸易区建设上升为国家战略，党的十八大提出要加快实施自由贸易区战略。推进自贸区建设是我国全面深化改革的重大战略举措，是扩大对外开放的重要抓手。首先，应按照国际高标准提高贸易区的建设层次，促进我国对外开放程度，促进经济发展。其次，进一步实行市场准入改革，将政府权力下放至市场，为外商开展"准入前国民待遇"及"负面清单"管理，为其投资创造一个更加公平透明的市场环境。最后，突破已经覆盖的双边及多边贸易区，扩大建设面向全球的高标准自贸区网格，深度促进我国跨国贸易发展。

① 习近平：《开放共创繁荣创新引领未来》，《人民日报》2018年4月11日。

② 习近平：《发挥市场作用 引导社会力量建设一带一路》，凤凰财经网，2016年4月30日，https://finance.ifeng.com/a/20160430/14357339_0.shtml。

第三，推进亚投行建设，完善全球经济治理体系。为了促进亚洲区域建设及经济一体化发展，由习近平主席倡议筹建的亚洲基础设施投资银行于 2015 年 12 月筹建成功。亚投行的建立顺应了世界金融秩序的要求，完善了世界金融体系，为亚洲国家的经济发展提供了金融支持，提高了我国参与全球经济治理的能力。在我国经济发展新常态下，亚投行的建立有助于提高我国外汇储备使用效率、工程建设项目出口、转移和消化国内过剩产能，促进经济结构转型升级，同时也为"一带一路"建设提供了资金保障。亚投行为我国金融体制改革创造了更大空间，有利于扩大市场化范围，完善金融机构市场化退出机制，扩大人民币跨境使用与推动人民币汇率市场化改革，同时，还有利于加强国际金融合作与推动资本项目开发。

三、全面依法治国和全面从严治党是新时代我国经济发展的根本保证

护航我国经济发展，一靠全面依法治国，二靠全面从严治党。在宪法和法律的框架内，推进法治市场经济的建立与完善，为市场经济的发展保驾护航，引导经济发展的正向预期。

（一）加强全面依法治国，推动经济社会发展

"法律是治国之重器，法治是国家治理体系和治理能力的重要依托。要推动我国经济社会持续健康发展，不断开拓中国特色社会主义事业更加广阔的发展前景，就必须全面推进社会主义法治国家建设，从法治上为解决这些问题提供制度化方案。"① 全面依法治国开启了中国法治建设的新时代，是社会主义法治国家建设的新标杆，为社会主义市场经济的和谐有序提供了法治保障。

第一，依宪治国是核心。"法者，天下之程式也，万事之仪表也。"宪法作为我国的根本大法，具有最高的法律地位、法律权威、法律效力，是治国安邦的总章程，是党和国家事业发展的根本法治保障。中华人民共和国成立 70 多年来，特别是改革开放 40 多年来，宪法在改革开放和社会主义现代化建设的历史进程中发挥了十分重要的作用。在社会主义现代化进程中，宪法对于我国现代经济体系发展的保障与推动作用，主要体现在两个方面，一是确立了社会主义市场经济下公有制经济在国民经济中的主体地位，奠定了我国经济发展的基础；

---

① 《关于〈中共中央关于全面推进依法治国若干重大问题的决定〉的说明》，《中国共产党第十八届中央委员会第四次全体会议文件汇编》，人民出版社 2014 年版，第 68-69 页。

二是明确了非公有制经济是我国社会主义市场经济的重要组成部分，为非公有制发展提供了可靠的法律保障与社会地位，保护了其合法权益和利益，充分调动了其积极性。实践证明，要推动社会主义市场经济持续健康发展，必须坚持依宪治国，遵照宪法这个最高纲领、秉持法治这个准绳，才能保证中国特色社会主义事业蓬勃发展。

第二，科学立法是前提。"良法是善治之前提"。科学立法之所以是依法治国的前提，是因为立法的质量关系到法治的质量，法治的质量又是发展社会主义市场经济的保障。科学立法重在"科学"两字，讲究立法过程和立法结果都要具有科学性、符合经济规律和社会规律。在立法的过程中，要注重提高立法质量和立法效益。健全宪法实施和监督制度，严格地将制度和权力关进法律的笼子里，保证国家权力能够得到制约，同时确保将立法的体制成本、技术成本、监督成本以及法律的实施成本控制在适度的范围内，努力实现社会主义法治效益的最大化。在立法的结果上，要注意体现立法的正当化和民主性。通过提高立法和法律监督的公众参与度，建立公平公正、符合人民意愿的立法机制，真正使每一项立法都符合宪法精神，得到人民拥护。

第三，严格执法是关键。法律的威严在于执行，若仅有立法却无执行，那么法律的效应等于零。严格执法的过程，是行政机关执法和市场主体自觉守法的统一，若行政机关不按法律程序办事、执法能力不强，市场主体违法经营、不正当竞争，都会造成社会主义市场经济秩序的混乱。只有将严格执法与市场导向结合，使市场导向发挥出最大的作用，才能体现出严格执法真正意义。同时，执政执法信息公开平台是执法主体有效引导市场的手段，通过多种方式公开执法信息，促进行政执法公开透明、合法规范，加快建设法治政府，进一步推进"放管服"改革，优化经济社会发展环境。

第四，公正司法是防线。公正司法包括公正实体和公正程序，在履行司法程序中不违背法律要求，不偏袒弱者不倚仗强者，时刻体现着公平、平等、正当、正义的精神。健全的市场机制除了建立必要的配套伦理机制外，法律也是不可缺少的约束机制，在市场经济中，司法的公正是经济活动主体高效有序地从事合法交易的保证。同时，经济主体的财产权能够得到保障、经济纠纷能得到顺利解决、交易秩序也能够较好维持，对于违规的经济主体，司法机关应及时进行信息公示并追究责任。总之，市场经济的健康发展离不开司法系统提供保障，公正司法更是保障市场经济公平公正的最后一道"防线"。

第五，全民守法是基础。人民群众是法律实施的重要主体，全民守法作为依法治国的重要基础和根本力量，具有不容小觑的重要性。"全面推进依法治国，必须坚持全民守法"①。全民守法，首先要领导干部带头守法，在法律面前不讲身份、不讲特权，强化领导干部在推进经济改革发展的过程中的法治观念和法治思维。其次要加强人民群众的法治意识，不触碰法律底线，严格在法律规定的范围内活动，在遇到社会矛盾及经济纠纷的过程中，优先选择司法程序作为寻求救济的最佳渠道，同时积极配合行政执法，共同维护社会主义市场经济运行的良好秩序。最后要在全社会范围内树立法律信仰，形成崇尚法律、信赖法律、遵守法律、捍卫法律的良好风气。正如习近平总书记所指出的："法律要发挥作用，需要全社会信仰法律。"② 虽然法律是通过国家强制力去执行的，但是人民群众信仰法律、认可法律、遵守法律，法律的意义和价值才能真正体现。

（二）加强全面从严治党，不断提高党领导经济建设的水平

中国共产党是中国特色社会主义事业的坚强领导核心，是最高政治领导力量，我国经济发展的各领域、各方面工作都离不开党的领导，不断提高党领导经济的水平是新时代全面从严治党的必然要求。这一要求，对于坚持和完善中国特色社会主义经济制度，推动经济持续健康发展，具有十分重要的意义。

第一，加强党中央集中统一领导。事在四方，要在中央。坚持党中央集中统一领导是党的领导的最高原则，在根本上关乎党和国家前途命运、关乎人民根本利益。新时代风云迭起，机遇伴随危机，发展伴随挑战，我国经济正在具有很多新特点的伟大征程中，谨慎远航。改革发展、建设现代化经济体系、振兴实体经济、防范化解风险，这些事关国家前途命运的经济建设，不仅任务重、难度大，而且时间紧迫。越是处于攻坚克难的非常时刻，越是要强化政治意识、增强政治定力、坚定政治立场，越是要加强党中央对经济工作的集中统一领导。如果否定或者削弱党中央的集中统一领导，必然会出现全国一盘散沙的僵局，也会引发一系列难以修复的后果。所以，必须坚决加强党的集中统一领导，把

---

① 习近平：《在十八届中央政治局第四次集体学习时的讲话》，《人民日报》2013 年 2 月 25 日。
② 中共中央文献研究室：《十八大以来重要文献选编》（上），中央文献出版社 2014 年版，第 721 页。

党中央的各项方针政策落到实处，这不仅是一个重大的政治原则，也是社会主义经济持续健康发展的根本保证。

第二，激励党员干部担当作为。党员干部是党和国家事业的中坚力量，党员干部若是缺乏积极性和执行力，国家的大政方针执行起来就毫无保障。改革开放40多年来，特别是党的十八大以来，在以习近平同志为核心的党中央坚强领导下，党和国家各项事业取得了一系列骄人成就，这些成就与广大党员干部锐意进取、担当奉献密不可分。当前，我国社会主要矛盾已经转变，人民对美好生活需要的范畴日益扩大，除了物质文化生活需要提高到更高的层次以外，在民主、法治、公平、正义、安全、环境等方面的要求也日益增长。在这一背景下，建立高素质专业化的干部队伍尤为重要。为此，应着重聚焦党员干部动力不足"不想为"、能力不足"不会为"、担当不足"不敢为"等突出问题，实施严管与关爱结合、约束与激励并重机制，充分调动和激发干部队伍的积极性、主动性、创造性，切实增强党员干部队伍的政治担当、责任担当、历史担当，努力把党员干部培养成人民信赖的好公仆，为人民对美好生活的向往保驾护航，创造出属于新时代的辉煌业绩。

第三，加强学习和调查研究。实践是检验真理的唯一标准。广大党员干部要深入学习领会习近平新时代中国特色社会主义思想，特别是经济思想的核心要义。丰富人工智能、数字经济、现代金融等领域的专业知识，完善自身知识储备，优化知识结构，在工作中强化实践应用。同时，党员干部要提高自身调查研究能力，调查研究是对实践的结果进行剖析取证，一方面论证其理论的科学性，另一方面论证其理论的正确性，在此基础上再催生出更高级、更实用的理论。实践证明，提升党员干部学习和调查研究能力，是不断提高党领导经济的水平的内在要求，既可以增强党员干部的实干作风，也加强了各级党组织对经济社会发展各方面的深入了解，对更好地贯彻落实党中央决策部署起积极推动作用。

第三节 坚持问题导向 部署新发展战略

"发展是人类社会永恒的主题。"① 新时代经济发展面临诸多挑战，发现问题是发展的起点，是发现社会发展、经济发展的关键性出口。马克思认为，"问题就是时代的口号，是它表现自己精神状态的最实际的呼声"②。习近平总书记指出，事物的矛盾普遍存在，问题是矛盾的表现形式，增强问题意识、坚持问题导向有利于深化认识、化解矛盾，从而实现工作的突破。坚持问题导向部署新发展战略，就是坚持马克思主义以人民为中心的观点，站在人民的立场上，以人民的需求为出发点，保障人民的利益诉求，从而更好地满足新时代人民对美好生活的需要；就是要补齐短板，实现经济全面协调可持续的健康发展。

一、聚焦城乡关系问题，实施乡村振兴战略

2013 年 12 月习近平总书记在中央农村工作会议上指出：农业现代化是"新四化"同步的短板问题。③ 当前，我国发展不平衡不充分问题在乡村最为突出，实施乡村振兴战略，是解决人民日益增长的美好生活需要和不平衡不充分的发展之间矛盾的必然要求。④

（一）实施乡村振兴战略是顺时应势之举

"三农"问题是历史问题，也是现实问题，其本质是城乡发展的失衡问题。这一问题的存在使我国的现代化步履沉重，问题的解决则会促进经济社会的全面发展。

当前，我国农村基础设施十分薄弱，公共服务供给严重不足，农村产业支撑乏力，人居环境亟待改善，城乡差距仍比较明显。⑤ 2018 年 3 月 8 日习近平

---

① 习近平：《致"纪念〈发展权利宣言〉通过三十周年国际研讨会"的贺信》，《人民日报》2016 年 12 月 5 日。

② 《马克思恩格斯全集》第 40 卷，人民出版社 1982 年版，第 289-290 页。

③ 《习近平关于全面建成小康社会论述摘编》，中央文献出版社 2016 年版，第 21 页。

④ 《中共中央国务院关于实施乡村振兴战略的意见》，人民出版社 2018 年版，第 1 页。

⑤ 魏后凯：《实施乡村振兴战略的目标及难点》，《社会发展研究》2018 年第 1 期，第 2-8 页。

总书记在参加十三届全国人大二次会议河南代表团审议时指出要把实施乡村振兴战略、做好"三农"工作放在经济社会发展全局中统筹谋划和推进。乡村振兴战略包括三方面的内涵:一是从"城乡一体化发展"转向"农业农村优先发展";二是从"推进农业现代化"转向"推进农业农村现代化";三是从"生活富裕、乡风文明、村容整洁、生产发展"转向"产业兴旺、生态宜居、乡风文明、治理有效、生活富裕"。①

我国工农城乡关系失调已经带来了严重后果。一是粮食的充分保障和安全问题。二是因"去农化"形成的大量人口在非农产业中的就业安排问题。三是因防止失业率过高而使国民经济不得不保持较快增长率;经济结构调整难以展开,产能过剩问题突出。四是社会秩序的安定和管理问题。五是国内市场的不断成长和有效提高需求问题。六是以特大城市为典型的城市病问题。七是生态环境恶化问题。八是中华民族文明的基础——家庭的完整和维系问题。九是在中国这样一个人口众多、农业人口比重大、人均资源高度紧张的国家,生产要素优化配置难度不断增大问题。②

没有农业农村现代化,就没有整个国家现代化。在现代化进程中,能否处理好工农关系、城乡关系,在一定程度上决定着现代化的成败。我国改革开放始于农村,当前的城乡融合发展和现代化建设新局面离不开乡村振兴。无论工业化、城镇化进展到哪一步,我国城乡将长期共生并存是客观现实,我国改革开放和社会主义现代化建设必须建立在农业和农村快速发展的基础上。③

(二)实施乡村振兴战略必须遵循发展规律

习近平总书记在中央政治局第八次集体学习中强调,实施乡村振兴战略,要按规律办事。实施乡村振兴战略,全面建成小康社会,尤其是在民生领域,加大对义务教育、基本医疗、住房和饮水安全、育幼养老等方面投入,解决好部分群众急迫的现实问题,就是要遵循、运用发展规律。

2018 年 9 月 21 日在关于实施乡村振兴战略的中央政治局集体学习中,习近平总书记提出要注意四方面的规律,一是要注重发挥好德治的作用,将德治与

---

① 蒋永穆:《基于社会主要矛盾变化的乡村振兴战略:内涵及路径》,《社会科学辑刊》2018 年第 2 期,第 15-21 页。

② 林刚:《中国工农—城乡关系的历史变化与当代问题》,《中国农村观察》2014 年第 5 期,第 2-12 页。

③ 王进:《实施乡村振兴战略要始终坚持问题导向》,宣讲家网,2019 年 3 月 12 日。

法治相结合。作为一个"文明型"大国，中国的崛起不是普通国家的崛起，而是伟大文明的复兴。这种"文明型国家"具有超强的历史和文化底蕴，不会跟着别人亦步亦趋，只会沿着自己的轨迹和逻辑继续演变和发展。推动礼仪之邦、优秀传统文化和法治社会建设相辅相成。二是要突出抓好农民合作社和家庭农场两类农业经营主体发展，赋予双层经营体制新的内涵，不断提高农业经营效率。三是要走城乡融合发展之路，向改革要动力，加快建立健全城乡融合发展体制机制和政策体系，健全多元投入保障机制，增加对农业农村基础设施建设投入，加快城乡基础设施互联互通，推动人才、土地、资本等要素在城乡间双向流动。四是要建立健全城乡基本公共服务均等化的体制机制，推动公共服务向农村延伸，社会事业向农村覆盖。

（三）实施乡村振兴战略要处理好四大关系

实施乡村振兴战略需要处理好顶层设计和基层探索、长期目标和短期目标、有效市场和有为政府、增强群众获得感和适应发展阶段的关系。

一是把握好顶层设计和基层探索的关系。顶层设计意味着要从全局考虑、整体谋划的大局思维出发，强调目标的系统性和战略性。基层探索是基于特殊背景、个体利益出发，强调目标的针对性和操作性。任何事物都是统一的联系之网上的一个部分、成分或环节，整个世界就是一幅由种种联系和相互作用无穷无尽地交织起来的图景。把握好顶层设计和基层探索的关系，就是追求基层探索不脱离顶层设计，处理具体工作的时候要树立全局观，办事情要从整体着眼。

二是把握好长期目标和短期目标的关系。把握好长期目标和短期目标的关系，就是不能把需要长期努力才能实现的任务放在年度里，按短期年度计划来完成，否则会造成欲速则不达的结果。乡村振兴战略是一个宏大的系统工程，农业农村现代化是实施乡村振兴战略的总目标，产业兴旺、生态宜居、乡风文明、治理有效、生活富裕是总要求，打好脱贫攻坚战是实施乡村振兴战略的优先任务。党的十九大报告指出 2020 年是全面建成小康社会之年，脱贫攻坚战是实施乡村振兴战略的短期目标，现行标准下农村贫困人口从 2012 年的 9899 万人减少到 2018 年的 1660 万人，累计减少 8239 万人，连续 6 年每年减贫规模都在1000 万人以上，贫困发生率由 10.2%降至 1.7%，改变了以往新标准实施后减贫人数逐年递减的趋势，打破了前两轮扶贫每当贫困人口减到 3000 万左右就减不动的瓶颈。实现农业农村现代化、农业产业结构调整、生态文明建设等是长期目标，其实现很难一蹴而就，需要长期的努力。

三是充分发挥市场决定性作用和更好发挥政府作用的关系。改革开放以来，我国在建设和完善社会主义市场经济体制的过程中对于市场在资源配置中的作用的认识不断深化，从完全依靠政府到建立有效市场和有为政府的双强模式，展现了我国经济发展的制度优势。实施乡村振兴战略就要发挥政府在法治保障、市场监管、政策支持、规划引导等方面的积极作用，同时又要坚决依靠市场机制在资源配置中的决定性作用，推动资本、人才等要素参与乡村建设。聚焦农民和土地的、农民和集体的、农民和市民的关系，推进农村产权明晰化、农村要素市场化、农业支持高效化、乡村治理现代化，提高组织化程度，激活乡村振兴内生动力。要以市场需求为导向，深化农业供给侧结构性改革，不断提高农业综合效益和竞争力。要优化农村创新创业环境，放开搞活农村经济，培育乡村发展新动能。

四是增强群众获得感和适应发展阶段的关系。习近平总书记在中央政治局第八次集体学习中强调，要围绕农民群众最关心最直接最现实的利益问题，加快补齐农村发展和民生短板，让亿万农民有更多实实在在的获得感、幸福感、安全感，同时要形成可持续发展的长效机制，坚持尽力而为、量力而行，不能脱离实际的目标，更不能搞形式主义和"形象工程"。2019 年到 2020 年是全面建成小康社会的攻坚阶段，要乘势而上开启全面建设社会主义现代化国家新征程，实现"两个一百年"奋斗目标有机衔接。①

二、着眼区域发展失衡问题，实施区域协调发展战略

党的十九大报告指出，针对革命老区、民族地区、边疆地区、贫困地区发展问题，要建设更有效的区域协调发展机制。习近平总书记在 2018 年 12 月 19 日召开的中央经济工作会议中指出，要统筹推进西部大开发、东北全面振兴、中部地区崛起、东部率先发展，就是强调区域经济的全面协调发展。

（一）开创西部大开发新格局，保持西部地区经济社会持续健康发展

改革开放以来，由于区域位置和国家开发开放战略的序列特性，西部的经

---

① 习近平：《把乡村振兴战略作为新时代"三农"工作总抓手》，《求是》2019 年第 11
期。

济社会发展逐渐落后于全国平均水平，到 20 世纪末这种差距还有继续加大的趋势。西部大开发战略包括重庆、陕西等 12 个省、自治区、直辖市，涉及范围为中国国土面积的 71.5%，但到 2013 年时西部地区国内生产总值为 12.61 万亿元，仅占全国的 22.15%。为推动区域均衡协调发展，2000 年 10 月，国务院发出《关于实施西部大开发若干政策措施的通知》，标志着西部大开发战略上升为国家战略。

根据 2017 年国家发展改革委在《西部大开发"十三五"规划》中的部署，"十三五"时期实施西部大开发战略总体任务包括三个部分。

一是优化发展空间布局，打造试验区、引领示范区建设。优化空间布局，首先是在现有发展的基础之上，根据各个主体功能区①的不同定位，以重要交通走廊和中心城市为中心形成"五横两纵一环"②的总体布局。西部各地区在自然条件、资源禀赋、经济基础等方面差异很大，在全国主体功能区规划中，西部很多地方属于限制和禁止开发区域。根据各个主体功能区的不同，从点到线、从线到面地对各个地区进行规划，一方面注重重点经济区的培育和壮大，发挥比较优势建立重点创新、开放试验区；另一方面支持老少边穷地区，发展、扶持贫困地区，积极支持民族地区跨越式发展，进一步推进兴边富民行动，加快边疆地区发展。

二是突出生态文明建设，筑牢国家生态安全屏障，西部地区是我国多条主要江河的发源地，集中分布了众多森林、草原、湿地和湖泊等，生态地位极其重要，是国家重要的生态安全屏障。同时又是生态脆弱区，是水土流失、土地荒漠化和石漠化严重地区。所以为筑牢国家生态安全屏障，在西部地区推行重大生态工程，并建立起完善生态保护补偿机制，通过政府转移支付手段，加大重点领域的生态保护（包括对长江等干、支流保护，河西走廊等地下水和超采漏斗区综合治理，以及乌鲁木齐等区域大气污染防治等），完善防火救灾减灾体系，建设绿色发展机制等措施。

三是以创新为驱动，推进西部高质量发展。一方面，以创新为驱动促进新

---

① 主体功能区规划是以城市化地区、农产品主产区和重点生态功能区为分类的战略性、基础性、约束性的规划。

② "五横两纵一环"：以陆桥通道西段、京藏通道西段、长江—川藏通道西段、沪昆通道西段、珠江—西江通道西段为五条横轴，以包昆通道、呼（和浩特）南（宁）通道为两条纵轴，以沿边重点地区为一环。

技术、新业态等的形成与发展，为西部地区经济社会持续发展获得动力。通过搭建创新平台，构建创新体制机制，形成了能源化工、重要矿产开发及加工、特色农牧业及加工、重大装备制造、高新技术产业和旅游业等六大特色优势产业，缩小了与东部地区之间的差距，根据国家统计局数据，2013 年以来，贵州、西藏、重庆 GDP 增速排名全国前五；2019 年前二季度，贵州、西藏、重庆 GDP 增速排名全国前三位。另一方面，增强西部地区公共服务供给，包括基础设施建设、教育、社会保障、公共卫生、文化服务能力等。尽管西部地区基础设施条件比过去有了明显的改善，但与经济社会发展需要以及东部地区相比，还存在很大差距。因此，在交通基础设施建设方面，提出了全面加强铁路等交通基础设施建设，扩大路网规模，提高通达能力。公共卫生、文化服务能力方面，以促进基本公共服务标准化、均等化为目标，发挥西部地区资源优势，提升基础服务能力。教育方面，提升西部教育水平、完善贫困地区基础教育是阻断贫困代际传递，提升西部地区创新能力，加强其地区凝聚力的有力保障。

（二）加快老工业基地振兴，提升东北地区整体竞争力

深化改革加快东北等老工业基地振兴是建设现代化经济体系、实现我国经济高质量发展的一个关键问题。从 2003 年 10 月开始实施东北地区等老工业基地振兴战略以来，党中央、国务院做出了周密的部署，取得了突出的成就。

当前，加快东北老工业基地振兴，首先要调整和优化主导产业。由于产业结构单一，经济活力提升难度大，东北三省自 2014 年以来，GDP 始终在全国排名倒数。解决东北老工业基地的产业转型升级难题，首先应确定发展的主导产业。从发展全局出发，发展战略性新兴产业和高新技术产业是东北老工业基地的必然选择。在此情况下，以新技术改造当地具有比较优势的传统产业，推动传统高污染高耗能产业绿色发展是打造主导产业的优先选项。改造传统产业不但能减轻浪费，而且对于带动生产性服务业发展、缓解就业压力等都具有重要意义。东北老工业基地经济转型升级的主要路径就是立足产业基础，突破产业发展路径依赖，激发实体经济发展活力和动能，摆脱资源投资驱动模式，打造绿色、高效的现代化产业结构。

其次，要加快体制机制创新。东北老工业基地需要从体制机制上进行改革创新，才能适应高质量发展的要求。东北老工业基地国企比例较高，民营企业发展相对滞后，装备制造、石油化工、医药等行业仍然是传统优势产业。改革

烦琐的地方政府部门办事流程已经成为提高服务民营企业质量的重要任务。为国企卸压，为市场腾位，激发企业创新活力，提振民间投资信心是东北老工业基地产业升级转型和发展动能转换的关键，是推进供给侧结构性改革的抓手和突破口。深化"放管服"改革，彻底推行一站式服务，通过有效而适度的政府干预，弥补要素市场的缺陷，提高生产要素配置效率，是当前东北老工业基地加快体制机制改革的紧迫任务。

最后，要统筹产、城、人、文协调发展。面对当前东三省人口净输出状态，科技人才与青壮年劳动力流失比较严重的问题，统筹产、城、人、文协调发展成为保证老工业基地振兴的重要保障。产业发展需要以诚实为依托才能保持活力，而城市发展又要以产业作为支撑才能避免沦为"鬼城"。人是产城融合的核心，凝聚人才，为城市和产业发展提供凝聚力又需要大力发展文化事业和产业，因为文化因素是决定东北老工业基地区域发展长远走势的主要因素。发扬老工业基地优秀的传统产业文化，协调产、城、人、文发展，才能保证东北老工业基地产业转型升级，实现创新驱动和经济高质量发展。①

（三）推动中部地区崛起，形成东中西区域良性互动的协调发展局面

首先，推动中部地区崛起再上新台阶，要坚持党的领导，坚决落实中央决策部署，坚持贯彻新发展理念，不断提高把握和运用市场经济规律、自然规律和社会发展规律的能力。中部地区要适应国内外经济发展的新变化，改变经济发展方式，改变单纯依靠引资和引项的经济发展模式，主动融入新一轮科技和产业革命，推动制造业发展的质量变革、效率变革和动力变革。要坚持创新驱动战略，以国际标准和全球视野提升科技中心的集中度和显示度，在基础科技领域做出重大创新，在关键核心技术领域取得重大突破。要完善法律法规，营造稳定公平透明的营商环境，加快建立缓解民营企业和中小微企业的融资渠道，提高金融服务的供给能力。要加强同东部沿海和国际上相关地区的对接，深化投资和贸易体制改革，加快形成与国际投资、贸易通行规则相衔接的基本制度体系和监管模式，吸引承接一批先进制造业企业。要推动优质产能和装备走向世界大舞台、国际大市场，完善对外投资的体制和政策，激发企业对外投资潜力，让资金、品牌和技术走出去。要强化环境建设和治理，坚持"绿水青山就

---

① 陈晓东：《深化改革加快东北老工业基地振兴》，《中国社会科学报》2018 年 3 月 21 日。

是金山银山"的发展理念，建设绿色发展的美丽中部，实现人与自然的和谐相处。要坚持以人民为中心的发展思想，聚精会神补齐民生建设短板，把社会保障作为"兜底线"的重要底线。要加大对中部地区崛起的支持力度，研究提出促进中部地区高质量发展的政策和举措，形成东中西区域良性互动的协调发展局面。

其次，坚持新时期中部地区在全国发展大局中的战略定位。中部崛起在全国区域发展格局中具有举足轻重的战略地位。2006 年 4 月 15 日，《中共中央、国务院关于促进中部地区崛起的若干意见》发布，就促进中部地区崛起的总体要求和原则、建设"三个基地、一个枢纽"（粮食生产基地、能源原材料基地、现代装备制造及高技术产业基地、综合交通运输枢纽）、促进城市群和县域发展、扩大对内对外开放等问题做了全面的部署。2016 年 12 月，经国务院批复同意，国家发展改革委印发《促进中部地区崛起"十三五"规划》，确定了新时期中部地区在全国发展大局中的战略定位——全国重要先进制造业中心、全国新型城镇化重点区、全国现代农业发展核心区、全国生态文明建设示范区、全方位开放重要支撑区。中部崛起战略实施以来，中部地区经济社会发展取得显著成就，"三基地、一枢纽"地位日益巩固，人民生活水平大幅提高，生态环境质量总体改善，改革创新步伐加快，全方位开放格局基本形成，发展活力和可持续发展能力不断提升。经济总量占全国的比重由 2005 年的 18.8%提高到 2018 年的 21.7%。实施促进中部地区崛起战略，不仅使中部地区发生了较大的变化，而且有力支撑了全国经济社会发展，带动了东中西区域良性互动发展。①

（四）实现东部率先发展，发挥增长引擎和辐射带动作用

改革开放后，国家相继在东部地区设立 5 个经济特区（深圳、珠海、汕头、厦门和海南），1984 年又建立了 14 个国家级经济技术开发区（大连、秦皇岛、天津、烟台、青岛、连云港、南通、上海、宁波、温州、福州、广州、湛江、北海），之后又相继把长江三角洲、珠江三角洲、闽南三角洲等开辟为沿海经济开放区，进入 21 世纪后又设立了两个全国综合配套改革试验区（上海浦东新区和天津滨海新区）。东部沿海地区依靠本身的区位优势和改革开放的先发优势，实现了率先发展。

---

① 王佳宁、罗重谱：《新时代中国区域协调发展战略论纲》，《改革》2017 年第 12 期，第 52-67 页。

继续发挥东部地区在对外开放中的区位优势，强化其带动全国经济增长的主引擎作用。一方面，虽然 2000 年起我国经济重心开始向中西部转移，但是中西部地区经济发展主要依靠要素投入和牺牲环境的外延式增长，相对东部地区的内涵式增长持续性较弱；另一方面，基于东部地区的率先发展，对于科技创新、经济结构优化、产业结构调整等优化发展有丰富的经验①，对中西部地区经济增长有示范和带动作用。改革开放以来，东部地区生产总值年均增速居四大区域之首，比中部、西部、东北部地区分别高 1.0、1.0 和 2.4 个百分点。2017 年东部地区人均地区生产总值约为 11530 美元，与世界银行定义高收入国家的标准12736 美元十分接近。

聚焦创新发展面临的突出问题，提高发展潜力。党的十八大以来，东部地区率先发展继续得到积极支持。2015 年，中共中央办公厅、国务院办公厅印发的《关于在部分区域系统推进全面创新改革试验的总体方案》确定将京津冀、上海、广东等作为全面创新改革试验区，聚焦实施创新驱动发展面临的突出问题，从处理好政府与市场关系、促进科技与经济融合、激发创新动力和活力、深化开放创新等四方面开展改革探索解决方案。国家批准设立的 17 个国家自主创新示范区中，有 9 个位于东部地区，分别是北京中关村、上海张江、深圳、苏南、天津、杭州国家高新区、珠三角国家高新区、山东半岛国家高新区、福厦泉国家高新区，占比达 52.9%，超出其他三个地区的国家自主创新示范区数量之和。国家批准设立的自由贸易试验区中，有 5 个分布在东部地区，分别是上海自贸试验区、广东自贸试验区、天津自贸试验区、福建自贸试验区、浙江自贸试验区。这些都表明，东部地区在我国深化改革和推动创新发展中依然扮演着引领者的角色。

在全面建成小康社会决胜阶段和我国经济发展阶段转换的关键期，东部地区的发展至关重要，其形成的一系列改革成功经验对其他地区的发展具有重要参考借鉴价值，东西扶贫协作和对口帮扶工作持续深入开展，对推动西部贫困地区发展起到了重要的带动作用②，对全国经济的增长起着重要的示范作用和

① 张成、陈宁、周波：《东部率先发展战略和全要素生产率提升——基于倾向得分匹配——双重差分法的经验分析》，《当代财经》2017 年第 11 期，第 3-15 页。
② 王佳宁、罗重谱：《新时代中国区域协调发展战略论纲》，《改革》2017 年第 12 期，第52-67 页。

辐射带动作用。①

三、重视生态承载极限问题，实施可持续发展战略

习近平主席在第二十三届圣彼得堡国际经济论坛全会上的致辞中提出，可持续发展是社会生产力发展和科技进步的必然产物。在经济新常态背景下，要实现"两个一百年"目标和中华民族伟大复兴，就必须解决好经济发展的可持续性问题，这就要求必须加快我国经济增长方式的转型，坚定不移地走可持续发展之路。②

（一）环境污染是影响可持续发展的严重问题

生态环境的破坏影响着人民美好生活的幸福感。环境污染问题也曾在率先完成工业化的西方国家出现，20世纪因为工业化发展与环境保护机制的不健全，引发了轰动世界的八大公害事件：化石燃料燃烧不完全使英国成为浓烟缭绕的"雾都"；德国的河流成"红河"；美国宾夕法尼亚州多诺拉、洛杉矶等城市酿成多起严重的大气污染公害事件；日本因为水质污染造成"水俣病"事件、名古屋镉大米和米糠油等有毒食品事件等。我国用了几十年的时间就初步实现了工业化，不可避免地造成了生态污染、资源消耗等问题。党的十八大报告指出，面对资源约束趋紧、环境污染严重、生态系统退化的严峻形势，必须树立尊重自然、顺应自然、保护自然的生态文明理念。习近平总书记把绿色发展的理念形象地表达为"绿水青山就是金山银山"，突出强调了绿色可持续发展的理念。他指出，人因自然而生，人与自然是一种共生关系，对自然的伤害最终会伤及人类自身，绿色发展理念是建设生态文明必须遵循的总体原则，也是中国共产党执政理念的升华。③

对污染减排政策的调整是调整经济结构、转变发展方式、改善民生的重要抓手，是改善环境质量、解决区域性环境问题的重要手段。自"十一五"规划中将化学需氧量和二氧化硫主要污染物排放总量削减10%作为经济社会发展的

---

① 王佳宁、罗重谱：《新时代中国区域协调发展战略论纲》，《改革》2017年第12期，第52-67页。

② 赵祥：《从十九大报告看习近平总书记可持续发展思想》，《南方经济》2017年第10期，第13-15页。

③ 习近平：《深入理解新发展理念》，《求是》2019年第10期。

约束性指标后，大力推进工程减排、结构减排和管理减排三大措施，将减排指标、减排工程和减排措施分解落实，建立减排管理体系，严格考核问责，加强环评审批，大幅度推进治污工程建设，污染减排工作取得了显著成效，主要污染物排放总量逐步得到控制。"十二五"规划中又对化学需氧量、氨氮、二氧化硫、氮氧化物四种主要污染物实施了排放总量控制，减排领域也从工业和生活两个领域扩展为工业、生活、交通、农村四个领域。2015年的"十三五"规划中更加细化约束性和预期性指标，其中约束性指标12项（地级及以上城市空气质量优良天数，细颗粒物未达标地级及以上城市浓度，地表水质量达到或好于Ⅲ类水体比例，地表水质量劣Ⅴ类水体比例，森林覆盖率，森林蓄积量，受污染耕地安全利用率，污染地块安全利用率，化学需氧量、氨氮、二氧化硫、氮氧化物污染物排放总量）第一次进入五年规划的约束性指标。① 通过对环境污染物排放指标的控制，倒逼企业进行升级改造和转型发展，也促进了产业结构优化。

虽然我国对于环境污染预防和治理的成效显著，但是环境保护形势依然严峻，生态环境破坏等问题依然是制约我国经济发展的重要性问题，生态环境与人民群众的热切期盼相比有较大差距，坚持绿色发展的理念，坚持创建资源节约型、环境友好型社会才是可持续发展战略坚持的核心要义。

（二）集约发展是解决可持续发展问题的核心

过去几十年我国经济的高速增长过多依赖增加物质资源消耗、规模扩张、高能耗高排放产业的发展模式，积累了一定的结构性问题。促进依靠增加要素投入量的粗放式增长模式转向依靠提高要素生产率的集约式模式发展，是实现可持续发展的必然选择。

资源节约是集约式发展的核心。② 自工业革命以来，日益增长的能源消费给全球资源和环境带来极大的威胁，引发了气候变化和全球生态危机。传统的以化石能源为支柱的能源体系和经济发展模式已难以为继，世界范围内已开始了能源体系的革命性变革。一方面大力推广节能观念，提高能源效率，减缓能源消费的增长；另一方面大力发展新能源和可再生能源，改善能源结构，降低

---

① 《〈"十三五"生态环境保护规划〉政策解读》，国新网，2016年11月21日。
② 周宏春：《新时代更要坚持可持续发展——学习领会党的十九大精神》，宣讲家网，2018年1月15日。

使用化石能源的比例。建立以新能源和可再生能源为主体的高效、清洁、低碳的新型能源体系，取代当前以化石能源为主体的高排放和高碳能源体系，是实现经济社会与资源环境的协调和可持续发展的有效途径。2006—2015 年全球可再生能源年均增长 5.7%，远高于化石能源 1.5% 的增速。2018 年全球可再生能源发电量已占总发电量的 26.2%①，全球新增可再生能源发电装机已超过常规能源新增装机容量。到 2015 年时，全球可再生能源投资达 3289 亿美元，远高于化石能源 1300 亿美元的投资额。可再生能源越来越成为新增能源供应的主力能源，呈加速发展的趋势。2017 年 4 月《能源生产和消费革命战略（2016—2030）》和 2019 年 4 月《国家节水行动方案》等文件对于我国资源能源节约问题做出了科学部署，为实现我国经济社会与资源环境的协调和可持续发展提供了保障。

（三）循环经济是解决可持续发展问题的关键

马克思将经济运行概括为生产、流通、交换和消费四个环节，而循环经济是经济运行中进行的减量化、再利用、资源化活动的总称，以低消耗、低排放、高效率为基本特征，仿照自然生态系统物质循环状态对资源进行高效、循环与永续利用的经济管理模式，被公认为我国绿色发展的基本施行模式。② 循环经济强调了人与自然、科技的有机系统，要求人在经济运行中不再置身于大系统之外，而是将自己作为这个大系统的一部分来研究符合客观规律的经济原则，将"退田还湖""退耕还林""退牧还草"等生态系统建设作为维持大系统可持续发展的基础性工作来抓。党的十九大报告指出，我们要建设的现代化是人与自然和谐共生的现代化，既要创造更多物质财富和精神财富以满足人民日益增长的美好生活需要，也要提供更多优质生态产品以满足人民日益增长的优美生态环境需要。

新发展理念下，循环经济不再仅仅局限于工业领域内部涉及企业废弃物利用的经济管理形态，而是新常态下我国新的经济发展模式与创新路径。一方面，它依旧是以对环境友好方式处置废弃物的重要经济形态，可有效保护自然环境

---

① 数据来源：北极星电力网新闻中心，http://news.bjx.com.cn/html/20190702/989845.shtml。

② 翟巍：《着力构建我国循环经济制度体系》，《宏观经济管理》2017 年第 8 期，第 38-42 页。

与人居环境。我国当前再生资源循环利用产值尚存较大提升空间，整体而言，我国的再生资源回收利用率较低（图5-1），主要品种的回收率甚至低于60%，与部分发达国家的80%—90%存在显著的差距①。另一方面，循环经济成为整个国民经济体系运行的基本原则，体现了共享经济的核心理念，构成绿色经济发展模式与新的产业增长点。②"十三五"规划提出了实施循环发展引领计划。一是纵向延伸——上游废物变下游原料，比如在啤酒生产的过程中，酒糟可以拿出来做有机肥料；二是横向耦合，就是把几件事情放在一起做，比如现在很多地方都在推行秸秆的综合利用；三是园区布局，便于废物交换和资源共享。循环经济的发展要从实际出发，根据自身所处行业，做好技术、经济、环境各方面的评估。发展循环经济，要做到技术上可行、经济上合理、环境上无害。③从我国的实际情况看，循环是多层次的，有废物循环、产品循环、服务循环等，服务循环是共享经济的核心内容。

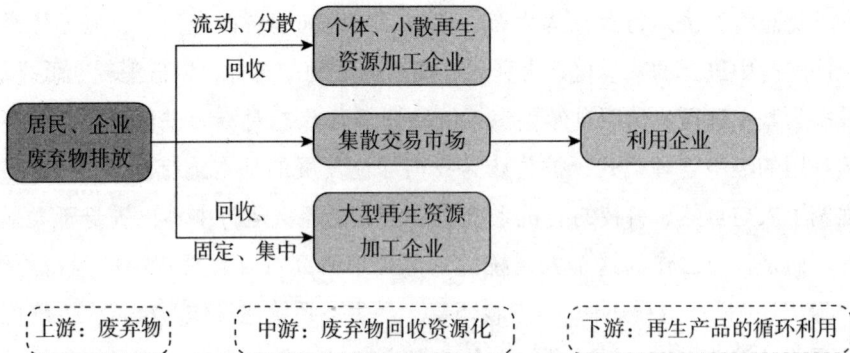

图5-1　我国再生资源回收模式

延伸阅读

1. 国家行政学术经济学教研部：《中国经济新方位》，人民出版社2017

---

① 数据来源：《2018年我国再生资源行业市场现状及回收总值测算》，中国产业信息网，2018年5月17日。

② 翟巍：《着力构建我国循环经济制度体系》，《宏观经济管理》2017年第8期，第38-42页。

③ 翟巍：《着力构建我国循环经济制度体系》，《宏观经济管理》2017年第8期，第38-42页。

年版。

2. 红旗东方编辑部：《伟大事业的总体布局："五位一体"学习读本》，红旗东方出版社 2017 年版。

3. 王亚华、苏毅清：《乡村振兴——中国农村发展新战略》，《中央社会主义学院学报》2017 年第 6 期。

4. 魏利群：《"四个全面"：新布局、新境界》，人民出版社 2015 年版。

5. 陈秀山：《区域协调发展：目标·路径·评价》，商务印书馆 2013 年版。

第六章

新时代我国经济发展的动力

改革开放以来，我国充分发挥自身优势，抓住了第二次科技革命技术扩散和产业转移的宝贵机遇，用几十年的时间初步实现了发达国家经过几百年的工业现代化道路的发展水平。[①] 2008 年全球性金融危机后，世界各发达国家努力寻求经济复苏的新办法、探索经济增长的新动力，新一轮以知识化、信息化、经济全球化为特点的工业革命竞赛正在进行。习近平总书记指出，我国要全面提高自主创新能力才能在掌握新一轮全球科技竞争战略中获得主动。[②] 中国特色社会主义已进入新时代。在这样一个资源禀赋和经济发展驱动力发生变化的阶段，通过探寻经济发展的新动力来转换发展方式、推进高质量发展是必由之路。

第一节 以供给侧结构性改革为动力，
推进经济增长动能更新转换

"为了适应经济新常态，转变发展方式，培育创新动力，为经济持续健康发

[①] 中国社会科学院工业经济研究所未来产业研究组：《影响未来的新科技新产业》，中信出版社 2017 年版，第 1 页。

[②] 《习近平向世界公众科学素质促进大会致贺信》，新华网，2018 年 9 月 17 日，http://www.xinhuanet.com//politics/leaders/2018-09/17/c_1123443442.htm。

展打造新引擎、构建新支撑"①，2015 年 11 月 10 日，习近平总书记在中央财经领导小组第十一次会议上第一次提出"供给侧结构性改革"。

一、重构供求关系：从经济的供需低水平动态平衡到高水平动态平衡

习近平总书记在谈到经济发展问题时表示"放弃需求侧谈供给侧或放弃供给侧谈需求侧都是片面的，二者不是非此即彼、一去一存的替代关系，而是要相互配合、协调推进"②。

（一）从需求侧管理转向供给侧管理

习近平总书记在 2016 年 1 月 18 日的省部级主要领导干部学习贯彻党的十八届五中全会精神专题研讨班上，对"供给侧结构性改革"进行了系统论述：（1）在学理上，供给侧结构性改革在生成机理、具体措施上有区别于西方的供给学派；（2）在内容上，供给侧结构性改革是为了解放和发展生产力，提供有效供给，使供给结构与需求均衡发展，提高全要素生产率；（3）措施上，从生产端入手，有效化解产能过剩，促进产业优化重组，降低企业成本，发展战略性新兴产业和现代服务业，增加公共产品和服务供给，提高供给结构对需求变化的适应性和灵活性。③ 简言之就是"三去一降一补"。④

供给侧结构性改革可以从"供给侧+结构性+改革"⑤ 三方面理解，通过改革的方式提供和完善制度环境，使供给体系更好地应对需求结构的变化，转变要素配置的扭曲现象，提高全要素生产率，更好地满足广大人民群众的需要，促进经济社会持续健康发展。供给侧结构性改革的本质属性是深化改革，推进国有企业改革，加快政府职能转变，深化价格、财税、金融、社保等领域基础

---

① 《习近平关于社会主义经济建设论述摘编》，《习近平：推进供给侧结构性改革是一场硬仗》，习近平系列重要讲话数据库，http://jhsjk.people.cn/article/29352816。

② 《习近平在省部级主要领导干部学习贯彻党的十八届五中全会精神专题研讨班上的讲话》，《人民日报》2016 年 1 月 18 日。

③ 《习近平谈治国理政》第 2 卷，外文出版社 2017 年版，第 252 页。

④ "三去一降一补"："三去"是去产能、去库存、去杠杆，"一降"是降成本，"一补"是补短板。

⑤ 《七问供给侧结构性改革——权威人士谈当前经济怎么看怎么干》，人民出版社 2016 年版，第 6 页。

性改革。① 从动能转换角度来说，供给侧结构性改革以稳定的宏观政策为支撑，既着眼当前又立足长远，推动更高水平的供求动态平衡，优化供给结构使其更适应需求结构变化，实现经济增长的动能更新转换。

正确认识供给侧结构性改革与动力、供给侧与需求侧的关系是正确理解供给侧结构性改革的前提。首先，我们要认识到需求侧是经济发展的"元动力"②。"元动力"，重视这种"元动力"的变化。从投资拉动向消费需求转移的经济增长动力变化，引发的供给侧响应。其次，供给侧结构性改革固然着眼和着力于实体经济，但也离不开货币经济。实际上，每一个供给行为（出售）都表现为对应的需求行为（购买），实体经济得以以货币金融为血液。③ 最后，在需求侧管理和供给侧管理关系上，需求侧侧重短期刺激，供给侧倾向长期调整，在实施具体经济对策时，供给侧和需求侧更是难解难分。

从需求侧来看经济增长动力包括消费、投资和出口。2008 年国际金融危机以来，世界经济恢复乏力，国际市场持续疲软。此时我国正处在从中低等收入向中高等收入转变的阶段，随着社会主义市场经济的不断发展，以及网络零售规模不断壮大，消费的作用开始突显，需求向多样化、个性化转变，到 2012 年，我国第三产业（服务业）对经济增长的贡献比首次超过第二产业（制造业）达到 45.5%。④⑤ 我国不是需求不足，而是生产的产品不能满足需求，有效供给不足导致了"需求外溢"。⑥ 从供给侧来看，经济增长的动力包括劳动力、

---

① 《习近平主持召开中央财经领导小组第十三次会议》，人民网，2016 年 5 月 16 日，http://cpc.people.com.cn/n1/2016/0516/c64094-28354852.html。

② 贾康、冯俏彬、刘薇、苏京春：《供给侧结构性改革理论模型与实践路径》，企业管理出版社 2018 年版，第 2 页。

③ 金碚：《供给侧结构性改革论纲》，广东经济出版社 2016 年版，第 60 页。

④ 《国内市场繁荣活跃　消费结构转型升级——改革开放 40 年经济社会发展成就系列报告之七》，国家统计局，2018 年 9 月 5 日。

⑤ 马晓河：《中国经济新旧增长动力的转换》，《前线》2017 年第 4 期，第 30-36 页。

⑥ 《习近平在省部级主要领导干部学习贯彻党的十八届五中全会精神专题研讨班上的讲话》，《人民日报》2016 年 1 月 18 日。

土地、资本等要素的投入和全要素生产率①的提高（图6-1）。党的十六大以后，我国经济逐渐转为中高速增长，增速降至8%以内，改革开放以来长期依赖的土地、劳动力等成本优势已经逐渐消失。习近平总书记强调，"重在解决结构性问题，主要通过优化要素配置和调整生产结构来提高供给体系质量和效率，进而推动经济增长"②。

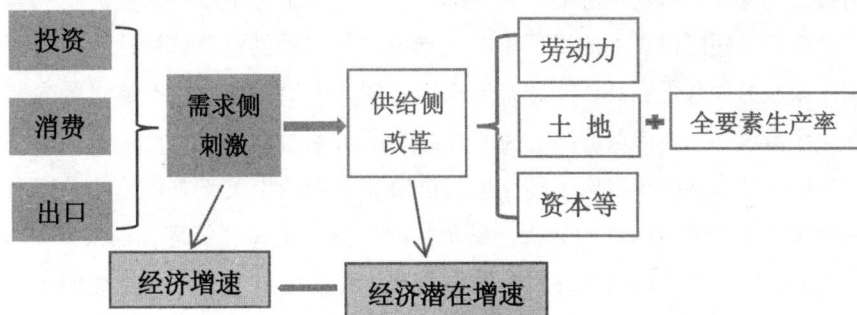

图6-1 经济动力的需求侧和供求侧动力要素

在西方古典经济学中，假设之一是市场会自发地实现均衡状态，在现实生活中，供需平衡是一种理想的状态，微观层面，往往出现由于流通环节过长导致产品供给过剩等状况。宏观层面，需求管理和供给管理是国家宏观调控的手段，需求侧侧重短期刺激，供给侧倾向长期调整，根据经济实际状况需要进行选择。推进供给侧结构性改革时，"要用好需求侧管理这个重要工具，使供给侧改革和需求侧管理相辅相成、相得益彰，给供给侧结构性改革提供良好环境和条件"③。

---

① 又称为"索洛余值"，是指总产出中除生产要素投入对产出的贡献之外的部分。例如，在生产中投入劳动、资本等生产要素100万元，总产出为150万元。那么，这150万元的产出由两个方面的贡献构成：100万元是由于投入了100万元的生产要素所引起的，其余50万元则是全要素生产率的贡献。如果本年度产出比上年度增长15%，要素投入量的增长为10%，则其余5%就是全要素生产率的增长。全要素生产率有三个来源：效率的改善、技术进步、规模效应。转引自高国伟：《不可不知的1000个财经常识（经济畅销6版）》，中国法制出版社2016年版，第41页。

② 《习近平在省部级主要领导干部学习贯彻党的十八届五中全会精神专题研讨班上的讲话》，《人民日报》2016年1月18日。

③ 《习近平在省部级主要领导干部学习贯彻党的十八届五中全会精神专题研讨班上的讲话》，《人民日报》2016年1月18日。

总供给理论是供给侧结构性改革的理论思想基础，供给理论的来源可以追溯到古典经济学①，所以供给侧结构性改革的理论思想与供给学派的理论系出同源，却因为所处制度、背景差异，所采取政策措施、方法论也有所不同。一方面，"供给学派"形成于美国经济"滞胀"时期，高失业率与高通货率同时存在，里根政府采取降低边际税率、减少政府支出、实行紧缩的货币政策等措施进行宏观调控。习近平总书记在省部级主要领导干部学习贯彻党的十八届五中全会精神专题研讨班上的讲话中明确指出，我国的供给侧结构性改革与西方供给学派从形成背景到具体实践都有很大不同。供给侧结构性改革"既强调供给又关注需求"②的特点是供给侧结构性改革与供给学派的本质区别。另一方面，供给侧结构性改革吸取了马克思的供给需求理论中关于总供给和总需求的平衡关系、供给侧结构性的分析，超越了西方资本主义经济理论的局限。③ 马克思认为，西方供求价值理论只是在供求与价格之间的表面联系上兜圈子，进而批判了"价格由供求决定而同时供求又由价格决定这种混乱观点"。④ 马克思认为生产、消费、分配、交换是社会生产和再生产的四个环节，"生产表现为起点，消费表现为终点，分配和交换，表现为中间环节"⑤。这四个环节既具有同一性，又有差异性，因此我们在理解供给侧结构性改革时，不能仅将生产归于供给，将消费归于需求，将供给侧结构性改革仅理解为需求供给的结构平衡，否则就会割裂社会再生产这一有机整体。⑥

宏观管理层面，需求侧管理与供求侧管理往往是同时存在，交替侧重，需求侧管理具有短期刺激作用，而供给侧管理是长期调整作用。⑦ 我国经过 40 多年的探索，宏观经济政策在实践中发展和完善，宏观经济管理能力不断提高，已逐步形成了有中国特色的宏观经济管理体系（见表 6-1）。

---

① 周振华、肖林、权衡等：《供给侧结构性改革与宏观调控创新》，上海人民出版社 2016 年版，第 1 页。

② 《习近平谈治国理政》第 2 卷，外文出版社 2017 年版，第 252 页。

③ 方福前：《供给侧结构性改革与中国经济发展》，中国经济出版社 2018 年版，第 26 页。

④ 方敏：《政治经济学视角下的供给侧结构性改革》，《北京大学学报（哲学社会科学版）》2018 年第 1 期，第 96-104 页。

⑤ 《马克思恩格斯文集》第 8 卷，人民出版社 2009 年版，第 13 页。

⑥ 魏旭：《唯物史观视阈下"供给侧结构性改革"的理论逻辑》，《社会科学战线》2018 年第 4 期，第 20-26 页。

⑦ 贾康、冯俏彬、刘薇、苏京春：《供给侧结构性改革理论模型与实践路径》，企业管理出版社 2018 年版，第 2 页。

表 6-1　改革开放以来我国宏观经济政策的演进①

阶段	时间	宏观经济政策	重要历史事件
第一阶段	1978—1996 年	以探索建立社会主义市场经济体制为背景、以抑制经济过热和通货膨胀为主线	治理 1985 年、1988 年、1994 年三次经济过热
第二阶段	1997—2012 年	以确立和完善社会主义市场经济体制为背景、以有效扩大内需和应对外部冲击为主线	应对亚洲金融危机和国际金融危机
第三阶段	2013 年至今	以全面深化改革为背景、以适应引领经济发展新常态和推进供给侧结构性改革为主线	推进和深化供给侧结构性改革

供给侧结构性改革是将政府宏观管理重点倾向于供给侧管理，这并不是说放弃需求侧管理，不否认需求是经济发展的原生动力②，还要借助需求侧管理加强基础设施建设，维持宏观经济和社会的稳定。未来适度扩大总需求的工作也还要做，社会领域、公共服务等领域投资不足，中低收入群体的消费需求有待进一步扩大，服务贸易出口仍有很大潜力，扩大内需也大有潜力。③

（二）供给体系存在的挑战

从供给侧视角观察人类社会发展状况，社会生产力发展状况代表了社会各阶段的进步（见表 6-2）。马克思认为，原始奴隶社会生产力与合作水平都处于初级水平，能够满足基本的生存需要，这便是当时对于原生动力需求的供给侧响应机制。生产力发展过程中，出现了农耕文明、农业革命，使大部分人类可以获得基本生存需求的有效供给，其中的一部分人还可以得到他们满足发展需求和享受需求层面的有效供给。在这个阶段，剩余产品的形成成为可能，给供

---

① 王一鸣：《改革开放以来我国宏观经济政策的演进与创新》，《管理世界》2018 年第 3 期，第 1-10 页。

② 贾康、冯俏彬、刘薇、苏京春：《供给侧结构性改革理论模型与实践路径》，企业管理出版社 2018 年版，第 2 页。

③ 陈二厚、刘铮：《习近平提"供给侧结构性改革"的深意》，《唯实（现代管理）》2015 年第 12 期，第 4-6 页。

给侧以支撑，人类社会转入阶级国家的社会形态。工业革命时代，又具体可以区分为蒸汽时代、电气时代和当今的信息时代。从政治经济学的角度来看，蒸汽时代与机械化机器大工业相对应，电气时代与自动化机器大工业相对应，信息技术突破性的标志是互联网，又迅速发展到现在的移动互联网，移动互联又匹配上大数据、云计算等科技的创新，进而推进到现在的智能化概念，与智能化机器大工业相对应。①

表 6-2　供给侧视角的人类社会生产力发展状况②

时代特征	生产力发展状况（供给侧特征）	生产关系状况（制度特征）	马克思主义政治经济学的划分	
			人类社会发展阶段	生产力特征
旧石器时代	以打制石器为标志	洞、巢中混居、群居（分工合作的采集、狩猎）	原始奴隶社会	手工工具时代简单协作
新石器时代	以磨制石器为标志（出现原始农业、畜牧业、手工业）	氏族公社（继续分工，出现了农耕等）		
青铜器时代	以青铜采冶业为标志	国家出现与奴隶制	封建社会	
铁器时代	以铁制工具和武器的应用为标志	奴隶制社会加速瓦解，封建社会在欧洲成为主流，皇权、农奴与佃农；亚洲有中国或"东方专制主义社会"		

---

① 贾康：《供给侧改革及相关基本学理的认识框架》，《新疆师范大学学报（哲学社会科学版）》2018年第2期，第44-51页。

② 资料来源：斯塔夫里阿诺斯著，吴象婴等译：《全球通史：从史前史到21世纪》，北京大学出版社2006年版。贾康、苏京春：《新供给经济学》，山西经济出版社2013年版。转引自贾康：《供给侧改革及相关基本学理的认识框架》，《新疆师范大学学报（哲学社会科学版）》2018年第2期，第44-51页。赖恩明：《马克思的三大社会形态理论与中国的现代社会转型》，复旦大学，2005年。

			资本主义社会和社会主义社会	机器大工业	
蒸汽时代	以机器的广泛应用（机械化）为标志，产生工业革命	进入资本主义社会（资本主义战胜封建主义）；工业化和城市化进程明显加快；资本主义国家社会关系发生重大变化，工业资产阶级和无产阶级成为两大对立阶级；自由经营、自由竞争、自由贸易为主要内涵的自由主义经济思潮兴起；资本主义国家加快殖民扩张和掠夺；世界市场初步形成；两千年帝制在中国被推翻			机械化机器大工业
电气时代	以电力的广泛应用（电气化）为标志（重工业迅速发展，出现自动化机械生产，石油开始成为最重要的能源之一）	社会主义实验，资本主义调整			自动化机器大工业
信息时代	以计算机技术的广泛应用为标志	"和平与发展"为主题的全球化发展+新技术的发展：对内，制度和结构的调整；对外，"人类命运共同体"的共赢发展			智能化机器大工业

当前我国市场需求从"物质丰富"转向"物美质优"，这种变化带来的结果就是产品市场从"供不应求"向"供大于求"的转变。① 马克思曾在《资本论》第三卷讨论过供求关系会影响市场价值的形成，他认为当供给明显大于需求时，"最好条件下生产的商品"② 的个别价值决定这类商品的市场价值，"如果所生产的商品的量大于这种商品按中等市场价值可以找到销路的量，那么，

---

① 李俭：《适应新常态着力推进供给侧结构性改革》，宣讲家网，2016 年 1 月 25 日。
② 作者认为这里的"最好/劣条件下生产的商品"在这里也可以理解为同类商品中的高/劣质量或科技含量高/低的商品或替代品。

那种在最好条件下生产的商品就可调节市场价值"①。市场条件下，劣等条件下生产的商品就会出现滞销或者血本无归的现象。相反，当需求明显高于供给时，"最劣条件下生产的商品"的个别价值决定了这类商品的市场价值。在这种情况下，优等条件或中等条件下生产的商品都能实现一个或大或小的超额利润，由于价值规律的作用，社会对这种商品的生产规模就会扩大。②

从一定程度上来说，我国经济不但呈现出供给大于需求的相对过剩情形，而且表现出总供给结构和总需求结构严重失调、不匹配的问题。③ 部分产业和品质不高的产品大量过剩，同时，高科技、高品质的产品又相对短缺，甚至出现了海外抢购的现象，反映出国内同类产品竞争力的不足。我国中产阶级人数不断扩大，从而产生的对高端优质产品和服务的需求也亟待满足。另外，我国中西部地区、部分农村地区的基础设施等公共产品的供给还有较大缺口。当前，我国经济发展长期向好的基本面没有变，经济韧性好、潜力足、回旋余地大的基本特征没有变，但也面临着一些结构性、体制性、素质性的突出矛盾和问题。致力于解决中国中长期经济问题，根本之道就在于结构性改革，重点在于供给侧。④

（三）供给与需求再平衡的逻辑

经济高质量发展阶段供给与需求高水平动态平衡是对"使市场在资源配置中起决定性作用和更好发挥政府作用"的体现。供求理论是马克思主义政治经济学的主要内容，其核心观点是以有效需求为目的，以供给改善为手段，在动态中实现供求均衡。⑤ 在马克思看来，供求与价格之间的这种相互作用只是价值规律的具体作用形式。这就为分析供求与价格问题找到了一个共同的基础——价值。在市场经济中，价值的生产和价值的分配只有通过交换才能取得联系，也就是在市场上表现为供求与价格的关系。

马克思主义政治经济学将社会生产分为两大部类：第Ⅰ部类（负责生产生

---

① 马克思：《资本论》，人民出版社 1975 年版。转引自于金凤、杨永民：《从马克思的供求理论看当前世界性经济危机的成因》，《生产力研究》2010 年第 3 期，第 21-22 页。

② 于金凤、杨永民：《从马克思的供求理论看当前世界性经济危机的成因》，《生产力研究》2010 年第 3 期，第 21-22 页。

③ 方福前：《供给侧结构性改革需回答的两个问题》，《理论探索》2016 年第 3 期，第 5-9 页。

④ 李俭：《适应新常态着力推进供给侧结构性改革》，宣讲家网，2016 年 1 月 25 日。

⑤ 钱方圆、韦向阳、吴薇：《基于马克思供求理论对我国供给侧结构性改革的探讨》，《阜阳师范学院学报（社会科学版）》2018 年第 1 期，第 95-98 页。

产资料的部门）和第Ⅱ部类（负责生产生活资料/消费资料的部门）。认为社会资本简单再生产实现的基本条件是"Ⅰ（v+m）=Ⅱc"（Ⅰ为第Ⅰ部类，Ⅱ为第Ⅱ部类，v为可变资本，m为剩余价值，c为不变资本）；然后进一步论述了社会资本扩大再生产实现的基本条件：Ⅰ（v+Δv+m/x）=Ⅱ（c+Δc）（Δv为再生产过程中追加的可变资本，Δc为再生产过程中追加的不变资本，m/x为供资本家个人消费用的剩余价值部分）。

只要在社会资本再生产中保持合理的比例结构，就可以实现宏观经济稳定运行。其中隐含的条件，就是不存在技术进步，假定资本有机构成不变，在此条件下，上一周期的资本积累按一定的资本有机构成划分为不变资本和可变资本，两大部类的生产必然以同样的速度增长，保持宏观经济稳定运行。然而，随着技术进步，资本有机构成不断提高，积累的资本更多地投入到不变资本上，其结果就是生产资料优先生产，也就是说经过不断的技术进步，其结果呈现出生产生产资料的产能大于生产消费资料的产能的局面。[1] 这种不平衡比例结构，最终会对宏观经济稳定发展产生负面影响。

这就在一定程度上解释了当前结构性产能过剩的原因。随着技术的不断升级，更多的资本投入到能源产业、轻工业等机器设备的更新换代中，导致其产能提升。在一定时期内生产资料的生产与消费资料的生产不均衡的矛盾不会显现，但是当生产能力大于所需生产时就出现了产能过剩现象。2011年以来因国际市场受金融危机深层次影响，传统制造业需求持续不足，同时国内市场也逐步呈现饱和状态，传统制造业产能普遍过剩，突出体现在钢铁、电解铝等为主要代表的高消耗、高排放行业，呈现出生产生产资料的部门普遍产能过剩和产能过剩普遍处于低端供给的特征。

二、升级供给结构：实现供给自身结构优化的实施路径

实现供给结构的自身优化要解决供给端三方面问题：一是针对供给过剩问题，以"僵尸企业"为抓手，化解过剩产能；二是针对供给不足问题，增强科技创新能力，培育经济新动能；三是针对供给错配问题，降低企业成本费用，激发市场主体活力。

---

[1] 徐禾：《政治经济学概论》，中国人民大学出版社2017年版，第141-145页。

（一）破除无效和过剩的供给

所谓不破不立，"破"无疑是解决结构性问题的首要工作。破除无效的、过剩的供给是为了解决供给侧的产能过剩问题。产能过剩不仅抑制产业自身的发展升级，还占用大量资源，导致新兴产业和新供给的增长受到严重制约。具体来说是低水平供给能力的过剩，相对应的是中高端水平供给能力的不足，关键要抓住处置"僵尸企业"。"破"与"立"是递进的关系，有"破"才有"立"，清理产能过剩部分，可以为新动能的"立"腾出空间和资源，有效提高资源的利用率，推进供给侧结构性改革取得关键突破，优化产能结构。

伴随着工业化进程的不断推进，我国历史上出现过三次较大规模的产能过剩（见表6-3）。产能过剩是经济规模扩张、经济实力增强的结果，也是供需失衡的结果，化解产能过剩是经济升级的要求，也是协调供需的要求。反观每次中国的产能过剩恰恰也是进行经济结构性调整的机遇、迎接经济发展层次跃升的机会，同时对政府的宏观调控能力提出了更高的要求，使我国政治经济学的理论创新成为可能。

表6-3　改革开放以来我国三次较大规模的产能过剩

	时间	情况	结果
第一轮较大规模产能过剩	20世纪90年代中后期	家电和轻纺工业为代表的产能严重过剩，平均产能利用率仅为69.6%	国有大中型企业大面积亏损和大规模工人失业
第二轮较大规模产能过剩	2002年至2008年国际金融危机前	地方政府积极招商引资和开发区建设，以电子信息、新能源、新材料、生物医药工程等为代表的新兴产业竞相出现	出现新兴产业产能过剩
第三轮较大规模产能过剩	2011年以来	为应对金融危机，国家计划通过投资基础设施建设相关产业和钢铁、汽车、船舶、电子信息、物流业等产业，拉动内需稳定增长，但在政策实施过程中走样	应淘汰的落后产业被扩大生产，产能过剩情况复杂化

资料来源：韩保江、韩心灵：《"中国式"产能过剩的形成与对策》，《改革》2017年第4期，第59-69页。

《中国制造2025》中开宗明义地写道："制造业是国民经济的主体，是立国之本、兴国之器、强国之基。"① 供给侧结构性改革首先要从制造业开始。"僵尸企业"之所以为"僵尸"，就是企业已经丧失活性无法创造"新鲜血液"，阻滞了经济发展。处置"僵尸企业"，首先要分类处置。以国有"僵尸企业"为主，加强部门联动，建立信息共享机制。对非国有"僵尸企业"，主要依靠市场机制实现重组、重整、破产、出清。其次，要完善处置配套政策。包括设立"僵尸企业"处置专项资金和破产管理人专项资金，减轻企业税费负担，完善不动产过户手续，加快研究制定减免重组过程中普遍涉及的契税、印花税及附加税等政策。再次，简化破产、工商注销等程序。简化破产案件审理模式，加强管理人队伍建设。最后，合力整治逃废债。依法对"僵尸企业"有关资金流向进行调查，建立惩戒制度，坚决打击恶意逃废债行为。

（二）改善有效供给不足

一个国家的经济结构是否合理，主要看它是否能持续地促进社会生产力的发展，有利于推动科学技术进步和劳动生产率的提高。② 供给侧结构性改革，就是要解决社会总供给结构优化、改善有效供给不足问题，其中又以产业结构调整升级为侧重。传统产业在结构调整过程中在市场需求复苏缓慢、产能过剩比较严重的状况下，生产经营持续面临较大压力和困难，一些创新能力不强、缺乏核心竞争力的企业在残酷的市场竞争中面临生存问题，甚至面临被淘汰的局面。一些消费领域的传统业态难以满足消费者便捷、绿色、个性化需求，市场份额不断萎缩。与此同时，在政府引导和市场倒逼双重作用下，新产业、新业态、新产品加快孕育成长，市场呈现两极分化调整格局。技术含量高、资源消耗少、成长潜力大的高技术产业和装备制造业增长较快，电子商务、移动互联网等与居民消费升级相关的新业态发展迅猛，高附加值、高技术含量的新产品产销两旺。③

低水平供给能力过剩和高水平供给能力不足背后有一些深层次原因。产业

① 国务院关于印发《中国制造2025》的通知（国发〔2015〕28号），http://www.gov.cn/zhengce/content/2015-05/19/content_9784.htm。
② 资料来源：中国工具书网络出版总库。
③ 盛运来：《新常态新动力："十三五"经济增长动力机制研究》，中国统计出版社2015年版，第5-6页。

结构升级需要两种创新，一种是引领型的国家级创新，技术环节、重大零部件需要国家集成式创新，但是更多的产业升级要靠民间创新的推动。第一是民间创新主体需要市场自由，简化审批。第二是创新主体要有公平的竞争空间。第三是创新者要有市场自由，市场自由资源和要素流通的条件，是创新的保障和支持。①

产业结构调整包括产业替代升级和产业内部升级两种。② 从产业替代升级调整来看，我国经济已经从过去的主要依靠工业拉动转为工业和服务业共同拉动。

（三）协调供给错配部分

第一类供给错配是由需求变化与商品生产调整存在时滞效应引起的结构错配。我国的供给体系受到前期建设产能陆续释放、债务及劳动要素重新调整、生产计划变更和技术升级改造等产能重置周期的影响，部分行业必然会出现阶段性的产能过剩。从供给、需求的不同经济技术属性来看，需求对环境变化敏感，调整周期短、成本低，而在生产的技术条件和制度结构未发生重大变化的情况下，生产可能性前沿产业的供给能力配置调整会受到认知、决策、重新订立契约、生产能力或资产重置、商品生产、交付货物等多重因素的制约，存在一定的时滞，客观上难以与实际需求之间实现既无过剩又无短缺的高度吻合，产生"摩擦性"的结构错配。这一错配是阶段性的，即使在体制机制完善的情况下也难以完全避免，消除产业间结构性偏差，建立起新的均衡，需要大规模资产重置以及"创造性破坏"的调整、协调过程。③

当前引发这一类结构错配的重要原因有两方面。一是国内外市场有效需求急剧萎缩。我国在全球经济增长黄金期和在应对国际金融危机冲击过程中形成了庞大的工业产能，部分主要工业品产能接近甚至超过全球总量的一半。近年来，随着国际经济陷入持续低迷、国内经济转入中高速增长、国际贸易保护主义加剧，我国产能过剩问题日益突显。据统计，目前我国制造业产能利用率在78%左右，低于国际公认的82%左右的正常水平。部分行业产能过剩严重，

---

① 马晓河：《新时代高质量增长需要新动能》，《决策》2018 年第 6 期，第 38 页。

② 邱兆洋：《从供给侧推动产业结构优化升级》，《人民日报》2016 年 8 月 24 日，http://theory.people.com.cn/n1/2016/0824/c40531-28660105.html。

③ 石明明：《供需结构错配、市场化进程与供给侧结构性改革——基于我国省级数据的实证研究》，《产业经济评论（山东大学）》2017 年第 3 期，第 1-21 页。

2014 年粗钢、电解铝、水泥、化肥产能利用率分别只有 72.9%、77.5%、71.9% 和 69.6%。二是国际供需结构发生重大变化。国际金融危机之后，全球价值链出现历史性的、仍在持续中的重构，以"消费国—生产国—资源国"为核心链条的全球贸易大循环发生重大调整。以国际金融危机为分水岭，前期随着经济全球化深入发展，国际分工从产业分工走向欧美发达经济体借贷消费，东亚地区提供高储蓄、廉价劳动力和产品，俄罗斯、中东、拉美等提供能源资源的全球经济大循环。在此过程中，我国依靠劳动力成本低的比较优势，成为世界第一制造大国。而国际金融危机以后，现在国际分工出现新的重大变化，西方国家推进再工业化，产业回流本土的进口替代效应持续增强，东盟等新兴经济体和其他发展中国家凭借劳动力成本和自然资源比较优势积极参与国际分工，产业和订单向我国周边国家转移趋势明显。①

第二类供给错配是制度因素延缓、制约供给侧结构调整引发的结构错配。长期以来除电力垄断、银行垄断、中介服务垄断等形成的高制度性交易成本扭曲供给体系以外，市场出清机制运行不畅，是新一轮结构调整中暴露出来的重要问题。煤炭、钢铁等行业产能严重过剩，产品价格持续大幅下跌，国内市场钢材价格综合指数 2015 年 12 月份最低降到 54.48，接近该指数 1994 年 4 月份创立时的一半。上游产品价格下跌传导至下游，带动整个工业品价格下跌，PPI 指数 2016 年最大跌幅达到 5.9%，曾连续 54 个月下降，综合反映价格运行情况的 GDP 平减指数也出现下降，经济一度濒于通缩边缘。尽管这些行业出现大面积严重亏损，但市场机制并没有充分发挥其调节作用，一些"僵尸"企业不能及时、有效出清，反而占据大量土地、资金、原材料、劳动力等资源，由于地方政府和银行依然提供大量的补贴和贷款，大大挤占了稀缺资源，推高了其他企业的经营成本，严重扭曲资源配置，降低了经济运行的整体效率。这些行业产能过剩加剧和杠杆率上升相互强化，极大地增加了经济运行的系统性风险。解决这种类型的结构错配，必须从体制机制改革入手。如果生产可能性前沿产业的供给能力配置发生变化，则需要改善生产的技术条件或进一步推进体制机制改革，以推动生产可能性前沿外移。在技术条件不变的情况下，如果传统体制机制调整不畅，供给侧调整则会出现明显的黏性和迟滞，就会出现生产要素难

---

① 石明明：《供需结构错配、市场化进程与供给侧结构性改革——基于我国省级数据的实证研究》，《产业经济评论（山东大学）》2017 年第 3 期，第 1—21 页。

以从无效需求领域向有效需求领域、从低端领域向中高端领域配置，新产品和新服务的供给潜力就难以得到释放。

制度对供给侧和需求侧的共同演化会产生系统性的影响①。其中，对供给侧的影响主要表现为，作为权利配置的政治制度和作为激励约束的经济制度会通过影响要素配置模式，对要素结构和产出结构产生深刻影响；制度对技术创新、选择和扩散产生系统性影响。对需求侧的影响主要表现为，制度会通过影响消费者和投资者的成本收益影响消费和投资需求，制度会通过影响偏好演化对需求侧产生系统性的影响。因此，在演化增长的视角下，可持续增长是在供给侧、需求侧以及协调供给与需求的制度侧的协同演化展开的，它表现为供给结构、需求结构和制度结构的有效匹配与协同升级。在此演化过程中，深化制度改革是促使供给结构和需求结构协同升级的深层次动力机制。②

三、提供政策支撑：稳定增长与动力转换并举

推动供给侧结构性改革，同时要稳定经济增长。习近平总书记多次强调："稳中求进工作总基调是我们治国理政的重要原则"，也是"做好经济工作的方法论"。稳定的社会环境、精准的政策措施和有效的实施手段与全面深化改革相辅相成，才能更好地实现经济的协调发展。

（一）营造稳定的宏观经济环境

2008 年金融危机后全球经济整体增长放缓，实施供给侧结构性改革的过程中可能产生多重矛盾杂糅导致的严重社会问题，必须推行稳增长、反周期措施③，坚持"稳中求进"的工作方法。这是我国治国理政的重要原则和经济工作的方法论。"稳"强调了对工作、事物的"度"的把握，"进"是指对工作、事物"量"的推进。④ 2016 年中央经济工作会议提出，在适度扩大总需求的同时，再去加强供给侧的结构性改革，强调在保证经济健康发展的基础上对经济

---

① 黄凯南：《供给侧和需求侧的共同演化：基于演化增长的视角》，《南方经济》2015 年第 12 期，第 1-9 页。

② 石明明：《供需结构错配、市场化进程与供给侧结构性改革——基于我国省级数据的实证研究》，《产业经济评论（山东大学）》2017 年第 3 期，第 1-21 页。

③ 林毅夫等著：《供给侧结构性改革》，民主与建设出版社 2016 年版，第 81 页。

④ 杨伟民：《学习践行习近平新时代中国特色社会主义经济思想》，人民网，2018 年 3 月 5 日。

结构进行调整，为经济结构性改革营造稳定的宏观经济环境，实施积极的财政政策和稳健的货币政策。

积极的财政政策，就是要在增加公共支出的同时加大降税清费力度。针对收入放缓、支出增加的客观实际，实行结构性的财政政策是必然选择。首先，多种小额税种对增值税抵扣制度的完整性潜藏一定问题，重复征税难以避免。通过设置长期、稳定、可预期的主要税源，促进地方政府优化本地投资环境、提升本地公共服务水平。其次，多年来的投资失控造成全国范围内盲目、低水平的重复建设，增加了产业结构趋同问题。有所侧重地对待"三农"、社会保障、区域协调发展、节能降耗、生态保护、地下管网等方面的投资，尤其是运用结构性的财政政策加强对公共科技供给的政策支撑，带动产学研政资互促化、创新创业创富一体化，真正解放和发展生产力。

稳健的货币政策，是要疏通货币政策向实体经济的传导渠道，使资本流向实体经济。① 稳健货币政策是指根据经济和社会发展的需要，把商业银行的信贷行为与货币政策进行针对性的挂钩，调节资金特定的流向。一方面商业贷款对处于创业型或成长期企业的贷款需求重视不够，另一方面结构调整恰恰在很大程度上是创新链、产业链、资金链紧密融合的过程。我国金融资产体量庞大，但是金融资源的方向错配、结构错配以及功能错配，导致了金融资源配置的扭曲，对实体经济有虹吸的负面作用。创新结构性货币政策工具，向实体经济疏通流动性势在必行。②

准确的产业政策，可以解决产能过剩问题，优化产业布局，发展实体经济。近年来，我国整体经济结构不断优化，逐渐形成以第三产业主导经济发展的形势（见表6-4），但结构性矛盾依然存在。2015年中央经济工作会议提出"产业政策要准"，2016年中央经济工作会议提出要推动"战略性新兴产业蓬勃发展"，还要"用新技术新业态全面改造提升传统产业"，同时强调要"着力振兴实体经济"，为"产业政策要准"指出了具体改革方向。一是以健全和完善市场机制为核心内容，解决因市场缺陷而无法实现公共利益和发展目标的问题，推动战略性新兴产业蓬勃发展。二是要强化创新引领，增强产业发展新动能，积

---

① 人民日报独家专访：《七问供给侧结构性改革——权威人士谈当前经济怎么看怎么干》，人民出版社2016年版，第26页。

② 孙鸿炜：《调整宏观调控政策，适应供给侧结构性改革》，宣讲家网，2016年9月12日，http://www.71.cn/2016/0912/909662.shtml。

极稳妥地去产能，推动困难行业脱困发展。三是是把发展经济的着力点放在实体经济上，把提高供给体系质量作为主攻方向。①

表6-4　近十年中国三次产业构成

指标	国内生产总值（%）	第一产业增加值（%）	第二产业增加值（%）	第三产业增加值（%）
2008 年	100	10.2	47	42.9
2009 年	100	9.6	46	44.4
2010 年	100	9.3	46.5	44.2
2011 年	100	9.2	46.5	44.3
2012 年	100	9.1	45.4	45.5
2013 年	100	8.9	44.2	46.9
2014 年	100	8.7	43.3	48
2015 年	100	8.4	41.1	50.5
2016 年	100	8.1	40.1	51.8
2017 年	100	7.6	40.5	51.9
2018 年	100	7.2	40.7	52.2

数据来源：国家统计局官网，http：//data. stats. gov. cn/easyquery. htm？cn＝C01。

（二）保障微观主体活力充分发挥

微观主体主要是指在市场经济中对市场有影响的个人和企业。有活力、有竞争力的微观主体和微观主体构成的市场是经济高质量发展的基础，也是供给侧结构性改革的主要组成部分。当前微观主体活力受到多重限制，一是我国处于工业化后期阶段，各种要素成本上升，土地等自然资源管理制度僵化。二是结构性、周期性、交替性劳动力短缺和劳动力总体就业压力大问题突出。我国劳动人口众多，又面临经济下行压力，如果就业问题处理不好，就会造成严重

---

① 张培丽：《新时代产业体系建设的新内涵与新任务》，光明日报，2018 年 6 月 12 日，ht-tp：//www. cssn. cn/bk/bkpd_qklm/bkpd_bkwz/201806/t20180612_4363443_1. shtml。

的社会问题。三是教育体制推动供给侧结构性改革时去产能等措施可能造成企业成本增加以及就业等社会问题。四是金融等虚拟经济对实体经济尤其是民营经济的供给约束、供给抑制严重①，资本市场结构失衡。

为保障微观主体活力充分发挥，推行供给侧结构性改革，实现有为政府和有效市场的双向结合，促进形成更完善的社会主义市场经济体制，首先，政府要鼓励企业家在市场竞争中进行技术创新，发展新产业，完善新产业发展所需的软硬基础设施以降低交易费用，发挥新产业在市场中的竞争优势。② 其次，要不断扩大中等收入群体，确保全面建成小康社会目标的实现，为转方式调结构提供推动力，维护社会和谐稳定、国家长治久安。③ 具体来说，一是调整人口政策，从控制人口数量转向优化实施人力资本战略。2000 年我国开始步入老龄化社会，2018 年我国 65 岁及以上人口比重达到 11.9%，高出 2000 年 4.9 个百分点，0 至 14 岁人口占比降至 16.9%，比 2000 年低 6.0 个百分点，④ 人口老龄化程度持续加深。习近平总书记在广东考察时强调着力在提高就业质量、提高劳动人口尤其是就业困难人口就业能力、改善创业环境上下功夫，建立全员培训制度，引导劳动力适应和促进企业实现转型升级。⑤ 二是实施金融改革，积极解除"金融抑制"，有效支持实体经济。三是以改革为企业的经营和创业活动"松绑""减负"，激发微观经济活力。⑥ 2018 年 11 月 1 日，习近平总书记主持召开民营企业座谈会时强调，要不断为民营经济营造更好发展环境，帮助民营经济解决发展中的困难。通过国企国资改革、价格改革、投资改革、产权保障制度完善等，实现 2018 年全年减税降费规模约 1.3 万亿元⑦，对激发市场活力、降低企业负担发挥了重要作用。

---

① 贾康、冯俏彬：《改善供给侧环境与机制，激发微观主体活力，创构发展新动力——"十三五"时期创新发展思路与建议》，《经济研究参考》2015 年第 64 期，第 3-15 页。
② 林毅夫：《中国经济增长动力何来》，《变频器世界》2018 年第 2 期，第 17-28 页。
③ 《习近平主持召开中央财经领导小组第十三次会议——坚定不移推进供给侧结构性改革，在发展中不断扩大中等收入群体》，人民网，2016 年 5 月 16 日。
④ 《人口总量平稳增长　人口素质显著提升——新中国成立 70 周年经济社会发展成就系列报告之二十》，国家统计局，2019 年 8 月 22 日。
⑤ 习近平：《增强改革的系统性整体性协同性，做到改革不停顿开放不止步》，《人民日报》2012 年 12 月 12 日。
⑥ 贾康、冯俏彬：《改善供给侧环境与机制，激发微观主体活力，创构发展新动力——"十三五"时期创新发展思路与建议》，《经济研究参考》2015 年第 64 期，第 3-15 页。
⑦ 《进一步激发微观主体活力》，《经济日报》2019 年 2 月 28 日。

（三）完善强农惠农政策，推进农业供给侧结构性改革

针对农业供给侧存在的问题（见表6-5），2015年中央农业工作会议首次提出"农业供给侧结构性改革"，会议提出着力加强农业供给侧结构性改革，提高农业供给体系质量和效率，使农产品供给数量充足、品种和质量契合消费者需要，真正形成结构合理、保障有力的农产品有效供给结构。

表6-5 过去十多年农业供给侧出现的问题及其主要影响因素[①]

产品或产业	主要问题	主要影响因素		
		市场干预	市场失灵	政府失灵
水稻、小麦	库存剧增，优质产品少	★★★		★★
玉米	库存剧增，价格高	★★★		
大豆	严重短缺，单产低	★		★★★
棉花	库存高，机械化难	★★		★
油料作物	短缺，单产低	★		★
糖料作物	短缺，单产低	★		★
蔬菜、水果	食品安全		★★	★
畜产品	食品质量和安全		★★	★
水产品	食品质量和安全		★★	★
草牧业	草地质量，生态环境		★	★★
绿色食品	食品质量和安全		★★	★
特色多功能	畸重畸轻		★★	★
可持续农业	难以永续		★★	★★

注：★越多表明影响越大。

农业供给侧结构性改革从产品质量到产业结构调整对农业供给侧进行改革，其六大措施具体包括：一是优化农业产业产品结构，以适应市场需求为目的，提高产品质量；二是优化经营结构，从分散经营的小农模式转向规模经营，改变以往自给自足等较为单一、无标准的经营模式，规模经营可以满足生产产品

---

① 黄季焜：《农业供给侧结构性改革的关键问题：政府职能和市场作用》，《中国农村经济》2018年第2期，第2-14页。

的优质化、标准化，带动农村农业经济发展，提高农民收入；三是优化区域结构，根据各地区的比较优势建设粮食性和经济性农产品区（在文件中分为粮食生产功能区、重要农产品生产保护区、特色农产品优势区），这起源于日本的"一村一品"①，符合农业产业发展的特点；四是通过调动科技人员积极性，提高农业的产业科技创新，增强农业发展动能，提高农业产业的全要素增长率；五是将农业与二、三产业相融合，以产品增值为目标，着眼提高农业全产业链收益；六是以绿色发展、农业可持续发展为前提，对产业生产治理。

第二节 以制度改革为动力，完善现代化经济体系

党的十九大报告指出，建设现代化经济体系是我国在当前转变发展方式、优化经济结构、转换增长动力的攻关期，跨越关口的迫切要求和我国发展的战略目标。建设现代化经济体系关键在于推进"六个体系"的建设，包括产业体系、市场体系、收入分配体系、城乡区域发展体系、绿色发展体系、全面开放体系。② 其中城乡区域发展体系已在第五章第三节做过论述，本节不再赘述。

一、着力建设现代化产业体系和绿色发展体系

产业体系是经济体系的核心。自党的十八大以来，面对我国产业多处于价值链中低端，制造业大而不强、附加值低、创新不足等问题，建设现代化产业体系就成为突围破局之路。

（一）构建创新引领、协同发展的产业体系

创新是经济发展的第一动力，党的十九大报告提出，经济进入高质量发展阶段，要着力加快建设实体经济、科技创新、现代金融、人力资源协同发展的产业体系。产业体系一般包含新兴产业——适应新需求新技术的产业，和传统

---

① 日本"一村一品"运动：1983 年横路孝弘竞选北海道知事时提出——每个村/区域不是什么都生产，而是充分发挥自己的优势搞出一两项特色产品，打向市场——其结果是每个村/区域都成为一个产业群，村民根据不同产品进行细化分工，形成了合作网络，提高了劳动效率，经济和村民和谐程度都有所提高。转引自崔卫国：《中日比较谈（第2版）》，经济日报出版社 2014 年版，第 96 页。

② 王晓东：《建设统一开放、竞争有序的市场体系》，中国网，2018 年 2 月 15 日，http：//www. china. com. cn/opinion/theory/2018-02/05/content_50418722. htm。

产业——已经发展成熟的保留产业。当一个国家的产业体系中新兴产业逐步发展成为国民经济的主要力量或成为国民经济发展的支柱，传统产业在完成了或大部分完成了转型升级也拥有新技术、新模式、新业态时，就形成了新的产业体系。[1] 2018年我国全年国内生产总值为900309亿元，人均国内生产总值64644元（9769美元）。三次产业中第一、二、三产业占比构成分别为7.2%、40.7%、52.3%。全国就业人员77586万人，其中城镇就业人员43419万人，占比56%。根据工业化判断标准（见表6-6），我国已处于工业化后期阶段和经济服务化阶段，要加快建设创新引领、协同发展的产业体系。

表6-6　工业化不同阶段的判断标准[2]

基本指标		前工业化阶段	工业化初期	工业化中期	工业化后期	后工业化阶段
人均GDP（美元）	2004年	720—1440	1440—2880	2880—5760	5760—10810	>10810
	2010年	827—1654	1654—308	3308—6615	6615—12398	>12398
	2014年	889—178	1778—3557	3557—6615	7112—13910	>13910
产业结构（%）		以N为主	G>N，N>20%	G>F，N<20%	G>F，N<10%	以F为主，N<10%
工业结构（%）		<20%	20%—40%	40%—50%	50%—60%	>60%
空间结构（%）		<30%	30%—50%	50%—75%	60%—75%	>75%
就业结构（%）		>60%	45%—60%	30%—45%	10%—30%	<10%

注：N为农业占比，G为工业占比，F为服务业占比。

首先，要以供给侧结构性改革调整现有产业体系。统筹产业布局，促进传统产业转型升级，切实解决实体经济中供给结构与需求结构不相适应的地方，减少低质无效供给，把经济发展从数量规模扩张转向高质量高效益发展。紧紧把握未来产业发展的趋势和市场需求的变化，加快发展先进制造业，特别是高

---

[1] 芮明杰：《构建现代产业体系的战略思路、目标与路径》，《中国工业经济》2018年第9期，第24-40页。

[2] 迟福林：《动力变革——推动高质量发展的历史跨越》，中国工人出版社2018年版，第83页。其中，人均GDP：经济发展水平；产业结构：三产业占比；工业结构：制造业增加值占总商品增加值的比值；空间结构：城镇化率。

端制造业，培养发展战略性行业，夯实实体经济的基础。拓宽中高端消费、现代供应链、人力资源服务等领域，形成新的经济增长点和新动能，抢占全球产业链和价值链未来发展的先机。

其次，要发挥创新引领产业体系高端化发展的作用。提供高效的政策支持体系，完善知识产权保护的相关法律法规，制定能够引导企业、个人投入研发创新的激励机制，形成市场、企业和科研院所深度融合的创新体系。要加大对创新资金和创新人才培养的投入力度，对应用基础性研究，特别是前沿技术、关键共性技术、颠覆性创新技术，由国家牵头组织投入。要鼓励企业和个人投入创新领域，拓宽创新平台和载体，为创新研发提供各种精准服务，整合和共享创新研发信息。

再次，提高金融服务产业体系和实体经济的水平。加快金融体系改革，鼓励金融与实体经济的融合，引导金融资本向有发展潜力的实体经济集中。通过不断拓宽实体经济融资渠道、创新实体经济融资方式、拓展多种业务等方式切实解决实体经济筹资难的问题。提升金融服务实体经济的水平，通过创新信用评价方式、创新信用担保体系、创新抵押贷款方式等措施加大对各类企业的支持力度。

最后，强化人力资源作为第一资源促进产业体系完善的作用。通过深化教育改革，建立科研教育、职业教育、培训教育体系，使教育既能培养出基础研究、高精尖研究需要的人才，又能培养适用性强、针对性强的应用技术性人才，为现代化产业体系建设提供优秀的人力资源；通过分配制度改革等调节不同行业、不同区域之间的差距，为整个产业体系和实体经济留住更多优秀人才。

（二）打造资源节约、环境友好的绿色发展体系

打造绿色发展体系是社会主义生态文明建设的需要。绿色发展是高效、持续、和谐的发展方式，只有践行绿色发展理念才能突破资源环境因素制约，才能在国际竞争中占据有利地位。

加快制造业绿色改造升级。全面推进钢铁、化工、建材、轻工、印染等传统制造业绿色改造，大力研发推广余热余压回收、水循环利用、重金属污染减量化、有毒有害原料替代化、废渣资源化、脱硫脱硝除尘等绿色工艺技术装备，加快应用清洁高效铸造、锻压、焊接、表面处理、切削等加工工艺，实现绿色生产。加强绿色产品研发应用，推广轻量化、低功耗、易回收等技术工艺，持

续提升电机、锅炉、内燃机及电器等终端用能产品能效水平，加快淘汰落后机电产品和技术。积极引领新兴产业高起点绿色发展，大幅降低电子信息产品生产、使用能耗及限用物质含量，建设绿色数据中心和绿色基站，大力促进新材料、新能源、高端装备、生物产业绿色低碳发展。①

推进资源高效循环利用。支持企业强化技术创新和管理，增强绿色精益制造能力，大幅降低能耗、物耗和水耗水平。持续提高绿色低碳能源使用比率，开展工业园区和企业分布式绿色智能微电网建设，控制和削减化石能源消费量。全面推行循环生产方式，促进企业、园区、行业间链接共生、原料互供、资源共享。推进资源再生利用产业规范化、规模化发展，强化技术装备支撑，提高大宗工业固体废弃物、废旧金属、废弃电器电子产品等综合利用水平。大力发展再制造产业，实施高端再制造、智能再制造、在役再制造，促进再制造产业持续健康发展。②

积极构建绿色制造体系。支持企业开发绿色产品，推行生态设计，显著提升产品节能环保水平，引导绿色生产和绿色消费。建设绿色工厂，实现厂房集约化、原料无害化、生产洁净化、废物资源化、能源低碳化。发展绿色园区，推进工业园区产业耦合，实现污染物近零排放。打造绿色供应链，加快建立以资源节约、环境友好为导向的采购、生产、营销、回收及物流体系，落实生产者责任延伸制度。壮大绿色企业，支持企业实施绿色战略、绿色标准、绿色管理和绿色生产。强化绿色监管，健全节能环保法规、标准体系，加强节能环保监察，推行企业社会责任报告制度，开展绿色评价。③

倡导重视节约资源、保护环境的消费理念。全面树立节约资源、热爱自然环境、尊重自然规律的生态文明理念，树立勤俭节约的社会风尚和合理、高效利用资源的意识，做好节约资源、保护环境的宣传和科普工作，强化全社会勤俭节约和保护环境的观念。积极宣传推广绿色和低碳的生活理念，形成人与自然和谐共生的可持续发展格局。广泛宣传绿色发展体系，将生态教育纳入国民教育体系，使社会各界人士特别是各级政府和领导意识到生态环境工作的重要性，使绿色发展观念成为全社会的共同追求和自觉行为。

---

① 《中国制造 2025》（国发〔2015〕28 号）。
② 《中国制造 2025》（国发〔2015〕28 号）。
③ 《中国制造 2025》（国发〔2015〕28 号）。

不断完善绿色发展体系的体制机制。从顶层设计上来看，要充分完善相应的法律制度。完善的制度和法律既能解决资源和环境方面的问题，又能对涉及资源和环境的行为进行有力的规制；不断健全绿色发展的评价体系，杜绝在发展过程中出现以牺牲生态环境换取经济利益的现象，要把经济发展与生态发展挂钩；特别是完善对政府部门的绩效考核体系，在对领导干部进行绩效考核时，把绿色发展、生态环境也作为其重要的综合评价指标，建立终身问责制度，以确保领导干部在面对经济发展时能够充分意识到节约资源、保护环境的重要性。

二、建设现代化的市场体系与收入分配体系

现代市场体系要体现准入畅通、开放有序、竞争充分、秩序规范，收入分配体系要体现效率、促进公社会公平正义、全体人民共同富裕，推进基本公共服务均等化，逐步缩小收入分配差距。

（一）建设统一开放、竞争有序的市场体系

目前，我国市场体系尚不完善，在资源配置中仍受政府垄断、行政审批和价格管制等因素影响。具体来说，问题主要集中在三方面。一是市场体系不够透明。定价机制不完善、信息披露法规不健全、市场监管规则设置不清晰等问题导致还存在一定的权力寻租空间，使市场交易成本过高。二是价格形成机制不健全。由于政府垄断、价格管制或其他的政府干预市场行为，使得部分产品或服务的价格传导机制不健全，导致市场规则在要素配置中不能起决定性作用，价格不能充分反映供求状况和资源的稀缺程度。三是缺乏市场准入和退出政策。一些妨碍统一市场和公平竞争的潜规则和土政策仍然存在，导致部分同等的市场主体难以获得同等便利的市场准入；缺乏优胜劣汰的市场退出机制，企业破产制度不完善，市场不能决定企业是否退出。要想建立统一开放、竞争有序的市场体系，必须采取多种措施。

第一，提高市场体系的透明度和公平性。通过建立健全完善的市场法律法规，为商品或服务的快捷、顺畅的流通提供保障，消除地区封锁、市场分割等现象，规范交易行为，建立透明、公平、高效的市场秩序，降低交易成本；在某些容易滋生腐败的领域，明确竞争规则，提高程序透明度，加强信息披露的法律法规建设，推进市场信息化建设，保护市场参与者的正当权益；加强市场监管制度建设，明确市场参与者的权责，规范执法者的权力，避免因监管规则

设置不明确导致的权力寻租或市场交易成本过高的问题。

第二，进一步完善各种商品，特别是资源型商品的价格形成机制，使价格能够反映商品的供求状况，能够反映资源的稀缺程度，进而充分发挥市场调节机制，促进商品的自由流通；进一步完善市场交易制度，调整政府宏观调控的方式，尽量通过温和的方式借助市场实现调节目标，建立完善的市场交易制度，放开负面清单之外的商品和服务，给予企业自主定价权，让价值规律、供求规律和竞争规律共同作用来决定商品或服务的价格，保证价格传导机制畅通无阻，保证价格能够反映企业真实的生产经营成本和效率状况。

第三，建立统一的市场准入标准和退出政策。首先是开放行业准入，凡是在政府限制或禁止的领域和行业清单之外的，符合法律规定的，都应向民间资本开放，实行同一区域同一准入标准，打破市场封锁、地方保护主义和行政性垄断；尽快完善各类法律法规，实现国有资本和民营资本平等使用生产要素和各类资源，公开公平公正地参与各类市场竞争，并为其提供一视同仁的监管和法律保护；加快市场化改革，废除影响建立统一市场的各种障碍，制定促进公平竞争的法律法规，激发各类市场参与者的积极性和活力。其次要健全市场退出机制，完善企业破产制度，坚持企业自主原则，企业的优胜劣汰应由市场竞争决定。

（二）体现效率、促进公平的收入分配体系

目前，由于非公经济的大规模发展，政府对各种收入分配的不合理现象未及时调节，社会保障机制不健全和结构性失业等多种因素的共同作用，我国收入差距已经成为比较严重的问题。一是城乡区域发展差距和居民收入分配差距依然较大。二是收入分配法律法规不健全，分配公平与经济效率之间的同向互动不足。三是收入分配制度改革推进缓慢，影响消费对经济增长的推动作用进一步发挥。党的十九大报告给出了建立收入分配体系的重要原则，"坚持按劳分配原则，完善按要素分配的体制机制，促进收入分配更合理、更有序。鼓励勤劳守法致富，扩大中等收入群体，增加低收入者收入，调节过高收入，取缔非法收入"。

要完善体现效率与公平同向互促关系的收入分配体系。首先，必须重视市场和政府在收入分配中的不同作用，进一步凸显收入分配制度的公平性。为城乡劳动力提供平等的公共服务，确保分配规则均等、机会均等，减少城乡、行

业、领域之间的收入分配壁垒，实现同工同酬；承认因个人才能和禀赋不同而导致的收入差距；对于因要素占有的数量、状态、水平不同以及机遇不同而形成的收入差异，可以通过制定相关的税收、财政政策进行适度调节；进一步完善转移支付制度，促使不同地区的劳动者能够获得均等化的基本公共服务。

其次，对于因体制不合理、规则不健全而造成的收入差异，应通过深化改革和制度建设，建立合理、规范的政策体系。

最后，深化收入分配制度改革。通过运用税收、财政支出等方式在再分配环节调节初次分配的结果，税收和财政调节应服务于共同富裕的目标；进一步完善个人所得税制度，同时考虑横向公平和纵向公平，确保税收能够有利于低收入者而又不损害高收入者的积极性；推进消费税的改革，调整消费税的征税环节及幅度，充分降低低收入者的税负；推进与财产有关的税收改革，加大财产类税收的调节力度；借鉴国外经验，合适条件下实行退出税。

三、加快建设全面开放体系

作为现代化经济体系的有机组成部分，全面开放体系是由经济开放活动的各方面构成的相互关联的有机整体。建设多元平衡、安全高效的全面开放体系，是顺应新时代高质量发展要求战略举措。

（一）积极实施参与经济全球化的发展战略

现代化经济体系在本质上就是一个适应我国国情的全方位开放体系。积极实施参与经济全球化的战略举措，是塑造现代化经济体系的应有之义。目前我国经济快速增长，经济总量按汇率计算已属世界第二①，按购买力平价计算已属世界第一②，进出口贸易量在全球数一数二③，是世界经济增长的第一引擎和主要贡献者。④

积极参与全球经济发展是促进全面开放体系建设层次的重要抓手。首先，推进"引进来"和"走出去"相结合的高水平双向开放。面对当前国内外复杂的经济环境，要培育竞争新优势，改善营商环境，放宽市场准入。利用我国在

---

① 世界银行2014年5月发布的《国际项目比较报告》。
② 国际货币基金组织2014年10月发布的《世界经济展望》。
③ 根据世界贸易组织网站数据（2015—2017年）计算得出。
④ 联合国发布的《2018年世界经济形势与展望》报告。

产能和资本等方面的比较优势，提高走出去的水平，利用国外市场和资源。以"一带一路"建设和亚投行合作机制提高对外投资和援助水平，打造全球利益共同体和人类命运共同体。其次，提高对外开放质量，推动形成全面开放新格局。要拓宽开放范围，扩大开放规模，提高开放质量，打造能够参与中高端国际竞争的多元平衡和安全高效的全面开放体系。多元平衡、安全高效的全面开放体系，能够使我国获得更多的国际资源和市场，拓展更广阔的国际空间，为包括我国在内的广大发展中国家在未来全球经济体系中争取更多话语权，推动经济全球化朝着更加公正合理的方向发展。不断提升我国在全球经济治理中的地位和话语权，是建设全面开放体系的要求，也是推动全球化健康发展的需要。

（二）建立健全服务贸易促进体系

加快服务业涉外经济体制改革，建立对全球高端生产要素富有吸引力的体制环境。此举可提高我国整合国际资源、开拓外部市场的能力，促进国内改革与形成国际竞争新优势。推动能源、电信、金融等基础行业对外开放，提高行业整体发展水平和竞争力。提高文化、教育、医疗卫生、体育等领域开放层次，推动服务业发展体制和模式创新，加快服务业转型速度，不断提高国际竞争力。

打造对高端产业与生产要素具有更强吸引力的投资环境。改革外资审批制度，开展准入前国民待遇与"非禁即入"的试点；统一内外资法律法规，强化法律法规的一致执行，形成各类所有制企业平等有序竞争的市场环境。加快对外投资体制改革，减少对外投资审批环节，提高审批效率；加强对外投资保护，保障海外利益，避免重复征税；重新定位政府职能，从注重事前审批转向改善对外投资信息、法律、融资、保险等服务。

加快外贸体制改革，增强高附加价值产品出口竞争力。一是完善出口退税制度，减少对上游投入品的歧视。二是以海关特殊监管区为基础开展自由贸易园区试点。三是开展贸易投资便利化改革，不同监管部门联合查验，降低收费。四是以暂定税率方式，推行结构性降低关税。五是在存在进口特许权领域放松进口权管制，引入竞争。六是以中日韩自贸区为重点，加快谈判建立高质量的自贸区。七是加快对外谈判体制改革，提高参与国际经济治理的能力。八是改革涉外人事制度，在政府机构与国际组织间建立人才双向流动的机制。九是改进涉外经济贸易决策协调机制，建立智库参与涉外经济决策的机制，加大协调力度，增强我国在国际经济治理机制中的倡议能力。①

（三）建设开放型经济安全制度保障

一是要保障我国新兴技术、创新产品快速发展势头，推动经济高质量发展。以人工智能为代表的创新性产品、以 5G 为代表的创新性互联网技术、以新媒体等为代表的新兴服务产业构成了我国现阶段新经济的基本框架。新产品、新技术将会加速向产业化延展，释放出日益强劲的带动力。一个世纪前，铁路技术在全世界兴起，世界经济因此开启了一段快速发展的历程。今天，5G 技术已经露出曙光，而且是以我国在世界领先之势呈现。从 5G 到物联网，再到汽车自动驾驶、万物互联，新一轮产业革命将塑造全新的世界经济竞争格局，保持新技术、新产品的领先发展，是我国成功实现社会主义现代化的重要保障。②

二是要完善金融监管制度，使我国金融市场与国际金融市场有序竞争。贸易自由化、投资自由化、金融自由化在大多数发达市场经济国家都是基本经济制度。我国金融保障制度方面的创新充满复杂性③，完善金融监管制度非常重要。国家信息中心经济预测部副主任牛犁指出，"当前我国提出大幅度放宽市场准入，无疑是双赢之举。一方面，放宽外资准入会提高内资企业的竞争意识和生产效率，提高企业创新力和国际竞争力，有利于满足消费者对多样化产品的需求。另一方面，也为国际资本提供了巨大的投资机会和市场空间，优化了全球产业链的布局"④。

第三节　以"一带一路"建设为动力，
塑造全面开放新形态

习近平总书记指出："中国 40 年改革开放给人们提供了许多弥足珍贵的启

---

① 《"383"报告全文详解：以扩大开放倒逼国内改革》，宣讲家网，2013 年 12 月 27 日，http：//www.71.cn/2013/1027/741910_2. shtml。

② 《中国经济向好动力依然充足》，宣讲家网，http：//www.71.cn/2019/0214/1033879. shtml。

③ 贺小勇：《中国（上海）自由贸易试验区金融开放创新的法制保障》，《法学》2013 年第 12 期，第 114–121 页。

④ 宋光茂：《中国经济向好动力依然充足》，《人民日报》2019 年 2 月 14 日。

示，其中最重要的一条就是，一个国家、一个民族要振兴，就必须在历史前进的逻辑中前进、在时代发展的潮流中发展。"① 继续扩大对外开放，积极参与国际竞争，就是新时代我国历史前进的逻辑和时代发展的潮流。"一带一路"倡议是我国扩大对外开放、参与国际经济治理的重要途径，符合我国对外开放的需要，也适应世界经济发展的潮流。

一、高质量共建"一带一路"，不断提高区域经济合作水平

党的十九大报告提出，"中国坚持对外开放的基本国策，坚持打开国门搞建设，积极促进'一带一路'国际合作，努力实现政策沟通、设施联通、贸易畅通、资金融通、民心相通，打造国际合作新平台，增添共同发展新动力"。

首先，提高互联互通层次，应该本着高质量共建"一带一路"的原则，推动理念相通。坚持共商共建共享原则，发挥各方所长、集思广益、惠及各方。要使开放、绿色、廉洁成为"一带一路"区域国家的共同理念，共同追求高标准、惠民生、可持续的发展目标。要努力在共建"一带一路"过程中融入支持联合国2030年可持续发展议程，推动"一带一路"倡议与国际普遍认可的规则、标准的对接，在区域内统筹推进经济增长、社会发展、环境保护，保证区域各方普遍受益，共同发展。

其次，提高互联互通层次，应该以重点领域带动加强全方位互联互通。重点领域依然是基础设施互联互通，包括深化智能制造、数字经济等前沿领域合作。加强全方位互联互通一是要扩大市场开放、物畅其流、促进贸易和投资便利化。二是要推动融资体系和资本市场多元化、多层次化。三是要促进人文交流与民生项目合作。积极寻求与区域内国家和地区推动形成基建引领、产业集聚、经济发展、民生改善的全方位互联互通综合效应。

最后，提高互联互通层次，应该在强化合作机制的基础上，积极构建互联互通伙伴关系。要旗帜鲜明地反对单边主义和保护主义，共同维护多边贸易体制，推动建设开放型世界经济。要把共建"一带一路"继续与各国发展战略、区域和国际发展议程有效对接、协同增效，强化双边、三方、多边等各种形式的合作。要强化共建"一带一路"机制建设，弘扬多边主义精神，推动各领域

---

① 习近平：《在博鳌亚洲论坛2018年年会开幕式上的主旨演讲》，新华网，2018年4月10日。

务实合作。①

二、释放"一带一路"项目动力，形成全面开放新格局

（一）基础设施建设为我国和"一带一路"区域国家经济发展注入强劲动力

基础设施是"一带一路"建设中一个比较突出的领域。基础设施奠定了经济发展的基石。投资基础设施，短期可创造就业、增加需求，长期来说也能促进经济增长。发展中国家每增加 1 美元的基础设施投资，将增加 0.7 美元的进口，其中 0.35 美元来自发达国家。全球基础设施投资将增加发达国家的出口，为其创造结构性改革空间。

在基础设施建设方面，我国企业具有强大优势。2000 年福布斯全球 500 强企业中只有 10 家中国公司，其中 9 家为国有企业。2017 年，全球 500 强企业中已有 107 家为中国公司，其中 75 家为国有企业。其中，建筑行业更加一枝独秀，2017 年全球最大的 10 家建筑公司中有 7 家为中国公司。2018 年，全球 500 强企业中有 120 家为中国企业，2019 年 7 月时这一数字已经增至 129 家，超越美国成为全球第一。② 我国企业"走出去"具有竞标优势，比如工期短、标价低、质量过硬、管理严格、工作纪律严明等。

基础设施建设主要是打造六大经济走廊。这些走廊，不仅仅是一条条路，而是通过这一条条路逐渐形成相关服务的产业集群，通过产业集聚和辐射效应形成建筑、通信、冶金、物流、能源、旅游、金融等综合发展的经济走廊。

（二）"一带一路"建设推动我国和区域国家对外投资和贸易快速增长

"一带一路"打造了便利的投融资平台。由我国发起的亚洲基础设施投资银行（AIIB）自 2016 年开业以来，业务发展迅速并得到了国际社会的认可。截至 2018 年底，亚投行已从最初 57 个创始成员，发展到遍布各大洲的 93 个成员；累计批准贷款 75 亿美元，撬动其他投资近 400 亿美元，已批准的 35 个项目覆盖印度尼西亚、巴基斯坦、塔吉克斯坦、阿塞拜疆、阿曼、土耳其、埃及等 13 个国家。2014 年 11 月，中国政府宣布出资 400 亿美元成立丝路基金，并于 2017

---

① 习近平：《高质量共建"一带一路"》，《人民日报》2019 年 4 月 28 日。

② 数据来源：财富中文网，2019 年 7 月 22 日，http：//www.fortunechina.com/fortune500/c/2019-07/22/content_339537.htm。

年 5 月向该基金增资 1000 亿人民币。截至 2018 年底，丝路基金协议投资金额约 110 亿美元，实际出资金额约 77 亿美元，并出资 20 亿美元设立了中哈产能合作基金。便利的投融资平台促进了对外投资的增长，也解决了亚洲国家基础设施建设融资难题。

"一带一路"推动贸易规模持续扩大。2013—2018 年，我国与沿线国家货物贸易进出口总额超过 6 万亿美元，年均增长率高于同期我国对外贸易增速，在我国货物贸易总额中的占比达到 27.4%。其中，2018 年，我国与沿线国家货物贸易进出口总额达到 1.3 万亿美元，同比增长 16.4%。中国与沿线国家服务贸易由小到大、稳步发展。2017 年，我国与沿线国家服务贸易进出口额达 977.6 亿美元，同比增长 18.4%，占中国服务贸易总额的 14.1%，比 2016 年提高 1.6 个百分点。世界银行研究组分析了共建"一带一路"倡议对 71 个潜在参与国的贸易影响，发现共建"一带一路"倡议将使参与国之间的贸易往来增加 4.1%。①

（三）"一带一路"建设提高了我国对外开放的层次

"一带一路"建设加快了我国企业"走出去"的步伐，提升了我国企业国际化水平。我国企业"走出去"战略从 20 世纪 90 年代中期就开始了，但是"走出去"仍然在路上，需要进一步发展的推动力，不但要"走出去"，还要"走得进""走得稳""走得深"。而且"走出去"的中国企业不但有国企，还应有民营企业；不但有大企业，还要有中小微企业。在将来，我国企业"走出去"的步伐要迈得更大、走得更远，只有在"走出去"参与国际竞争的过程中，才能更好地推动我国企业转型升级，增强国际竞争力。

"一带一路"建设推动了我国产业结构调整的进程，提高了我国参与全球产业链重塑的能力。我国是全球制造业大国，推动"中国制造"向"中国智造"转变是当前的重要任务。通过共商共建共享"一带一路"，各国经互联互通、产业对接推动了资源要素更好跨国配置，更好地发挥了各国的比较优势。"一带一路"建设有助于提高我国在国际产业链的位置，也有助于推动产业结构加速调整。

"一带一路"从"引进来"转向"走出去"，将"引进来"和"走出去"

---

① 数据来源：财富中文网，2019 年 7 月 22 日，http：//www.fortunechina.com/fortune500/c/2019-07/22/content_339537.htm。

更好结合，培育参与和引领国际经济合作竞争新优势，以开放促改革。

延伸阅读

1. 庞中英：《重建世界秩序关于全球治理的理论与实践》，中国经济出版社 2015 年版。

2. 迟福林：《建设现代化经济体系》，中国工人出版社 2018 年版。

3. 迟福林：《动力变革——推动高质量发展的历史跨越》，中国工人出版社 2018 年版。

4. 方福前：《供给侧结构性改革与中国经济发展》，中国经济出版社 2018 年版。

5. 方敏：《政治经济学视角下的供给侧结构性改革》，《北京大学学报（哲学社会科学版）》2018 年第 1 期。

第七章

21 世纪中国特色社会主义政治经济学创新发展的根本经验

"时代是思想之母，实践是理论之源"。① 习近平总书记指出："坚持和发展中国特色社会主义政治经济学，要以马克思主义政治经济学为指导，总结和提炼我国改革开放和社会主义现代化建设的伟大实践经验。"② 习近平新时代中国特色社会主义经济思想是新时代我国 40 多年改革开放经验的高度概括，是顺应新时代社会主要矛盾的经济发展纲领，是中国特色社会主义政治经济学在坚持马克思主义政治经济学指导的基础上，创新发展的指导思想。

第一节　坚持党对一切工作的领导和以人民为中心的发展思想

党的十九大报告指出，"党政军民学，东西南北中，党是领导一切的"。坚持中国共产党领导，是一切工作的前提，这是历史的选择，也是人民的重托。必须坚持以人民为中心的发展思想，不断促进人的全面发展、全体人民共同富裕。以人民为中心的发展思想体现了对共产党执政规律、社会主义建设规律、人类社会发展规律的深刻认识和自觉运用。

---

① 新华社：《高举中国特色社会主义伟大旗帜　为决胜全面小康社会实现中国梦而奋斗》，《人民日报》2017 年 7 月 28 日。
② 新华社：《坚定信心增强定力　坚定不移推进供给侧结构性改革》，《人民日报》2016 年 7 月 9 日。

一、党的领导是中国特色社会主义最本质的特征

党的十九大报告指出："中国特色社会主义最本质的特征是中国共产党领导，中国特色社会主义制度的最大优势是中国共产党领导。"加强和改进党的领导，是"五位一体"的中国特色社会主义总体布局成功实现的保证。

（一）中国共产党推动了马克思主义理论中国化

马克思主义学说具有严整科学的内容和思想体系，以解放人民、维护人民利益、最终实现人的自由全面发展和全人类解放为目标。中国共产党是以马克思主义为指导并武装起来的政党，中国革命和建设的过程就是马克思主义中国化的过程。只有坚持党的领导，才能坚持中国特色社会主义道路，才能担负起为人民谋幸福和为民族谋复兴的历史重任，实现中华民族伟大复兴的中国梦。正是基于坚持和发展中国特色社会主义，实现中华民族伟大复兴中国梦迫切需要，习近平新时代中国特色社会主义经济思想把坚持加强党对经济工作的集中统一领导摆在首位，习近平新时代中国特色社会主义思想的十四条基本方略中，首先强调了坚持党对一切工作的领导。

我们党成长奋斗的历史，就是推动马克思主义普遍真理同中国革命建设的实际结合的过程，也是党推进马克思主义发展和理论创新的历史。党始终高度重视理论建设，始终秉持实事求是的思想路线和与时俱进的理论品格，在革命和社会主义建设的各个时期，创造了一系列理论成果。这些科学理论又指引革命、建设和改革实践，取得了伟大的胜利。党领导全国各族人民在站起来和富起来的过程中所取得的理论和现实成就说明，在强起来的新时代，实现现代化和夺取中国特色社会主义伟大事业新的胜利，必须毫不动摇地坚持党的领导。在当前保护主义抬头、单边主义盛行的形势下，意识形态领域斗争异常激烈。只有进一步加强党的领导，才能推动马克思主义和我国新时代中国特色社会主义建设实际相结合并不断创新，才能有效回应和引领各种社会思潮，更加有效地应对国内外各种挑战。

改革开放以来，党的全部理论和实践主题是中国特色社会主义建设。40多年来，特别是党的十八大以来，党坚持中国特色社会主义道路不动摇，通过中国特色社会主义理论、制度、文化建设，极大地增强了全国各族人民道路、理论、制度、文化方面的"四个自信"。在党的坚强领导下取得的"四个自信"，有利于在新的时代条件下，充分发挥我国社会主义优越性，促进和加强党的领导。党的领导是坚持"四个自信"的前提和基础。失去党的领导，新时代中国特色社会主义道路、理论、制度、文化就失去保障而难以坚持和发展。否定党的领导，中国特色社会主义建设必然走向失败。

中国特色社会主义是党推动马克思主义中国化的最新理论成果，为中华民族伟大复兴提供了理论依据和基础。当前，以中国特色社会主义为主要特征的中国发展模式令全球瞩目，也激发了全民族的创新创业活力，坚定了全国人民的理论自信。正如习近平总书记在十九大报告中所指出的，"科学社会主义在21世纪的中国焕发出强大生机活力，在世界上高高举起了中国特色社会主义伟大旗帜"。

（二）党的领导是中国特色社会主义伟大事业胜利的政治保证

党领导人民进行革命斗争和社会主义建设，就是为了实现共产主义崇高理想。从民族解放到社会主义改造，从计划经济到社会主义市场经济，从学习苏联经验到走出中国特色社会主义发展模式，我们党付出了艰苦卓绝的努力，探索到了中国特色社会主义发展道路，并领导全国各族人民朝着中华民族伟大复兴的目标奋勇向前。

坚持党的领导是实现人民民主的制度保障。党的十九大报告中强调："我国社会主义民主是维护人民根本利益的最广泛、最真实、最管用的民主。发展社会主义民主政治就是要体现人民意志、保障人民权益、激发人民创造活力，用制度体系保证人民当家做主。"人民民主是社会主义的生命，没有人民民主就没有社会主义。中国特色社会主义民主是马克思主义民主理论与中国特色社会主义实践相结合的产物，它在理论上丰富和发展了马克思主义国家治理学说，在实践上契合人类政治文明发展趋势，是最广泛最真实最管用的民主。人民民主制度必须在党的领导下，通过人民代表大会制度、党领导之下的多党合作和政治协商制度、民族区域自治制度、基层群众自治制度来实现。这样的民主制度有利于扩大人民有序参与国家和社会治理，避免出现选前乱开空头支票、选后冷漠应对民意的现象，防止出现民族隔阂、冲突问题，规避相互掣肘、严重内耗的治理困局。只有坚持党的领导，才能保证人民当家做主。

坚持党的领导是实现人民民主的法治保障。坚持依法治国是为了更好地保证人民民主，坚持依法治国是新时代党的基本方略。所以说坚持党的领导是依法治国和人民当家做主的根本保证，社会主义民主是党领导下的社会主义法治实践。只有坚持依法治国，才能更好地保障人民当家做主的权利。依法治国是一项艰巨复杂的任务，只有中国共产党这样具有广泛的群众基础和坚强的领导力、自身素质过硬且能够汇聚亿万人民磅礴力量的政党，才能完成这个历史使命。

党的领导是坚持中国特色社会主义道路的政治保障。中国特色社会主义建设之所以能够取得举世瞩目的成就，根本原因在于党把方向、谋大局、定政策的能力。实践证明，党的领导不仅是中国特色社会主义最本质的特征，也是中国特色社会主义制度最大的优势。新时代党提出的统筹推进"五位一体"总体布局和协调推进"四个全面"战略布局，提高有效应对重大挑战、抵御重大风险、克服重大阻力、解决重大矛盾的伟大斗争，充分说明了党作为中国特色社会主义最高领导力量，是保证中国特色社会主义建设不走封闭僵化的老路和改旗易帜的邪路的政治保障。坚持党的领导，中国特色社会主义必将焕发更大活力，展现更大优势。

（三）党的领导核心是革命和社会主义建设的历史选择

中国共产党的诞生，改变了近代以来中国人民民族革命的命运和面貌，开辟了中华民族伟大复兴的光明前景。由于中国共产党的诞生，中国人民在半殖民地半封建社会进行的民族革命面貌立刻焕然一新，有了主心骨。党领导人民进行了波澜壮阔的奋斗，取得了民族革命和解放战争的胜利，使灾难深重的中华民族在世界东方站了起来。中华人民共和国成立后党领导全国人民迅速建立了社会主义制度，并取得了抗美援朝战争胜利、"两弹一星"等一系列伟大成就。党的十一届三中全会后，党领导人民开启了改革开放的中国特色社会主义建设征程，在经济、民生、基础设施建设、国防等领域取得了举世瞩目的伟大成就，带领中华民族富了起来。党的十八大以来，在以习近平同志为核心的党中央的坚强领导下，我国在经济发展、生态建设、反腐倡廉、精准扶贫、航天科技、"一带一路"建设、维护全球经济政治秩序等领域取得了史无前例的成就，国际影响力和话语权得到极大的提升，中华民族进入了新时代，走上了强起来的征途，中华民族伟大复兴的光明前景已经逐渐清晰地展现在我们眼前。

以史为鉴，可以知兴替。回顾中国近现代史和革命史，可以发现坚持党的领导是国家发展和民族未来的根本所在。中华民族站起来、富起来、强起来的伟大征程证明，坚持党的领导是中国特色社会主义建设的先决条件，坚持党的领导是不可动摇的根本原则。党的领导地位是历史选择的结果，历史的发展也必将进一步证明，党能够领导全国各族人民实现社会主义现代化和中华民族复兴的中国梦。习近平总书记指出，没有党的领导，我们的国家、我们的民族不可能取得今天这样的成就，也不可能具有今天这样的国际地位。在坚持党的领导这个重大原则问题上，我们脑子要特别清醒、眼睛要特别明亮、立场要特别坚定，绝不能有任何含糊和动摇①。

（四）党的先进性和自我革命的特点是中国特色社会主义事业坚实的保障

作为世界第一大政党，中国共产党建立已近百年历程。百年辉煌与成就向全世界展示出了不可比拟的先进性和自我革命、与时俱进的品质。中国共产党能够成为深受全国各族人民拥戴的马克思主义政党，主要是因为其从建党之日起就以民族革命和人民解放为己任，坚持以人民为中心，始终保持着强大的凝聚力、领导力和战斗力。中华人民共和国成立70多年，特别是改革开放40多年的成就证明，党的领导是我国政治稳定、社会安定、民族团结和经济发展的根本保证，是中国特色社会主义取得胜利的决定性因素，是维护世界政治经济秩序的重要力量。

党的领导对中国特色社会主义各项事业正确决策和指挥发挥着中枢作用。党政军民学，东西南北中，党是领导一切的。党和国家发展的理论、路线方针和政策，均由党中央做出顶层设计和谋划部署，再由各级党组织和政府部门组织实施。党的坚强领导开辟了中国特色社会主义事业的新局面，赢得了全国各族人民的拥护和支持。中国特色社会主义在新的时代条件下，全面建成小康社会，实现社会主义现代化的目标在党的领导下已经近在眼前。加强党的建设，永葆党的先进性，强化党的领导是党内党外、全国上下的共识，也是实现伟大梦想的保证。

党的自我纠错和自我革命的品质是党区别于国内外其他政党的显著特点，也是党能够永葆先进性的根本原因。习近平总书记指出："我们党之所以有自我革命的勇气，是因为我们党除了国家、民族、人民的利益，没有任何自己的特

①　习近平：《在全国党校工作会议上的讲话》，《求是》2016年第9期，第1页。

殊利益。不谋私利才能谋根本、谋大利，才能从党的性质和根本宗旨出发，从人民根本利益出发，检视自己；才能不掩饰缺点、不回避问题、不文过饰非，有缺点克服缺点，有问题解决问题，有错误承认并纠正错误。"① 党的十八大以来，以习近平同志为核心的党中央面对国内外严峻的斗争形势和党面对的"四大考验"、"四种危险"、腐败问题、作风问题等时代性的严峻考验，以壮士断腕的气概和刮骨疗毒的决心全面从严治党，全面深入推进党风廉政建设与反腐倡廉斗争，严肃了党的政治规矩和纪律，通过"两学一做"与"三严三实"教育活动、"八项规定精神"学习、"打虎""拍蝇""猎狐"三管齐下的高压反腐手段，使全体党员的作风出现了彻底转变，形成了反腐败斗争压倒性态势，权力的笼子逐渐扎牢，"四个意识"明显增强，使党以全新的面貌领导全国人民进入了新时代。

"党的领导是中国特色社会主义最本质特征"已经十三届全国人大第一次会议表决通过写入宪法修正案第36条。"党的领导是中国特色社会主义最本质的特征"是习近平新时代中国特色社会主义思想的重要论断，它揭示出党的领导对于中国特色社会主义事业的极端重要性，也是以习近平同志为核心的党中央对于中国特色社会主义和世界社会主义发展经验的深刻总结，对马克思主义政党学说与科学社会主义发展做出了重要的理论贡献，深化了对共产党执政规律、社会主义建设规律、人类社会发展规律的认识，也是新时代中华民族伟大复兴最重要的保障。

二、以人民为中心的发展思想就是把满足人民对美好生活的向往作为发展的根本目标

人民立场是马克思主义政党的根本立场，是我们党坚持立党为公、执政为民的执政理念的充分体现。我们党始终坚持"人民是历史的创造者""依靠人民创造历史伟业"② 的马克思主义社会建设思想，坚持人民至上和为人民服务的政治立场。

---

① 习近平：《在省部级主要领导干部学习贯彻十八届六中全会精神专题研讨班开班式上的讲话》，《人民日报》2017年2月14日。

② 习近平：《纪念马克思诞辰200周年大会上的讲话》，人民网，2018年5月4日。

（一）牢牢把握人民群众对美好生活的向往是新时代党的工作重点

中国特色社会主义进入新时代后，我国社会主要矛盾已经转化为人民日益增长的美好生活需要和不平衡不充分的发展之间的矛盾。人民美好生活需要更加广泛，对物质文化生活、民主、法治、公平、正义、安全、环境等方面提出了更高要求。不断促进社会公平正义和社会有效治理，营造良好的社会秩序，不断增加人民获得感、幸福感、安全感，是新时代党的工作重点。

习近平总书记提出要"牢牢把握人民群众对美好生活的向往"，把为人民谋幸福作为根本使命，坚持以人民为中心的工作导向、以人民为中心的发展思想，牢记"时代是出卷人，我们是答卷人，人民是阅卷人"，体现了人民至上、以人民为中心的鲜明政治立场。以人民为中心的发展思想是党的根本宗旨，也是新时代党的工作中心，对在新的历史起点夺取中国特色社会主义伟大胜利、实现中华民族伟大复兴有重要意义。

牢牢把握人民群众对美好生活的向往，应该在经济社会发展各个环节，关注、维护、发展最广大人民根本利益。习近平总书记指出："抓住重点带动面上工作，是唯物辩证法的要求，也是我们党在革命、建设、改革进程中一贯倡导和坚持的方法"①。新时代要坚持"重点论"和"两点论"的辩证统一，就是要抓住经济建设这个"重点"，不断提高生产力水平，在改善人民生活水平和增进人民福祉的基础上促进社会全面进步，实现共同富裕的目标。

（二）牢牢把握人民群众对美好的生活的向往彰显了党全心全意为人民服务的宗旨

牢牢把握人民群众对美好生活的向往，就是践行以人民为中心的发展思想，是新时代党全心全意为人民服务的必然要求。我们党来自人民，党的一切工作以满足和代表最广大人民群众利益为标准，这是党在革命和建设的各个时期始终坚持的原则。习近平总书记提出坚持以人民为中心的发展思想，要求把人民对美好生活的向往，作为我们党奋斗的目标，树立发展为了人民、发展依靠人民、发展成果由人民共享的理念，这是坚持人民主体地位和人民至上的历史唯物主义观点，科学地看待"为谁发展"和"靠谁发展"的问题，表明了建设中国特色社会主义的出发点和原则。

---

① 《习近平谈治国理政》第 2 卷，外文出版社 2017 年版，第 61 页。

党的十八大以来，以习近平同志为核心的党中央坚持把人民对美好生活的向往作为奋斗方向，坚持心为民所系、权为民所用，在全党进行了群众路线教育活动，把增进人民福祉和改善人民生活作为一切工作的标准和原则。在经济发展进入新常态的情况下，深化改革，使经济发展的成果更公平地惠及全体人民，各项民生指标逆势上扬，人民获得感和幸福感明显增强。能够共享改革和发展的红利，也激发了人民群众参与中国特色社会主义建设的热情，有利于实现民族复兴的中国梦。中国梦是全体中华儿女共同的梦，把握人民对美好生活的向往就是以人民为中心的发展思想的具体要求。只有把牢牢把握人民群众对美好的生活的向往作为党全心全意为人民服务的宗旨，才能长期巩固党的执政地位，才能实现社会主义现代化和中华民族伟大复兴的中国梦。

（三）牢牢把握人民群众对美好生活的向往是全面推进中国特色社会主义伟大事业的迫切需要

牢牢把握人民群众对美好生活的向往，是全面推进中国特色社会主义伟大事业的迫切需要，是对新时代我国的社会主要矛盾和阶段性特征的准确把握。党的十九大报告指出，我国社会发展的历史新方位是中国特色社会主义进入了新时代，我国社会主要矛盾已经转化为人民日益增长的美好生活需要和不平衡不充分的发展之间的矛盾。针对新时代的新矛盾，习近平总书记强调："全党要牢牢把握社会主义初级阶段这个最大国情，牢牢立足社会主义初级阶段这个最大实际，更准确地把握我国社会主义初级阶段不断变化的特点，坚持党的基本路线，在继续推动经济发展的同时，更好解决我国社会出现的各种问题，更好实现各项事业全面发展，更好发展中国特色社会主义事业，更好推动人的全面发展、社会全面进步。"[①] 习近平总书记在这里强调了新的历史方位下社会主要矛盾发生了变化，但并未改变社会主义初级阶段的基本国情，阐明了中国特色社会主义建设的阶段性任务和奋斗方向。

社会主义初级阶段的基本国情并未改变，我国依然是世界上最大的发展中国家的国际地位未发生改变，党领导和团结全国各族人民，以经济建设为中心，坚持四项基本原则，坚持改革开放，自力更生，艰苦创业，为把我国建设成为富强民主文明和谐美丽的社会主义现代化强国而奋斗的基本路线就不能改变。

---

① 郭飞：《牢牢把握社会主义初级阶段这个最大国情》，《人民日报》2017 年 8 月 31 日。

同时，经过改革开放 40 多年的快速发展，人民对美好生活的要求有了更高的标准和时代性的特点，对于进一步改善民生和增进人民福祉提出了更高的要求。牢牢把握人民群众对美好生活的向往，是积极回应社会主义矛盾的前提，是贯彻落实党的基本路线的保障，也是新时代全面推进中国特色社会主义建设事业和践行以人民为中心的发展理念的时代性主题。

三、以人民为中心的发展思想体现了党性与人民性的高度统一

习近平总书记指出，树立以人民为中心的工作导向，体现了党性和人民性的统一。我们党是代表中国最广大人民根本利益的马克思主义政党，党性寓于人民性之中，人民性是党性的主要表现形式①。

（一）党的根本宗旨与党性的核心是全心全意为人民服务

习近平总书记强调，坚持不忘初心，就要坚信党的根基和力量在人民，坚持一切为了人民、一切依靠人民，把人民放在心中最高位置，坚持全心全意为人民服务的根本宗旨②。党的根本宗旨是全心全意为人民服务。因为党代表着最广大人民群众的根本利益，所以党的工作始终坚持群众路线，以人民是否满意为评判标准。以人民为中心的发展思想要求坚持党的根本宗旨，把党的发展和事业融为为广大人民利益的奋斗中，把促进改革和发展成果更加公平地惠及全体人民作为经济工作的目标，使党永葆先进性。"坚持党对一切工作的领导"和"坚持以人民为中心"是党的十九大提出的中国特色社会主义基本方略，是对于党的基本宗旨的强调和坚持，也是对于党性寓于人民性这一基本认识的肯定。

党性的核心是全心全意为人民服务。其具体包括六个方面：（1）以马列主义、毛泽东思想作为自己行动的指南；（2）坚持党的最高纲领，愿意为共产主义奋斗到底；（3）大公无私，全心全意为人民服务；（4）具有严格的组织性、纪律性，保持思想上政治上的高度一致，维护党的团结和统一；（5）密切联系群众，坚持群众路线；（6）认真开展批评与自我批评，勇于承认和改正自己的

---

① 人民日报评论员：《坚持党性和人民性相统一》，《人民日报》2013 年 8 月 27 日。
② 《习近平谈治国理政》第 2 卷，外文出版社 2017 年版，第 40 页。

缺点和错误①。这6个方面集中反映了党性寓于人民性之中，坚持党性就是坚持人民性的原则。

（二）人民性是党性最重要的表现形式

习近平总书记指出，坚持人民性，就是坚持以民为本和以人为本，把实现、维护、发展好最广大人民根本利益作为出发点和落脚点。牢记党根基于人民，把人民放在心中最高位置，把人民是否拥护、赞成、高兴、答应作为衡量一切工作得失的根本标准，保持党与人民的血肉关系②。党的十九大报告以不忘初心，方得始终开篇。共产党人的初心和使命就是为人民谋幸福，为民族谋幸福。这个初心和使命是激励共产党人不断前进的根本动力。这种衡量党的人民性的标准，也是检验党性的基本标准。坚持人民性，必须坚持以人为本，促进人的全面发展和全民共同富裕。

以人民为中心是新时代坚持人民性的集中体现，是习近平新时代中国特色社会主义经济思想的重要内容和基本遵循。党的十九大报告以新的高度强调了坚持以人民为中心的发展思想，这既是习近平新时代中国特色社会主义思想的重要内容，也是新时代坚持和发展中国特色社会主义的基本方略之一。2018 年中央经济工作会议指出，"坚持以人民为中心的发展思想，贯穿到统筹推进'五位一体'总体布局和协调推进'四个全面'战略布局之中"③。中国特色社会主义进入新时代，人民对美好生活的需要更广泛，要求也更高，既向往更高层次的物质文化生活，也期待民主、法治、公平、正义、安全、环境等方面的不断提升和完善，更需要坚持和贯彻以人民为中心的发展思想。只有坚持以人民为中心，解决不平衡、不充分的发展问题，才能更好满足新时代人民对美好生活的需要。

---

① 郑保卫：《"党性人民性统一论"的理论来源与当代发展》，《新闻大学》2018 年第 2 期，第 46 页。

② 《习近平谈治国理政》第 2 卷，外文出版社 2017 年版，第 40 页。

③ 吴秋余、陆娅楠，等：《推动高质量发展，"七个坚持"最重要》，《人民日报》2017 年 12 月 21 日。

第二节 坚持新的发展理念

党的十八大以来，党中央决定彻底转变经济发展方式，坚定不移地贯彻新的发展理念。以习近平同志为核心的党中央在深刻总结国内外发展经验和教训的基础上，致力于破解发展难题、增强发展动力、厚植发展优势，实现更高质量、更高效率、更加公平、更可持续的发展，提出了创新、协调、绿色、开放、共享的新发展理念。对于新发展理念的内涵在第一章第一节已有阐述，本节不再赘述。

一、新时代高质量发展要求坚持新的发展理念

用新发展理念引领和推动经济高质量发展，是实现当前我国建设现代经济体系战略目标的迫切需要，也是回应人民对美好生活需要的现实需要。

（一）新的历史方位要求推动高质量发展

改革开放以来40多年的高速发展，彻底改变了我国的经济发展和人民生活水平，使我国建成了世界上最完整的工业生产体系，基础设施发展水平和社会发展整体面貌令全世界瞩目。作为世界第二大经济体，我国城镇常住人口占总人口的比重达60%左右，第三产业增加值份额高于第一、二产业增加值份额总和，居民消费恩格尔系数低于0.3。同时，我国城乡区域等发展不平衡不充分、社会阶层收入差距过大、环境污染严重等问题成了影响人民向往美好生活的严重制约因素。党的十九大在全方位深刻把握经济社会发展变化的基础上，做出了中国特色社会主义进入新时代的历史方位的判断，提出我国社会主要矛盾已经转变为人民日益增长的美好生活需要和不平衡不充分的发展之间的矛盾这一科学论断。决胜全面建成小康社会，夺取新时代中国特色社会主义伟大胜利，必须树立以人民为中心的发展思想，以新的发展理念推动经济高质量发展。

新时代我国经济发展最鲜明的特征是由高速增长转向高质量发展。在当前经济发展的新常态形势下，在一个拥有近14亿人口和处于世界第二大经济体的发展中国家，以新的发展理念推动实现经济高质量发展是一项艰巨的任务。需要从健全体制机制做起，加快政府职能转变，不断完善社会主义市场经济体制；

需要以"一带一路"建设为抓手，"引进来"和"走出去"并重，推动建设更高层次的开放型经济；需要全面贯彻习近平新时代中国特色社会主义经济思想，把发展作为第一要务，以深化供给侧结构性改革为主线，努力建设现代化经济体系。

（二）新发展理念是实现我国高质量发展的重要指引

新发展理念体现了鲜明的时代价值，引领着新时代高质量发展的方向。首先，新发展理念是将马克思主义理论与中国特色社会主义建设实际结合所得出的指导思想，是中国特色社会主义发展理念的创新。其次，新发展理念体现了党的根本宗旨，凸显了以人民为中心的发展思想。最后，新发展理念是在马克思主义发展观的指导下，总结中外发展的经验的基础上得出的，有着普遍的指导意义，对其他发展中经济体的发展可以提供"中国经验"。

新发展理念能够破解发展难题，是夺取新时代中国特色社会主义全面胜利的必然选择。首先，新发展理念中的创新与开放着眼于解决发展的不充分问题，打造高质量发展模式。针对我国经济大而不强、传统动力放缓、增长的质量和效率较低、全要素生产率不高等问题，只有通过创新与开放的发展理念克服和破解。其次，新发展理念中的绿色、协调、共享旨在解决发展的不平衡问题。面对当前经济发展中存在的产业、城乡、区域发展失衡问题，突破环境资源制约，补民生建设短板，增加人民获得感和幸福感是迫在眉睫的问题，只有树立绿色、协调、共享的发展观，积极回应人民对美好生活的需要才能更好化解社会矛盾，促进可持续发展。

（三）新发展理念是高质量发展的实现路径

首先，高质量发展要以创新为动力、以协调为标尺。当前，要转变以出口拉动、投资和政策驱动等粗放型发展为集约型高质量发展，必须依靠以科技创新为核心的创新驱动型发展动力。习近平总书记指出："协调既是发展手段又是发展目标，同时还是评价发展的标准和尺度，是发展两点论和重点论的统一，是发展平衡和不平衡的统一，是发展短板和潜力的统一。"[1] 解决城乡、区域、行业之间发展失衡问题，应该重视培育新要素，通过协调发展实现高质量发展。抓住共享经济和数字经济等产业变革机遇，积极推动构建基于云、网、端等设

---

[1] 何浩民：《协调既是发展手段又是发展目标》，《人民日报》2016年3月3日。

施的数字和网络经济体系，促进协调发展。

其次，高质量发展要以绿色为方向、以开放为抓手。坚持绿色发展方向，加大环境保护力度，要让"绿水青山就是金山银山"的观念深入人心，决不走以污染环境为代价的老路。一是要建立市场化的多元生态补偿机制，落实"保护和改善环境就是保护和改善生产力"的发展理念；二是要鼓励、引导、支持绿色环保产业发展，营造有利于绿色产业发展的政策环境；三是要倡导绿色低碳生产生活方式，推动形成绿色市场和社会环境。以开放为抓手，就是通过全方位开放，打造高质量、高层次的开放型经济。一是构建高层次开放型经济体制，完善市场准入和监管机制；二是深化"一带一路"倡议下各方合作，提高对外投资贸易的质量和效益；三是培育新业态新模式，积极参与全球价值链分工，创新服务贸易模式，促进跨境服务贸易发展。

最后，高质量发展要以共享为宗旨。以促进社会公平为导向，着力解决民生领域重要问题，不断增加人民的获得感和幸福感，是坚持以人民为中心的发展思想，是新时代高质量发展的宗旨。贯彻共享发展理念，一要加快收入分配制度改革，努力缩小贫富差距；二要加大政策支持力度，拓宽就业创业渠道；三要打赢脱贫攻坚战，进一步促进社会公平和谐。

二、坚持新发展理念是建设中国特色社会主义的基本方略

党的十九大报告围绕"新时代坚持和发展什么样的中国特色社会主义"这一时代命题，提出了包括以坚持党对一切工作的领导、坚持新发展理念等十四条为内容的新时代坚持和发展中国特色社会主义基本方略。从把握新时代坚持和发展中国特色社会主义的基本方略的高度看待坚持新发展理念，对于深刻把握习近平新时代中国特色社会主义经济思想有重要意义。

（一）坚持新发展理念是优化新时代中国特色社会主义总体布局的需要

以"十四个坚持"为内容的基本方略，是新时代建设中国特色社会主义的理论和政策指导，为夺取新时代中国特色社会主义建设的伟大胜利设定了路线图。坚持新发展理念是基本方略，立足于统筹推进"五位一体"总体布局，坚持社会主义核心价值，保障改善民生，顺应人民对美好生活日益增长的需要，是对新时代经济高质量发展提出的指导思想。新发展理念从经济发展的角度为经济、政治、文化、社会和生态文明建设"五位一体"的总体布局提供了基本

保证，体现了总体布局的社会主义特性。新发展理念要求在我国经济发展转型的关键时期，建设现代化经济体系，为经济发展跨越关口提出了战略目标。实现"两个一百年"奋斗目标需要建设现代化经济体系，坚持社会主义市场经济方向，坚持新发展理念。新发展理念与现代化经济体系并行不悖，是现代化经济体系健康发展的保证。

（二）坚持新发展理念体现了基本方略鲜明的时代性特征

新发展理念体现了基本方略的历史使命感和时代特征。中国共产党成立以来，始终坚持以民族解放复兴为初心和使命。经过20世纪波澜壮阔的革命斗争和社会主义建设，中国特色社会主义令我国成为21世纪最具活力的东方大国，在经济、政治、文化、社会和生态文明建设方面取得了令世界瞩目的成绩。当前，我国社会主义建设站在新的历史方位上，中国特色社会主义进入了新时代，社会主要矛盾已经转化为人民日益增长的美好生活需要和不平衡不充分的发展之间的矛盾。党的十九大面对新的社会主要矛盾，基于对社会发展规律的深刻把握，提出了坚持和建设中国特色社会主义的基本方略。而坚持新发展理念是其中最能反映中国特色社会主义发展的时代特征，顺应人民美好生活需要的内容。新发展理念蕴含科学思维方法和政治智慧，反映了我们党善于统筹兼顾、坚持协调推进、突出问题导向、注重创新驱动的优良传统和品质，展示了党总揽全局、协调各方的政治智慧和领导能力。

三、新发展理念是解决不平衡不充分问题的着力点

新时代我国社会主要矛盾已经转化为人民日益增长的美好生活需要和不平衡不充分的发展之间的矛盾。坚持新发展理念，推动高质量发展是党执政兴国的着力点。

（一）发展不平衡不充分是新时代突出的问题

改革开放以来，特别是党的十八大以来，我国经济社会发展取得了历史性成就。在经济实力、经济结构、创新驱动、人民生活水平、生态环境建设等方面均有突破性发展，总体上已经实现小康。当前，作为世界第二大经济体，我国拥有世界上人口最多的中等收入群体，对世界经济增长贡献率连续多年超过30%，广大人民的获得感和幸福感不断提升。然而，在经济社会快速发展的同时，发展不平衡不充分问题也更加凸显，已经成为推动高质量发展和满足人民美好生活需要的主要制约因素。

相对于人民美好生活的需要，发展不平衡不充分主要表现在五方面。一是当前社会生产力发展仍不充分，尚不能更好地满足人民需求。二是经济和社会领域的发展不平衡。从经济领域看，存在地区、城乡等方面的收入不平衡和消费不充分的问题，消费支出占 GDP 的比例低于 40%。从社会领域看，主要表现为城乡、区域教育、医疗、社会保障等方面的不平衡和不充分。三是精神文明发展落后于物质文明，文化产品和服务供给能力亟须提高。四是生态环境发展不平衡不充分，资源环境破坏严重。五是经济建设与总体安全不平衡，食品和网络安全等非传统领域安全问题不断凸显①。

（二）解决好发展不平衡不充分问题要遵循客观规律

党的十八大以来形成的以新发展理念为主要内容的习近平新时代中国特色社会主义经济思想，是新时代指导经济工作的基本纲领。要解决发展不平衡不充分问题，必须贯彻以习近平新时代中国特色社会主义经济思想，坚持新发展理念，遵循经济和社会发展规律。

遵循经济规律，就是要认清形势，把握好我国经济已经处在由高速增长阶段转向高质量发展的阶段，优化结构、转变发展方式和增长动力是迫在眉睫的任务和基本原则。坚持以推动供给侧结构性改革为主线，坚持效益优先、质量第一，着力发展实体经济。

遵循经济规律，不断增强我国经济创新力和竞争力。我国经济已由高速增长阶段转向高质量发展阶段，正处在转变发展方式、优化经济结构、转换增长动力的攻关期。因此，必须坚持质量第一、效益优先，以供给侧结构性改革为主线，推动经济发展质量变革、效率变革、动力变革，把发展经济的着力点放在实体经济上。坚定不移地走以创新驱动实体经济发展、遵循自然规律的高质量可持续发展之路，在经济发展中不断提升人民群众的获得感、幸福感、安全感。

---

① 胡鞍钢、鄢一龙：《我国发展的不平衡不充分体现在何处?》，人民论坛网，2017 年 11 月 30 日，https：//mp. weixin. qq. com/s? ＿＿biz＝MjM5MDczMTc4NA% 3D% 3D&idx＝1&mid＝2657761984&sn＝918115df6459e71e3600b7044497dc75。

（三）新发展理念是正确处理和解决新时代社会主要矛盾的根本方法和出路

以新发展理念为主要内容的习近平新时代中国特色社会主义经济思想是解决现阶段我国社会主义矛盾的根本方法和出路。

首先，创新的发展理念是解决发展不充分问题的出路。现阶段我国经济发展已经进入了从低收入跨越到中高收入阶段，以往投资驱动、低成本、高能耗、高污染的粗放型经济增长模式已经成为高质量发展的严重制约因素。推动经济高质量发展的关键在于转换经济发展方式，实现经济发展动力机制的转换，变资本积累推动增长的动力机制为科技创新和技术进步推动增长的动力机制。当前贯彻创新发展的理念，要以供给侧结构性改革为主线，推动质量、效率、动力变革，提高全要素生产率目标，推动制度创新、产业创新、文化创新，在全社会培育技术创新的环境。

开放发展的理念也是解决发展不充分问题的主要途径。"开放带来进步，封闭必然落后。"这是党的十九大对于改革开放40多年的发展经验所做的深刻总结。新时代的开放发展是以"一带一路"建设为依托，全面打造投资和贸易自由化、深度参与全球经济治理、"引进来"与"走出去"并重的开放型经济，不同于20世纪80年代和90年代以出口导向和吸引外资为主要模式的开放。习近平总书记指出："我国对外开放水平总体上还不够高，用好国际国内两个市场、两种资源的能力还不够高强，应对国际贸易摩擦、争取国际经济话语权的能力还比较弱，运用国际经贸规则的本领也不够强，需要加快弥补。为此，我们坚持对外开放的基本国策，奉行互利共赢的开放战略。"①

其次，协调、绿色、共享发展理念是化解不平衡不充分发展矛盾的主要出路。社会发展中的主要矛盾，在社会发展的各个阶段的地位是不一样的。在工业化初期，发展不平衡是经济发展不可避免的矛盾，此时发展速度和规模是影响人民生活水平的主要矛盾。在工业化的基本任务完成之后，我国社会发展已经进入中等收入阶段，发展的不平衡问题已经成为影响人民对美好生活的获得感和幸福感的主要矛盾。而协调发展理念着眼于解决经济和社会发展不平衡问题，绿色发展理念就是要解决经济增长与保护环境之间的不平衡问题，共享发

---

① 《习近平谈治国理政》第2卷，外文出版社2017年版，第199页。

展理念针对的是收入分配差距拉大和社会公平问题突出的问题。

社会主要矛盾中的发展不平衡和不充分问题是一个整体性的问题，不能割裂开来看待。解决不平衡的问题时必然会解决不充分的问题，两个方面的问题要全面整体地解决。

第三节　坚定不移地走符合我国国情的现代化道路

改革开放和我国经济发展模式取得成功，证明夺取中国特色社会主义事业的伟大胜利，必须坚定不移地走符合我国国情的现代化道路。代表西方模式现代化道路的"华盛顿共识"在拉美发展中国家普遍遭遇失败的事实，说明不存在放之四海而皆准的经济学理论和现代化道路，基于国情和发展现状，选择符合本国实际和国情的道路是必然选择。具有历史接力探索经验，立足于我国国情的中国特色社会主义现代化道路，是符合我国国情的全面协调的现代化道路，必然继续向全世界展现出巨大生命力和竞争优势，为发展中国家提供不同于西方的现代化经验。

一、我国现代化道路产生于历史的接力探索

现代化道路是中华民族复兴的战略选择。中华人民共和国成立以来，党领导人民经历了很长时期的艰苦探索，逐步探索出了中国特色社会主义现代化道路，迎来了实现中华民族伟大复兴的光明前景。

（一）从工业化到"四个现代化"

中华人民共和国成立后相当长一段时间内，工业化被作为我国的现代化目标。从1953年过渡时期总路线到1956年党的八大提出"把我国尽快地从农业国变为先进的工业国"现代化建设任务，同时期通过对苏联工业道路的分析，毛泽东同志的著作《论十大关系》对工业化道路做出了正确的论述，《关于正确处理人民内部矛盾的问题》阐述了我国的工业化道路，我国建设现代化的目标就是实现工业化。1958年以后，随着人民公社和"大跃进"政策的推行、"文化大革命"的爆发，我国现代化建设进程被严重耽误。

我国在进行工业化道路探索的过程中，逐步形成"四个现代化"的目标。

"四个现代化"最早提出于全国一届人大政府工作报告，是指建立强大的现代工、农、交通运输业和国防。在全国三届人大政府工作报告中将其调整为农业、工业、国防和科学技术的"四个现代化"。此后一直到改革开放初期，我国现代化建设的目标就是实现"四个现代化"。邓小平同志于 1979 年 3 月在党的理论工作务虚会上强调指出：实现"四个现代化"关系着我们国家、民族的命运①。党的十二大报告又将工业现代化调至农业现代化之前，成为工业、农业、国防和科学技术现代化。

"四个现代化"强调了工业、农业、国防和科学技术协调发展的重要性，与单一的工业化相比更具综合发展的战略意义，也不同于苏联重工轻农的现代化道路。但总体来看，"四个现代化"本质仍是以工业现代化为导向②。

（二）改革开放塑造了富强民主文明和谐的中国特色社会主义现代化

改革开放开启了中国特色社会主义现代化的大门。党在领导经济和现代化建设的过程中逐渐把握了中国式现代化的特征和目标。邓小平同志强调了社会主义与现代化的关系，指出中国式现代化本质是社会主义现代化③，必须具有鲜明的中国特色，结合我国国情，不能照搬别国道路和模式。党的十三届七中全会提出了中国特色社会主义现代化的十二条原则，党的十四大对中国特色社会主义的发展道路、发展阶段、根本任务、发展动力等做出了全面的阐述，标志着中国特色社会主义社会主义现代化道路已经确定。

为了更好地把握中国特色社会主义现代化道路，1987 年党的十三大提出了"三步走"发展战略：第一步要实现到 1990 年使国民生产总值比 1980 年翻一番，解决人民温饱问题。第二步目标是到 20 世纪末使国民生产总值再翻一番，人民生活达到小康水平。第三步目标是到 21 世纪中叶基本实现现代化，人均国民生产总值达到中等发达国家水平，人民生活比较富裕。其中第一步和第二步的目标已经实现，党的十九大将第三步的目标实现期限提前至 2035 年左右。

"三步走"战略丰富了中国特色生活主义现代化的内涵。党的十三大确定的社会主义初级阶段基本路线指出，要把我国建设成为富强、民主、文明的社会

① 《邓小平文选》第 2 卷，人民出版社 1994 年版，第 162 页。
② 路云辉：《我国现代化建设思想的历史演进与最新发展》，《学术研究》2014 年第 11 期，第 32 页。
③ 《邓小平文选》第 2 卷，人民出版社 1994 年版，第 209、204 页。

主义现代化国家。相比于"四个现代化",中国特色生活主义现代化以人民群众生活水平提高为评判标准,体现了经济发展与人民生活水平提高的统一。

"富强""民主""文明"的社会主义现代化国家的基本内涵在党的十三大以后被不断深化。党的十四大增加了市场经济、民主政治和精神文明三大目标,党的十五大提出了以建设有中国特色社会主义的经济、政治、文化的基本目标和基本政策为内容的社会主义初级阶段基本纲领。党的十五大报告还就 21 世纪前 50 年的现代化建设提出了"新三步走"的战略,为"三步走"战略中的第三步做出具体的规划。进入 21 世纪以来,党的十七大提出了经济、政治、文化、社会建设四方面建设的基本纲领,党的十八大进一步提出生态文明建设,形成了"五位一体"的中国特色社会主义现代化建设总体布局。

(三) 推进治理体系和能力的现代化,开拓新时代现代化建设的新境界

党的十八届三中全会明确了新时代现代化建设和全面深化改革的目标:"完善和发展中国特色社会主义制度,推进国际治理体系和治理能力现代化",开拓了新时代我国现代化建设新境界。

首先,治理体系和能力的现代化体现了现代化从物质层面转向制度层面。现代化过程是物质文明和制度文明不断向更高阶段演化的过程,现代化程度越高,对制度的要求就越高。① 治理体系和治理能力集中体现了国家的制度与制度执行能力。新时代我国社会已经并将继续发生深刻变化,中国特色社会主义现代化建设任务会更艰巨,挑战会更大。推进国家治理体系和治理能力现代化,是应对挑战和深化改革的必然选择,是中国特色社会主义现代化建设的要求。国家治理体系现代化就是以规范化、民主化和法治化为标准,推动构建系统完备、科学规范、运行有效的制度体系。治理能力现代化指的是党和政府在法律和制度框架下领导经济和社会建设的能力,不断提高多元国家治理主体依法参与国家治理的能力。

中华人民共和国成立 70 多年来的现代化建设过程伴有突出的制度创新。改革开放前国家制度与法律法规对于保障社会主义政权的运行和国民经济建设起了重要作用。改革开放后,随着市场经济体制的逐渐建立,在政治、法律、社会治理等领域的改革效果十分明显,但直到党的十八大以前,我国现代化建设

---

① 任仲平:《标注现代化的新高度——论准确把握全面深化改革总目标》,《人民日报》
2014 年 4 月 14 日。

中的制度建设始终没有成为现代化的总目标。党的十八届三中全会在重要的历史关头，提出了国家治理体系和治理能力现代化的总目标，开拓了中国特色社会主义现代化的新境界。

其次，治理体系和治理能力现代化反映了执政理念和治国能力的现代化。中华人民共和国成立后党的执政理念以阶级斗争、主权独立为主要方面，国家的主要职能被仅仅视为维持社会秩序，体现了马克思主义"国家是阶级矛盾不可调和的产物"的执政理念。① 改革开放开启了市场经济体制建立的进程，也推动了与其相适应的党和国家治理体系与治理能力的现代化。在对于治理体系和治理能力的不断探索的过程中，党的执政理念不断地创新，在党的十八大前提出了探索国家维护和实现公共利益的路径与方式，党的十八大强调了社会管理主体权限划分和制度建设的重要性，提出建立党委领导、政府负责、社会协同、公众参与、法制保障的社会管理体制。党的十八届三中全会再次发展了党治国理政的理念，提出国家治理体系和治理能力现代化的总目标。"国家治理体系和治理能力现代化"体现了党的执政理念和对现代化建设思想的重大转变，是对人类文明发展、国家建设、党的执政规律的深刻思考，集中体现了党的现代化建设思想的重大转变。②

二、新时代我国现代化建设的阶段性目标

党的十九大不但描绘了"两个一百年"目标的宏伟蓝图，做出了新时代社会主义现代化建设的总体布局，而且对现代化建设的阶段性目标和任务做出了具体部署。

（一）全面建成小康社会（2017—2020 年）

根据党的十九大报告全面建成小康社会任务的部署，从党的十九大（2017年）到 2020 年这三年是全面建成小康社会的攻坚时期。面对我国经济增长方式转换挑战和发展不平衡问题，到 2020 年建成全面小康社会，按照党的十六大、十七大、十八大提出的要求，实现人均国内生产总值和城乡居民人均收入比2010 年翻一番，国防军队现代化，贫困县全部摘帽，农村贫困人口整体脱贫，区域性整体贫困的问题得到根本解决。

---

① 《列宁选集》第 3 卷，人民出版社 1972 年版，第 175 页。
② 林坚：《总体设计推进国家治理体系现代化》，《学习时报》2014 年 4 月 21 日。

实现第一个百年奋斗目标，全面建成小康社会。习近平总书记在十九大报告中指出，紧扣我国社会主要矛盾变化，统筹推进经济建设、政治建设、文化建设、社会建设、生态文明建设，坚定实施科教兴国战略、人才强国战略、创新驱动发展战略、乡村振兴战略、区域协调发展战略、可持续发展战略、军民融合发展战略，突出抓重点、补短板、强弱项，特别是要坚决打好防范化解重大风险、精准脱贫、污染防治的攻坚战，使全面建成小康社会得到人民认可、经得起历史检验。党的十九大到二十大的 5 年，是"两个一百年"奋斗目标的历史交汇期，既要全面建成小康社会、实现第一个百年奋斗目标，又要乘势而上开启全面建设社会主义现代化国家新征程，向第二个百年奋斗目标进军。

全面小康社会的标准

一是人均国内生产总值超过 3000 美元。这是全面建成小康社会的根本标志。

二是城镇居民人均可支配收入 1.8 万元。

三是农村居民家庭人均纯收入 8000 元。

四是恩格尔系数低于 40%。

五是城镇人均住房建筑面积 30 平方米。

六是城镇化率达到 50%。

七是居民家庭计算机普及率 20%。

八是大学入学率 20%。

九是每千人医生数 2.8 人。

十是城镇居民最低生活保障率 95% 以上。

——见百度百科词条"全面小康社会"

（二）基本建成社会主义现代化（2020—2035 年）

党的十九大对于 2035 年基本实现社会主义现代化提出 6 项标准。一是我国经济实力、科技实力将大幅跃升，跻身创新型国家前列；二是人民平等参与、平等发展权利得到充分保障，法治国家、法治政府、法治社会基本建成，各方面制度更加完善，国家治理体系和治理能力现代化基本实现；三是社会文明程度达到新的高度，国家文化软实力显著增强，中华文化影响更加广泛深入；四是人民生活更为宽裕，中等收入群体比例明显提高，城乡区域发展差距和居民生活水平差距显著缩小，基本公共服务均等化基本实现，全体人民共同富裕迈出坚实步伐；五是现代社会治理格局基本形成，社会充满活力又和谐有序；六是生态环境根本好转，美丽中国目标基本实现。

基本实现社会主义现代化意味着五位一体的战略布局基本实现。基本完成社会主义现代化的 6 项标准，就是将五位一体的战略布局落到实处，将经济、政治、文化、社会、生态文明建设的层次提高到较高的水平，基本实现国家治理体系和治理能力的现代化，生态文明建设成果显著，生态环境治理和恢复成果使人民得到满足，社会结构合理，基本实现社会公平和共同富裕（共同富裕不是平均富裕）。总体来讲，基本实现社会主义现代化，人民日益增长的美好生活需要同不平衡不充分的发展之间的矛盾基本得到化解，实现经济社会的平衡、协调发展。

（三）建成社会主义现代化强国（2035—2050 年）

现代化是以人民为中心的中国特色社会主义现代化。我国社会主义现代化就是要赶超发达国家的现代化水平，从本质上体现中国模式和道路的特质和优势，创造出与西方传统资本主义完全不同的现代化道路。我国社会主义现代化的本质是以人民为中心和全面发展的现代化。它是现代化、中国、社会主义、绿色四个因素共同作用、共同推动的以人民为中心的现代化。第一，应该是发达的现代化，具有一般的现代化因素；第二，社会主义现代化，应该比资本主义更加优越、先进，以人民为中心；第二，有中国特色，体现在具有中华民族传统文化因素的中国道路和理论制度方面；第四，注重生态文明的绿色现代化，人与自然和谐共处，关注当代人的生态①文明条件的同时，关注子孙后代生态可持续发展，保障全球生态安全。

2050 年现代化的总目标是"全面建成富强、民主、文明、和谐、绿色的社会主义现代化国家"。要实现这个总目标，就是要建成具有民富国强、社会主义民主、更高文明、更加和谐、更加绿色、对人类发展有重大贡献的社会主义现代化。这个现代化以经济健康可持续增长为目标，以改善民生为重点推动社会均衡发展，以生态环境和人民对美好生活的向往为生态建设重点任务，以人民

---

① 胡鞍钢、鄢一龙，等：《2050 中国：以人民为中心的社会主义全面现代化》，《国家行政学院学报》2017 年第 5 期，第 16 页。

为文化建设主体推动文化建设，从民生促进民主、民主带动民生的高度推动政治建设，从确保党对军队的绝对指挥的要求，促进国防和军队建设。

三、行稳致远的现代化道路凝聚了建设社会主义现代化的磅礴动力

改革开放 40 多年来我国的发展道路是基于我国国情的现代化道路，是一条不同于西方工业革命以来的资本主义国家的现代化道路，也不同于其他社会主义国家的现代化道路。

（一）产业政策与工业发展布局完全适合我国国情

首先，我国的现代化坚持产业政策与国情相适应，充分发挥比较优势的原则。一个国家在全球竞争中的比较优势，从微观层面看表现为内化于产品中的成本和技术竞争，从宏观层面看却是制度和战略的竞争。① 改革开放初期，在准确把握我国劳动力丰富和市场潜力大的国情基础上，我国采取了大力发展劳动力密集型产业的政策，极大地发挥了我国的比较优势。劳动密集型产业在东南沿海地区迅速发展壮大，成功安置了大量农村富余劳动力，快速进入了国际市场，带动了我国工业化的起步。我国货物贸易出口量占全球市场份额从 1978 年不足 1% 到 2015 年时就已达到 13.8%。全球市场 13.8% 出口市场份额已经是近 50 年来的最高纪录，以往仅有美国在 1968 年达到过。

其次，我国工业发展的战略布局催生了完整的工业体系。中华人民共和国成立后，党从巩固新民主主义胜利成果的角度，提出建设独立完整的工业体系。毛泽东同志指出："我们的国家在政治上已经独立，但要做到完全的独立，还必须实现国家工业化。如果工业不发展，国家甚至还有可能变成人家的附庸国。"② 以毛泽东同志为核心的党中央在借鉴国际经验的基础上，从我国实际情况出发，制定了科学的工业化发展方针。当时的重工业优先发展、正确处理经济建设和国防建设等多种关系的原则，坚持工农业并重的工业化道路等大政方针，奠定了我国独立完整的工业体系发展的框架。独立完整的工业和国民经济体系，为政治和文化建设提供了经济支撑，保障了国家政治独立③，避免了西

---

① 张幼文：《改革开放：使中国在世界发展竞争中赢得比较优势》，《求是》2015 年第 6 期。

② 周恩来：《周恩来经济文选》，中央文献出版社 1993 年版，第 151 页。

③ 张乾元：《独立的比较完整的工业体系和国民经济体系的建立及其意义》，《思想理论教育导刊》2009 年第 11 期，第 131 页。

方经济制裁的发展短板。

知识链接

2013年11月21日，乌克兰政府决定暂停有关与欧盟签署联系国协定的准备工作，同时表示将加强与俄罗斯等其他独联体国家的经贸关系，乌克兰的社会和政治危机就此爆发。由于俄罗斯深度介入了乌克兰危机，因此遭到美国和欧洲国家的制裁。

美国对俄罗斯的制裁是逐渐升级的。2014年8月5日，美国总统奥巴马在白宫发表讲话，宣布扩大对俄罗斯金融和军事行业的制裁范围，目标直指俄能源、金融和军工领域。2014年7月29日，欧盟28个成员国的外长在布鲁塞尔召开会议，同意对俄罗斯实施新一轮制裁。乌克兰危机爆发以来，欧盟对俄罗斯的制裁分为三个阶段。第一阶段是以制裁相威胁，第二阶段是有针对性地制裁，第三阶段是严厉制裁。欧盟为"第三阶段"设定的制裁目标是针对俄罗斯整个经济体系，意欲"重创"俄罗斯经济。欧洲国家的制裁措施有：重点打击俄罗斯的石油工业、国防、军民两用产品和敏感技术；制止俄罗斯国有银行和企业进入欧盟资本市场；宣布对俄罗斯制裁的名单，限制入境并冻结其银行账户，有87位个人和18家组织被列入首批欧盟制裁黑名单；对进口俄罗斯奢侈品设限等。

西方的制裁严重恶化了俄罗斯的投资环境和营商环境，导致国内资本大量外逃，外汇需求空前增大，卢布遭遇极大的贬值压力，经济增长大受影响。有消息说西方制裁给俄罗斯带来的年度损失大约为400亿欧元。

——选自张聪明：《"俄罗斯综合症"能否根治》，《人民论坛》2016年第6期，第22页。

（二）以坚持改革开放和促进发展为主线的现代化道路为经济持续快速发展提供了不竭动力

首先，坚持改革开放，推动经济体制改革，是经济持续高速发展的根本动力。习近平总书记在纪念改革开放 40 周年讲话中指出，从家庭联产承包，发展乡镇企业，取消农、牧、特产税到农村承包地"三权"分置，实施乡村振兴战略，从建立深圳经济特区到全面开放、加入世界贸易组织、"一带一路"倡议、设立自由贸易试验区、谋划自由贸易港，从"引进来"到"走出去"，从个体经营到深化国有企业改革、发展混合所有制经济，从单一公有制到公有制为主体、多种所有制经济共同发展、坚持"两个毫不动摇"，我们实现了从计划经济体制到社会主义市场经济体制的转变。改革开放推动经济发展取得的成就举世瞩目。1978 年我国经济规模仅为 3679 亿元，到 2017 年我 GDP 已达 82.71 万亿元（约合 12.2 万亿美元），成为世界第二大经济体，经济总量占世界经济的比重由 1978 年的 1.8% 上升到 2017 年的 16%，仅次于美国①。

其次，渐进式改革维持了社会的稳定，为经济持续高速发展创造了外部条件。对比我国、俄罗斯和中东转型国家的改革方式，大致可分为渐进改革、"休克疗法"和保守主义。其中渐进改革可以维持 5%—10% 的经济增速，"休克疗法"导致了经济衰退。渐进式改革有四个条件：一是不全盘照搬华盛顿共识条件，但却能够实现快速增长；二是在市场经济体制条件下，坚持有效市场和有为政府相结合；三是实施全面对外开放，积极参与国际分工体系；四是采取自下而上、添新补旧的渐进式改革策略，拒绝"休克疗法"②。相比之下，采用"休克疗法"推动体制转型的国家更多，但却没有成功的案例。

（三）坚持基础设施优先和创新驱动的发展策略加快了我国现代化的进程

首先，基础设施优先发展为经济持续发展创造了现实条件和物质载体，加速了现代化进程。基础设施建设具有"乘数效应"，即能带来几倍于投资额的社会总需求和国民收入。一个国家或地区的基础设施是否完善，是经济是否可以长期持续稳定发展的重要基础。第一，交通和电信方面的基础设施的完善，可有效降低空间交易成本和信息不对称影响，提高资源配置效率；有利于打破物理空间分割局面，扩大市场规模，促进分工演进。第二，基础设施的完善，能

---

① 张建平、沈博：《改革开放 40 年中国经济发展成就及其对世界的影响》，人民网理论频道，2018 年 5 月 15 日。

② 刘业进：《中国做对了渐进式改革 改得好还可高速增长 40 年》，网易财经频道，2018 年 12 月 11 日。

够促进要素空间流动和空间集聚，形成集聚和规模效应。第三，基础设施的完善有利于提高供给与需求的匹配程度，促进生产性消费和产品交换，提高经济增长速度①。我国在40多年的改革开放过程中，对于基础设施的投资取得的成就超过了世界上绝大多数国家，在此过程中形成的比较优势有力地促进了经济增长。

其次，在改革开放引进技术和外资的过程中，创新引领的作用从未被忽视。被誉为"中国硅谷"的北京中关村，就是我国科技创新驱动经济发展的一个缩影。起步于1980年的中关村，推动了我国以微电子为代表的新技术产业的发展，形成了全国最大的计算机及其元器件市场。同时，我国在航母、高铁、核电站、空间实验室、正负电子对撞机、电子商务、互联网金融、5G通信等领域的创新都处于世界先进水平，对于促进我国经济增长和结构升级发挥了重要作用。我国科技创新的成果主要依赖于我国坚持独立自主的道路，实施扶持高新技术产业发展和供给侧结构性改革的一系列宏观政策的促进和引导。正是得益于产业规划和政策支持，我国在高铁、超高压输电、量子通信等领域的创新能力已居于世界领先地位，必将为我国经济高质量发展和现代化建设提供不竭动力。

改革开放40多年来，我国走过的现代化道路已经被证明是一条适合我国国情的、具有独特竞争优势的中国特色社会主义现代化道路。事实证明，坚持习近平新时代中国特色社会主义经济思想，我国的现代化战略目标必将按期实现，并为世界经济发展做出巨大贡献。

延伸阅读

1. 文一：《伟大的中国工业革命》，清华大学出版社2016年版。

2. 程恩富、柴巧燕：《现代化经济体系：基本框架与实现战略——学习习近平关于建设现代化经济体系思想》，《经济研究参考》2018年第7期。

3. 中国社会科学院工业经济研究所未来产业研究组：《影响未来的新科技新产业》，中信出版社2017年版。

4. 曹立：《治国理政新理念——全面解读新发展理念》，人民出版社2016

---

① 程锐：《基础设施影响经济增长及收入差距的机理研究》，《理论经济与中国经济学》2019年第1期，第24页。

年版。

5. 卫兴华、洪银兴、黄泰岩、沈坤荣等：《新发展理念指引下的中国经济》，经济科学出版社 2017 年版。